Sarah Morgan

SU E GIÙ PER MANHATTAN

traduzione di Fabio Pacini

HarperCollins

ISBN 978-88-6905-207-1

Titolo originale dell'edizione in lingua inglese:
Sleepless in Manhattan
HQN Books
© 2016 Sarah Morgan
Traduzione di Fabio Pacini

Tutti i diritti sono riservati incluso il diritto
di riproduzione integrale o parziale in qualsiasi forma.
Questa edizione è pubblicata per accordo con
Harlequin Books S.A.
Questa è un'opera di fantasia. Qualsiasi riferimento a fatti o
persone della vita reale è puramente casuale.

© 2017 HarperCollins Italia S.p.A., Milano
Prima edizione HarperCollins
giugno 2017

C'è qualcosa nell'aria di New York che rende inutile dormire.
Simone de Beauvoir

. 1 .

Quando vi arrampicate su una scala, date sempre per scontato che qualcuno vi guardi sotto la gonna.
Paige

«*Promozione*. Penso che potrebbe diventare la mia parola preferita. Sono anni che aspetto questo momento.»
Presa nella marea dei pendolari, Paige Walker seguì le sue amiche Eva e Frankie su per i gradini della metropolitana, sbucando sotto un limpido cielo azzurro. Attorno a loro, i grattacieli di Manhattan sembravano una gigantesca, luccicante foresta di acciaio e vetro, in competizione l'uno con l'altro per il primato in altezza. L'Empire State Building. Il Rockefeller Center. Sempre più alti, più imponenti, più belli. *Guardatemi*.
Paige guardò e sorrise. Oggi era il gran giorno. Perfino il tempo stava festeggiando.
New York era senza ombra di dubbio la città più eccitante del mondo. Lei amava tutto lì... le sue vibrazioni, le sue promesse, il ritmo incalzante.
Aveva cominciato a lavorare per la *Star Events* appena uscita dall'università. Era stato un incredibile colpo di fortuna, anche perché, di lì a poco, era stata raggiunta dalle sue due migliori amiche. Fare parte di una grande compagnia con sede a Manhattan era il suo sogno. L'energia vitale della città le filtrava dentro attraverso la pelle e le entrava in circolo nel sangue

come un'iniezione di adrenalina. Qui, poteva essere tutto quello che voleva. Era libera di vivere la propria vita senza sentirsi chiedere come stava venticinque volte al giorno. Nella frenetica attività della metropoli, le persone erano troppo occupate a badare a se stesse per pensare agli altri. Le interazioni si svolgevano sulla superficie, senza mai scendere in profondità. Lei si mescolava e spariva nella folla, il che le andava benissimo.

Paige non voleva spiccare. Non voleva essere diversa, preziosa, o speciale. Non voleva essere eletta Miss Coraggio dell'anno.

Voleva essere anonima. Normale, qualunque cosa si intendesse con quel termine. E qui, a New York, era finalmente così.

Il caos urbano garantiva una sua peculiare forma di privacy. Tutto si muoveva veloce.

Tutto e tutti, tranne la sua amica Eva, che non era un tipo mattiniero.

«La mia parola preferita non è *promozione*, bensì *amore*» disse Eva con voce assonnata, soffocando uno sbadiglio. «O forse *sesso*, che è quanto più ci si avvicina. Credo. Non ne sono sicura perché sono mesi che non mi capita di farlo. Temo di aver dimenticato l'intera dinamica. Prima di spogliarmi di nuovo davanti a un uomo, dovrei consultare un manuale. Come mai nessuno a Manhattan è interessato alle relazioni? Io non voglio un'avventura di una notte. Cerco un compagno di vita. Lo fanno perfino le anatre... perché noi no?» Si fermò per aggiustarsi una scarpa e una cascata di morbidi boccoli biondi rimbalzò in avanti, insieme al seno sodo e abbondante di cui l'aveva generosamente dotata Madre Natura. L'uomo che veniva verso di loro si arrestò di scatto, restando a bocca aperta, e i quattro che lo seguivano gli andarono a sbattere contro.

Nel tentativo di evitare la versione umana di un tamponamento a catena, Paige la prese per il braccio e la tirò in disparte. «Sei un pericolo ambulante.»

«Che colpa ne ho se i lacci delle mie scarpe continuano a sciogliersi mentre cammino?»

«Il problema non sono i lacci. Il problema è che hai appena annunciato a mezza Manhattan che sono mesi che non fai sesso.»

«Il problema» aggiunse Frankie, piantandosi davanti a lei in modo da formare una barriera, «è che una decina di consulenti finanziari si sta mettendo in fila per gestire le tue risorse. E non mi riferisco a quelle pecuniarie. Alzati, Bella Addormentata. Te la allaccio io, la scarpa.»

«Resteranno delusi perché non ho soldi da gestire, ma in compenso non resto sveglia la notte pensando all'andamento della borsa e ai tassi di interesse. Il che è un bonus, anche se diverso da quelli che sono abituati a ricevere loro.» Eva si raddrizzò, strofinandosi gli occhi. La mattina, prima delle dieci, aveva difficoltà di concentrazione. «Comunque non è necessario che mi allacci la scarpa. Non ho sei anni.»

«A sei anni eri meno pericolosa di oggi. È più prudente se lo faccio io. Non ho una scollatura che dovrebbe essere accompagnata dalla scritta: *ATTENZIONE: PUÒ NUOCERE GRAVEMENTE ALLA SALUTE MENTALE DI CHI GUARDA*. E avvicinati al muro. Siamo a New York. Bloccare il flusso dei pendolari è considerato un crimine.» C'era una punta di irritazione nella voce di Frankie, abbastanza marcata da indurre Eva ad accigliarsi mentre allungava il piede verso di lei.

«Non puoi essere denunciata solo per esserti fermata in mezzo al marciapiede. Che diavolo hai stamattina?»

«Niente.»

Eva e Paige si scambiarono un'occhiata. Sapevano

entrambe che *niente* voleva dire qualcosa ed erano entrambe abbastanza sagge da non insistere per avere una risposta. Frankie parlava solo quando era pronta, il che di solito avveniva dopo che si era tenuta tutto dentro per un po'. «Forse bloccare il flusso dei pendolari non sarà un reato, però è sicuramente una provocazione» disse Paige. «E lei è sempre stata un pericolo. Hai dimenticato la festa dei suoi otto anni, quando Freddie Major minacciò di pestare Paul Matthews se lei non lo avesse sposato?»

«Freddy Major.» Il ricordo fece spuntare un pallido sorriso sul volto di Frankie. «Gli ho messo un rospo dentro la camicia.»

Eva rabbrividì. «Tu eri cattiva, da bambina.»

«Che devo dire? Non me la cavo bene con gli uomini. Di qualunque età.» Frankie affidò a Eva la lattina da cui stava bevendo. «Tienila. Se ti azzardi a buttarla nel cestino della spazzatura la nostra amicizia è finita.»

«La nostra amicizia dura da più di vent'anni. Mi piace pensare che sopravvivrebbe anche se gettassi via questo veleno.»

«Invece no.» Atletica e flessibile, Frankie si accovacciò sui talloni. «Tutti hanno diritto a un vizio. Mangiare cose che fanno male è il mio.»

«Non si può fare colazione con una bibita dietetica! Le tue abitudini alimentari danneggiano la salute del corpo. Perché ti ostini a non voler nemmeno assaggiare il mio delizioso frullato di verza e spinaci?»

«Perché non mi piace vomitare dopo mangiato e comunque le mie abitudini alimentari sono meno dannose degli abiti che indossi tu. La verità è che stamattina non avevo appetito.» Frankie strinse bene i lacci delle All Star verde brillante di Eva mentre il flusso incessante dei pendolari... tutti ansiosi di raggiungere il loro posto di lavoro prima possibile... si divideva per superarle. Trasalì quando uno di loro le diede un colpetto alla spalla con il ginocchio. «Perché non ti fai il doppio nodo, Eva?»

«Perché mi vesto nel sonno.»

Frankie si rialzò e riprese possesso della propria bibita, i capelli ramati che le scendevano sulle spalle incendiandosi di mille riflessi rossastri. «Ouch. Domando *scusa*.» Si raddrizzò gli occhiali, girandosi per fulminare con lo sguardo la schiena di un uomo in giacca e cravatta che si allontanava rapidamente sul marciapiede. «Di solito, è preferibile anestetizzare qualcuno, prima di asportargli un rene con la valigetta.» Mugolando minacce a fior di labbra, si massaggiò il fianco dolente. «Ci sono giorni che mi viene nostalgia della tranquillità della provincia.»

«Stai scherzando? Vorresti tornare a Puffin Island?» Paige si passò la tracolla della borsa sull'altra spalla. «Io non mi sento mai così, neppure quando sono sulla metropolitana e la gente continua a salire, strizzandomi come una sardina in scatola. Non che l'isola non sia bella, perché lo è, moltissimo, ma... resta un'isola. Non c'è altro da dire.» Si era sentita tagliata fuori dalla civiltà dalle acque tumultuose di Penobscot Bay, soffocata da una spessa coltre di ansia genitoriale. «Sono felice di vivere in un posto dove nessuno sa niente di me.»

Sull'isola si era sviluppata una forma di genitorialità collettiva. *Paige, perché sei uscita senza maglione? Paige, ieri ho visto l'elicottero che è venuto a prenderti per portarti di nuovo in ospedale, povera cara.* Si era sentita intrappolata e costretta, come se una mano immensa l'avesse afferrata e stringesse a tutta forza per impedirle di scappare.

La vita aveva ruotato attorno alla sua salute, al tentativo di assicurarsi che stesse bene, di proteggerla, fino a farle venir voglia di mettersi a urlare, dando voce alla domanda che le bruciava dentro sin dai primi anni dell'infanzia...

Che senso aveva restare vivi se non ti era permesso vivere?

Trasferirsi a New York era la cosa migliore, più eccitante che le fosse mai capitata. Il contrasto con Puffin Island non avrebbe potuto essere più totale. In peggio, avrebbe detto qualcuno.

Ma non lei.

Frankie aveva aggrottato la fronte. «Sappiamo benissimo che io non posso rimettere piede a Puffin Island. Verrei linciata. Alcune cose mi mancano, ma quello di cui proprio non sento la mancanza è di ritrovarmi al centro degli sguardi risentiti e indignati della gente, perché mia madre ha avuto l'ennesima storia con il marito di un'altra.» Si spinse indietro i capelli e bevve quel che restava della bibita, stritolando la lattina con una miscela di rabbia, frustrazione e tristezza. «Perlomeno a Manhattan ci sono ancora degli uomini che non hanno fatto sesso con mia madre. Anche se da ieri il loro numero è diminuito di un'unità.»

«Di nuovo?» Alla fine Paige capì la ragione del malumore della sua amica. «Ti ha mandato un messaggio?»

«Solo quando non ho risposto alle sue quattordici chiamate.» Frankie scrollò le spalle. «Ti chiedevi perché non avessi appetito, Eva... apparentemente, questo qui ha ventotto anni e pompa come lo stantuffo di una locomotiva. Quando sento questo genere di dettagli, mi si chiude lo stomaco.» Il tono sarcastico non faceva molto per celare la sua sofferenza e Paige le diede una stretta al braccio.

«Non durerà.»

«Questo è scontato. Le relazioni di mia madre non durano mai. Ma, nel tempo che trascorreranno insieme, lei riuscirà a privarlo di una sostanziosa fetta di denaro. Non che mi dispiaccia per lui. È altrettanto colpevole. Perché gli uomini non riescono mai a tenerlo dentro i pantaloni? Perché non sono capaci di dire no, almeno una volta?»

«Ce ne sono tanti che non hanno alcun problema a dire no.» Paige pensò ai suoi genitori, al loro lungo matrimonio felice.

«Non quelli che abborda mia madre. La mia più grande paura è di imbattermi in uno di loro a un evento. Ve lo immaginate? Forse dovrei cambiare nome.»

«Le probabilità che accada sono pressoché nulle. New York ha più di otto milioni di abitanti.»

Eva si accostò a Frankie. «Un giorno si innamorerà e tutto questo finirà.»

«Oh, per favore! Nemmeno tu puoi romanticizzare questa situazione. L'amore non c'entra nulla» disse Frankie. «Gli uomini sono il lavoro di mia madre. La sua fonte di guadagno. È amministratore delegato della *SIP*, altrimenti nota come *Svuotagli Il Portafoglio*.»

Eva sospirò. «È una persona problematica.»

«Problematica?» Frankie si fermò di scatto. «Ev, mia madre ha ridefinito il concetto di problema, avvicinandolo a quello di disastro e catastrofe. Possiamo parlare di qualcos'altro? Non avrei dovuto menzionarlo. È un modo garantito per guastarmi la giornata e non è certo la prima volta che succede. Vivere a New York ha molti vantaggi, ma quello di poter evitare mia madre per lunghi periodi di tempo è sicuramente il più grande.»

Paige pensò per la milionesima volta che lei era stata molto fortunata con i suoi genitori. Vero, si preoccupavano e le stavano troppo addosso, cosa che la faceva impazzire, ma, paragonati alla madre di Frankie, erano meravigliosamente normali. «Vivere a New York è la cosa migliore che sia capitata nelle nostre vite. Come siamo sopravvissute senza *Bloomingdale's* e la *Magnolia Bakery*?»

«O senza dar da mangiare alle anatre in Central Park?» disse Eva in tono nostalgico. «È il mio passatempo preferito. Lo facevo ogni weekend con la nonna.»

Lo sguardo di Frankie si ammorbidì. «Ti manca molto, eh?»

«Adesso sto meglio.» Il sorriso di Eva perse un po' di brillantezza. «Vado a giornate, ma non c'è confronto rispetto a come mi sentivo un anno fa. Aveva novantatré anni, quindi non mi posso lamentare, però è strano sapere che non c'è più. Era l'unica costante della mia vita e ora se n'è andata. Non mi rimane nessuno.»

«Ci siamo noi» disse Paige. «Siamo una famiglia. Perché non usciamo, questo weekend? Una battuta di shopping in grande stile. Potremmo attaccare il banco del trucco da *Saks* e poi procedere lungo la Quinta Strada a passo di danza.»

«Danza? Io *adoro* la danza.» Eva fece ondeggiare sinuosamente i fianchi, causando un altro piccolo assembramento umano.

Frankie la spinse avanti. «Non hanno ancora inventato delle solette in gel in grado di resistere a una sessione combinata di shopping e danza. E poi la sera di sabato è dedicata ai film. Che ne dite di un bel festival dell'horror?»

Eva rabbrividì. «Neanche per idea. Non chiuderei occhio per tutta la notte.»

«Un festival dell'horror non avrebbe nemmeno il mio voto» disse Paige con una smorfia. «Forse, per festeggiare la mia promozione, Matt ci lascerà guardare delle commedie romantiche.»

«Scordatelo.» Frankie si aggiustò gli occhiali. «Tuo fratello salterebbe giù dal tetto della sua stessa casa prima di dare l'assenso a una serata di film sentimentali. Grazie a Dio.»

Eva scrollò le spalle. «E se uscissimo stasera, invece di sabato? Restando a casa non incontrerò mai nessuno.»

«Le persone non vengono a New York per incontrare qualcuno. Vengono per la cultura, l'esperienza, i soldi... i motivi sono tanti e trovare l'anima gemella non è nella lista.»

«Tu perché ci sei venuta?»

«Perché volevo vivere in un posto grande e anonimo, e perché voi eravate già qui. Alcune parti mi piacciono molto» concesse Frankie. «Per esempio l'High Line, il Giardino Botanico e il nostro angolo segreto a Brooklyn. Adoro la nostra casa di arenaria e sarò per sempre grata a tuo fratello che ci ha permesso di affittarla.»

«Hai sentito?» chiese Eva, dando di gomito a Paige. «Frankie ha detto qualcosa di positivo su un uomo.»

«Matt è uno dei pochi uomini decenti sul pianeta. È anche un amico. Io sono single perché sto meglio da sola. Che male c'è?» La voce di Frankie era decisamente fredda. «Sono indipendente e orgogliosa di esserlo. Mi guadagno da vivere e non devo rispondere a nessuno. Essere single è una scelta, non una malattia.»

«La mia scelta sarebbe di non esserlo. Nemmeno questo è sbagliato, quindi non farmi la predica. Domando scusa, ma mi dà molto fastidio che il preservativo che tengo nella tasca della borsa abbia superato la data di scadenza.» Eva si spinse una ciocca ribelle dietro l'orecchio e pilotò abilmente la conversazione su tutt'altro argomento. «Io sono una *fanatica* dell'estate. Vestitini leggeri, infradito, Shakespeare al parco, giri in barca sull'Hudson, lunghe serate sulla terrazza della nostra casa. Non riesco ancora a credere che tuo fratello l'abbia costruita. È dannatamente in gamba.»

Paige non poteva che essere d'accordo.

Più grande di otto anni, suo fratello aveva lasciato la loro isola nativa molto prima di lei. Aveva deciso di lanciare la propria impresa di architettura da giardino qui a New York e adesso gli affari andavano a gonfie vele.

«Avere un giardino sul tetto è un lusso da miliardari.» Frankie accelerò l'andatura. «Che ne è stato poi della grande commissione sulla quale stava lavorando a Midtown? Si è aggiudicato l'appalto?»

«Devono ancora rispondere, ma sembra che la sua compagnia sia una delle tre ammesse alla selezione finale.»

E adesso toccava a lei.

La promozione sarebbe stata un altro importante passo avanti sul suo percorso di vita. Passo che, nelle sue speranze, sarebbe servito anche a mitigare le tendenze iperprotettive dei suoi familiari.

Nata con un difetto cardiaco, l'infanzia di Paige era stata una serie di visite mediche e di ricoveri in ospedale, di dottori impersonali e genitori amorevoli che avevano disperatamente cercato di nascondere l'ansia che li divorava. Per forza di cose, crescendo, si era sentita debole e impotente. Il giorno in cui aveva lasciato l'ospedale dopo quello che tutti si auguravano sarebbe stato il suo ultimo intervento chirurgico, aveva giurato a se stessa che quella situazione sarebbe cambiata. Grazie a Dio adesso, a parte i normali controlli di routine, non aveva più bisogno di una costante attenzione medica e stava bene. Sapeva di essere stata fortunata ed era determinata a trarre il massimo da ogni giornata. Per riuscirci, aveva dovuto abbandonare Puffin Island, ma non si era pentita di averlo fatto. Si era costruita una nuova vita a New York ed era soddisfatta.

«Dobbiamo sbrigarci. Non possiamo arrivare in ritardo.» La voce di Eva interruppe le riflessioni di Paige.

Frankie emise un grugnito. «Stavolta non potrà farci il solito predicozzo sul part-time. Ieri abbiamo smesso di lavorare all'una di notte.»

Paige non ebbe bisogno di chiedere a chi si riferiva. Cynthia era la Direttrice degli Eventi della *Star Events* e l'unica cosa che Paige odiava del suo lavoro. Era entrata nella compagnia un anno dopo di lei e da quel giorno l'atmosfera era cambiata. Come se qualcuno avesse rovesciato un barile pieno di sostanze tossiche in un limpido torrente di montagna, avvelenando tutte le creature che si abbeveravano alle sue acque per dissetarsi.

«Non riesco ancora a credere che abbia licenziato la povera Matilda. Voi l'avete sentita?»

«L'ho chiamata un migliaio di volte» disse Eva. «Non risponde. Sono preoccupata. Aveva davvero bisogno di questo lavoro. Non so dove abiti, altrimenti andrei a trovarla.»

«Continua a chiamarla. Io parlerò con Cynthia, cercherò di convincerla a cambiare idea.»

«Che problemi ha, quella donna? È perennemente incazzata. Se odia così tanto il suo lavoro, perché non se ne va? Ogni volta che la incontro sento il bisogno di scusarmi anche se non ho fatto niente di male. Come se lei fosse un grande squalo bianco in cima alla catena alimentare e io una piccola foca destinata a finire tra le sue fauci.»

Paige scosse la testa. «Non se ne andrà mai. È anche per questo che tengo così tanto alla promozione. Avrò meno contatti con lei, più responsabilità e un budget da spendere come meglio ritengo opportuno.» Avrebbe accresciuto il suo bagaglio di esperienze e un giorno... non troppo lontano, sperava... si sarebbe messa in proprio, diventando padrona di se stessa. Avrebbe avuto tutto sotto controllo.

Era solo un sogno, ma lei credeva che, con la perseveranza, i sogni potessero realizzarsi.

Aveva un piano.

«Tu saresti una capa fantastica» disse generosamente Eva. «Io lo so da sempre. Quando hai organizzato la festa per i miei otto anni, ho capito che ne avresti fatta di strada. Certo, non ci vuole molto a essere una capa migliore di Cynthia. Stacey, della contabilità, mi ha detto che, se non fa piangere ogni giorno qualcuno, non è contenta.» Eva fece una fermata di emergenza davanti alla vetrina di una boutique, squali e foche dimenticati alla vista delle merce esposta. «Secondo voi quel top mi starebbe bene?»

«Forse, ma non entrerebbe mai nei tuoi cassetti.» Paige la trascinò via. «Prima di comprare qualcosa di nuovo, devi buttare un po' di roba.»

«Non è colpa mia se ho un attaccamento emotivo agli oggetti!»

Frankie si spostò dall'altra parte per impedirle di sbirciare le vetrine. «Come si può avere un legame emotivo con dei vestiti?»

«Facile. Se mentre indosso un certo capo mi capita qualcosa di buono, lo indosso di nuovo quando ho bisogno di sentirmi positiva. Per esempio, oggi mi sono messa la mia camicia fortunata per essere al cento per cento sicura che la promozione di Paige corrisponda a un sostanzioso aumento di salario.»

«Perché dici che è fortunata?»

«Perché è stata testimone di tante cose belle che mi sono successe.»

Frankie scosse la testa. «Non voglio sapere niente.»

«Bene, perché non te lo avrei detto comunque. Ci sono cose di me che voi ignorate. Ho un lato mistico.»

Eva allungò il collo per guardare una vetrina. «Posso...?»

«No.» Paige le diede una strattone. «Eva, tu sei un libro aperto. Altro che mistica.»

«Meglio questo che essere disumana e crudele. Tutti hanno qualche piccola fissazione. Frankie per i fiori, tu per i rossetti...» Eva le lanciò un'occhiata. «Carina, questa tonalità. È nuova?»

«Sì. Si chiama Summer Success.»

«Molto appropriato. Stasera dobbiamo festeggiare. O pensi che Cynthia ci inviterà fuori a cena?»

«Cynthia non socializza.» Paige aveva trascorso un gran numero di ore in compagnia della loro responsabile, ma non aveva capito niente di lei. «Non l'ho mai sentita parlare di qualcosa che non fosse il lavoro.»

«Pensi che abbia una vita sessuale?»

«Nessuna di noi ce l'ha. Siamo a Manhattan. La gente è troppo occupata per perdere tempo con il sesso.»

«A parte mia madre» borbottò Frankie.

«E Jake» aggiunse subito Eva. «L'ho visto l'altra sera al party della Adams. Sexy come il demonio. Pure intelligente. Lui scopa regolarmente, ma presumo che avere una faccia da star del cinema e un corpo statuario aiuti. Capisco perché da ragazza ti eri presa una cotta per lui, Paige.»

Paige ebbe l'impressione di aver ricevuto un cazzotto nello stomaco. «Sono passati secoli da allora.»

«Il primo amore non si dimentica» disse Eva. «Il sentimento non svanisce mai del tutto.»

«Anche la prima delusione, te lo posso assicurare. La mia cotta per Jake non esiste più da molto tempo, quindi non occorre che mi guardi così.»

Però rapportarsi con lui non era facile.

C'erano giorni in cui avrebbe voluto che Jake non fosse il miglior amico di suo fratello.

Se fosse stato uno dei tanti ragazzi che aveva conosciuto ai tempi della scuola, avrebbe potuto metterci una pietra sopra e andare avanti con la sua vita. Così, invece, l'imbarazzante episodio la seguiva dappertutto, come una palla al piede. Era sempre lì e ogni volta che si muoveva la sentiva rotolare.

Perfino adesso, dopo tutti quegli anni, inorridiva al pensiero delle cose che gli aveva detto. E fatto.

Si era spogliata nuda...

Il ricordo le fece venir voglia di sparire in un tombino.

Chissà se lui se lo ricordava ancora? Perché lei ci pensava spesso.

Eva stava ancora parlando. «Scommetto che è l'ultimo desiderio di un sacco di donne.»

Frankie scosse la testa, incredula. «Quando le persone scrivono la lista dei loro ultimi desideri, di solito scelgono un lancio con il parapendio, un viaggio a Machu Picchu, oppure qualche altra straordinaria esperienza di vita, Eva.»

«Sono sicura che fare sesso con Jake Romano sia una straordinaria esperienza di vita. Molto meglio che lanciarsi con il parapendio, ma forse dico così perché soffro di vertigini.»

Paige continuò a camminare.

Non l'avrebbe mai scoperto.

Si era offerta completamente a Jake e lui non l'aveva nemmeno baciata.

Aveva sognato che venisse travolto dal desiderio. Invece, si era disincagliato dalla presa tentacolare delle sue braccia come se una raffica di vento gli avesse buttato addosso dei vestiti strappati dalla linea del bucato.

La sua gentilezza, la sua pazienza erano state la parte più umiliante dell'intera storia. Jake non aveva dovuto lottare per non essere sopraffatto dalla passione. Si era semplicemente liberato di lei.

Per la prima... e unica... volta in vita sua aveva detto a un uomo di amarlo. Era stata assolutamente convinta che lui provasse qualcosa per lei e rendersi conto di avere sbagliato tutto aveva segnato le sue successive interazioni con gli uomini. Non si fidava più dell'istinto.

Adesso, era molto, molto prudente con il proprio cuore. Faceva regolarmente ginnastica, mangiava le sue cinque porzioni giornaliere di frutta e verdura, e si concentrava sul lavoro, che finora si era rivelato più eccitante delle poche relazioni che aveva avuto.

Paige si fermò davanti al palazzo che ospitava gli uffici della *Star Events* e tirò un profondo respiro. Meglio non pensare a Jake alla vigilia di un incontro fondamentale per il suo futuro professionale. Ogni volta che lo faceva, il suo cervello e le sue gambe si trasformavano in un ammasso di gelatina. Doveva essere vigile e decisa. «Okay, ci siamo. Basta ridere. Il divertimento non è ammesso tra queste mura.»

Cynthia le stava aspettando al banco della reception. Paige provò un moto di irritazione. Almeno oggi, un *piccolo* sorriso avrebbe potuto concederglielo, no?

Fortunatamente, neppure Cynthia poteva guastarle il piacere del lavoro. Paige amava quello che faceva. Organizzare un evento in ogni singolo dettaglio era una sfida, una sfida meravigliosamente eccitante. La felicità, la soddisfazione dei clienti la gratificavano più di ogni altra cosa.

Da bambina si era divertita a organizzare le feste di compleanno delle sue amiche. Adesso ne aveva fatto il proprio lavoro, un lavoro che stava per diventare molto importante.

Avrebbe avuto nuove responsabilità. Elettrizzata,

attraversò l'atrio con le labbra curvate in un sorriso accattivante.

Senior Event Manager.

Aveva già dei piani. I membri della sua squadra avrebbero lavorato duramente perché erano contenti, non per timore di eventuali ripercussioni. Per prima cosa avrebbe trovato un modo di assumere di nuovo la povera Matilda.

«Buongiorno, Cynthia.»

«Da quel che ricordo, il vostro contratto non prevede orari flessibili.»

Se qualcuno poteva soffocare l'eccitazione del momento, quella era Cynthia.

«L'evento per la *Capital Insurance* è terminato all'una di notte e stamattina la metro era strapiena. Abbiamo...»

«Approfittato della situazione.» Cynthia lanciò un'occhiata all'orologio sulla parete, gesto del tutto inutile perché sapevano bene che ora era. «Devo vederti subito nel mio ufficio. Sbrighiamo questa faccenda.»

Stavano per promuoverla e lei voleva *sbrigare la faccenda*?

Le sue amiche sgattaiolarono via e, sentendo che Eva aveva intonato a fior di labbra la colonna sonora del film *Lo squalo,* Paige ritrovò il buonumore.

Uno degli aspetti migliori di questo lavoro era che poteva farlo con le sue amiche.

Mentre seguiva Cynthia in direzione del suo ufficio, incrociarono Alice, una ragazza che lavorava da alcuni mesi nel reparto Acquisti.

Notando che aveva gli occhi rossi, Paige si fermò. «Alice? Va tutto...?»

Ma Alice tirò dritto e Paige decise che più tardi sarebbe andata a cercarla per capire che cosa le fosse successo.

Problemi con il ragazzo?
Oppure sul lavoro?

Lo staff era rimasto sconvolto dal modo in cui Matilda era stata licenziata dopo lo sfortunato incidente con il vassoio di calici di champagne. Il fatto aveva creato un'atmosfera di tensione nell'intera compagnia. Tutti segretamente si domandavano chi sarebbe stato il prossimo.

Paige seguì la sua responsabile nell'ufficio e richiuse la porta.

Presto sarebbe stata lei a prendere decisioni sul personale. Però prima voleva godersi questo momento. Si era impegnata a fondo e se lo era meritato tutto.

Ti prego, Signore, fa' che l'aumento sia consistente.

Eva aveva ragione, dopo dovevano festeggiare. Un paio di bicchieri di qualcosa di fresco, pieno di bollicine. E poi magari una discoteca. Erano mesi che non andavano a ballare.

Cynthia si tirò davanti una cartella. «Come sai, è dall'inizio dell'anno che cerchiamo di ridare slancio alla *Star Events* diminuendo i costi. Non occorre che ti spieghi che operiamo in un mercato estremamente competitivo.»

«Lo so e a questo proposito ho delle idee che vorrei condividere.» Paige fece per prendere la borsa, ma Cynthia scosse la testa e alzò una mano.

«Abbiamo deciso di lasciarti andare, Paige.»

«Andare? E dove?» Non le era venuto in mente che la promozione avrebbe potuto comportare il trasferimento in un altro ufficio. Forse perché ce n'era soltanto uno. A Los Angeles. Dall'altra parte del Paese. Questa non se l'era aspettata. Lei amava New York. Le piaceva viverci, poter lavorare con le sue amiche. «Ero convinta che sarei rimasta qui. Trasferirsi a Los Angeles è un grosso passo.» Tuttavia, se davvero teneva alla promozione, avrebbe dovuto fare buon viso a cattivo gioco. Nelle grandi compagnie funzionava così. Per avere successo, bisognava fare dei sacrifici. Nessuno ti regalava niente.

Cynthia aprì la cartella. «Cosa ti fa pensare che dovrai trasferirti a Los Angeles?»

«Hai detto che avevate deciso di lasciarmi andare.»

«Sì, ma fuori dalla *Star Events*, non in California.»

Paige la fissò con espressione ebete. «Prego?»

«Dobbiamo ridurre il personale.» Cynthia iniziò a sfogliare le carte, evitando di guardarla. «La verità è che gli affari sono crollati. Tutte le compagnie del settore stanno facendo dei tagli.»

La lasciavano andare.

Non era una promozione, con relativo trasferimento a Los Angeles.

La stavano licenziando.

Avvertì una specie di ronzio alle orecchie. «Ma... negli ultimi sei mesi ho portato a casa nove grossi contratti. L'ottanta per cento della crescita che abbiamo avuto quest'anno viene dal mio lavoro e...»

«Abbiamo perso la *Adams Construction*.»

Paige sbarrò gli occhi, scioccata. «Cosa?»

Chase Adams, il proprietario di una delle principali imprese edili di tutta New York, era di gran lunga il loro migliore cliente. Matilda era stata licenziata durante un evento che avevano organizzato per lui.

Karma, pensò Paige. Prima Cynthia aveva licenziato Matilda e adesso Chase Adams aveva licenziato loro.

E lei era una vittima collaterale.

«Non ero nella posizione di discutere» continuò Cynthia. «Quella cretina di Matilda ha rovinato la festa.»

«È per questo che ha rescisso il contratto? A causa di un piccolo incidente?»

«Rovesciare un singolo bicchiere di champagne può

essere definito un piccolo incidente, ma un intero vassoio pieno di bicchieri assomiglia più a una catastrofe. Adams ha insistito affinché la responsabile fosse licenziata in tronco. Ho provato a mediare, ma non ha voluto sentir ragioni. L'uomo possiede mezza Manhattan. È uno dei quattro o cinque che tirano i fili di questa città.»

«Allora non aveva bisogno di schiacciare la povera Matilda.» Paige poteva pensare a dei termini molto precisi per descrivere Chase Adams, nessuno dei quali lusinghiero. Matilda non aveva nessuna colpa.

«Ormai è storia. Naturalmente ti daremo delle ottime referenze per il tuo prossimo lavoro.»

Prossimo lavoro?

Lei voleva questo lavoro. Il lavoro che amava. *Il lavoro che si era guadagnata.*

Non riusciva a parlare perché aveva la bocca asciutta. Il cuore le batteva forte nel petto, brutale ricordo della fragilità della vita. Quella mattina, svegliandosi, si era sentita la padrona del mondo, ora non aveva più niente in mano.

Altre persone avevano deciso del suo futuro. Dietro porte chiuse, in conversazioni riservate. E adesso si aspettavano che si mostrasse coraggiosa.

Paige era un'esperta in questo. Lo faceva automaticamente ogni volta che succedeva qualcosa di brutto, come un computer che si spegne per risparmiare energia.

Era una maestra nell'arte di seppellire quello che sentiva e lo fece anche in quell'occasione.

La professionalità prima di tutto, Paige.

«Mi aveva detto che se avessi raggiunto i miei obiettivi di rendimento sarei stata promossa. Li ho superati.»

«La situazione è cambiata e noi, come qualunque altra impresa commerciale, dobbiamo essere flessibili per rispondere alle richieste del mercato.»

«Quante persone? È per questo che Alice stava piangendo? Avete licenziato anche lei? Chi altro?» Frankie ed Eva erano comprese nella lista?

Eva non aveva una famiglia a cui rivolgersi e Paige sapeva che Frankie avrebbe digiunato pur di non chiedere un prestito a sua madre.

Si era fidata dei suoi capi. Le avevano fatto grandi promesse. Lei aveva portato a casa il risultato, quasi tutte le volte, lavorando senza guardare l'orologio, mettendo il suo futuro nelle loro mani. E loro la ricambiavano così? Non le avevano dato neanche un giorno di preavviso. Niente di niente.

«La compagnia è cresciuta grazie a me. Ho dei numeri che lo dimostrano.»

«Noi lavoriamo insieme, come una squadra» ribatté freddamente Cynthia. «Tu sei in gamba. Hai la tendenza a essere troppo amichevole con i sottoposti e in alcuni casi dovresti imparare a dire più spesso no ai clienti... l'episodio in cui hai fatto lavare a tempo di record la giacca di un tizio nel bel mezzo di una festa supera i limiti del ridicolo... ma a parte questo non posso lamentarmi di te. La nostra decisione non ha niente a che vedere con la qualità del tuo lavoro.»

«Ho fatto lavare la giacca perché quel tizio stava cercando di fare colpo sul suo capo. Dopo ci ha chiamati per organizzare altri quattro eventi. E sono amichevole perché mi piace lavorare in un ambiente armonioso, dove tutti remano nella stessa direzione.»

Cosa che Cynthia non era nemmeno lontanamente in grado di capire.

Paige guardò la lastra di marmo che Cynthia aveva al posto del viso. Stava parlando a una porta chiusa e non aveva la chiave per aprirla.

Si era aspettata una promozione e un aumento, invece aveva perso il posto.

Avrebbe dovuto chiedere aiuto alla famiglia. Ancora una volta sarebbe stata motivo di ansia per i suoi genitori e suo fratello. E loro, istintivamente, avrebbero cercato di proteggerla.

Paige prese coscienza dei battiti accelerati del cuore e, con un riflesso involontario, si mise la mano sul petto. Attraverso la stoffa della camicia sentì la forma solida del piccolo cuore d'argento che portava sotto i vestiti.

Per un attimo, si ritrovò in quella camera d'ospedale, a diciotto anni, circondata da cartoncini di auguri e palloncini colorati, la mente che produceva scenari apocalittici in serie, finché all'improvviso la porta non si era aperta, lasciando passare un medico in camice bianco con una cartelletta tra le mani.

Lei si era irrigidita, temendo che fosse venuto per farle qualche altro prelievo. Era stanca del dolore, stanca di ricevere cattive notizie e... poi aveva riconosciuto Jake.

«Non volevano farmi entrare perché non è orario di visite, quindi sono stato costretto a travestirmi. Chiamami pure dottor Romano.» Le aveva strizzato l'occhio, richiudendo subito la porta. «È l'ora della sua medicina, signorina Walker. Non faccia i capricci, altrimenti le asporto il cervello e lo dono per la ricerca medica.»

Lui sapeva come farla ridere, ma quel giorno la sua presenza aveva prodotto anche altri risultati... tipo spingerla a desiderare di avere addosso qualcosa di meno informe e più sexy di un'enorme maglietta con la faccia di Topolino sul petto. «Sarà lei a operarmi, dottore?»

«Io svengo alla vista del sangue e non saprei distinguere una testa da una chiappa, quindi no, sarà un mio collega. Tenga. Le ho portato un pensiero.» Aveva infilato la mano nella tasca posteriore dei jeans, tirando fuori una piccola scatola. «Ti consiglio di aprirla subito, prima che mi arrestino.»

Per alcuni secondi di pura follia, aveva pensato che fosse un anello di fidanzamento e il cuore, il suo cuore ballerino, aveva perso un colpo.

«Cos'è?» Con le dita che tremavano, aveva aperto la scatola e al suo interno, adagiato su un letto di velluto blu, aveva visto una delicata catenina d'argento con un pendente a forma di cuore. «Oh, Jake...»

Sul retro erano incise tre parole.

Un cuore forte.

«Ho pensato che il tuo avesse bisogno di un po' di aiuto. Indossala, tesoro e, quando ti senti debole, usala come rinforzo.»

Non era un anello, però era sempre un regalo e l'aveva chiamata *tesoro*.

Doveva voler dire qualcosa, no?

Aveva smesso di preoccuparsi per l'intervento e pensato solo ed esclusivamente a Jake.

Quando erano venuti a prenderla per portarla in sala operatoria, aveva già una mappa molto precisa del suo futuro con lui. Aveva persino trovato un nome per i loro figli.

Gli assistenti del chirurgo avevano dovuto staccarle la catenina dal pugno e, appena aveva ripreso conoscenza dopo l'anestesia, lei aveva chiesto che gliela rimettessero.

Un cuore forte.

La portava spesso, soprattutto quando aveva bisogno di coraggio, e stamattina prima di uscire se l'era infilata al collo.

Si alzò, muovendosi come un automa. Doveva mettersi in cerca di un lavoro. Non aveva tempo da perdere. Era inutile opporsi all'inevitabile.

«Dovresti svuotare la tua scrivania entro oggi» disse Cynthia. «Naturalmente riceverai la liquidazione che ti spetta.»

Liquidazione.

Se *promozione* era la sua parola preferita, *liquidazione* sarebbe potuta diventare quella che odiava di più. Suonava definitiva, brutale. Come se fosse di nuovo sotto i ferri del chirurgo, solo che stavolta il bisturi aveva reciso i suoi sogni e le sue speranze. Tanti saluti ai suoi propositi di successo. Tanti saluti all'idea di mettersi in proprio.

Paige uscì dall'ufficio di Cynthia e chiuse piano la porta.

Solo allora, realizzò appieno l'enormità di quello che era successo. Se l'avesse saputo, non si sarebbe fermata a prendere un caffè al bar lungo il tragitto. Non si sarebbe regalata un altro rossetto visto che ne aveva almeno un paio di dozzine ancora in ottime condizioni. Rimase immobile, pietrificata, rimpiangendo ogni singolo dollaro che aveva speso incautamente negli ultimi anni. Nel periodo più buio della sua vita si era ripromessa di vivere ogni istante al cento per cento, ma non aveva anticipato questo.

S'incamminò verso il bagno più vicino, accompagnata dall'eco dei suoi passi nel corridoio deserto.

Mezz'ora prima aveva pensato al suo futuro con grande ottimismo, trepidando di eccitazione.

Adesso era disoccupata.

Disoccupata.

Sola tra le pareti bianche di un ambiente anonimo, mise finalmente giù la maschera.

Seduto nel suo ufficio con i piedi sulla scrivania e,

alla sua sinistra, una spettacolare veduta del centro di Manhattan, Jake Romano ascoltava distrattamente l'uomo all'altro capo del telefono.

Di fronte a lui, la giovane giornalista bionda, fingendo di giocherellare con l'orologio, controllò di nuovo l'ora. Jake concedeva di rado interviste, ma in qualche modo lei era riuscita a passare attraverso la barriera costituita dalle sue segretarie e dal suo assistente. Poiché aveva una certa ammirazione per la tenacia e la creatività, non l'aveva buttata fuori.

Era un impulso del quale si era già pentito. E lei anche, gli sembrava. Finora erano stati interrotti tre volte e la frustrazione della donna era sempre più evidente.

Dal momento che le prime domande avevano rasentato l'intrusione nella privacy, decise di farla aspettare ancora un po' e si concentrò sulla telefonata. «Per fare un leggero ritocco al design di un'applicazione non ti serve un programmatore di hardware. Basta un buon grafico digitale.»

La giornalista chinò il capo e studiò le sue note. Jake si domandò quante altre interruzioni avrebbe sopportato prima di scoppiare.

Gettò i piedi giù dalla scrivania e si preparò a terminare la chiamata. «So che sei molto impegnato, quindi ti fermo subito. Capisco che tu voglia un magnifico design, ma un magnifico design non vale niente se il contenuto fa schifo. Le teorie vanno bene, quello che veramente conta è risolvere i problemi delle persone. Per quel che riguarda i tuoi problemi, ci penserò sopra e ti farò sapere. Se dovessi decidere che possiamo esserti di aiuto, parlerò con la squadra e fisseremo un incontro. Lascia fare a me.» Chiuse la comunicazione e, riportando lo sguardo sulla giornalista, mormorò: «Mi dispiace».

Lei gli rivolse un sorriso falso come le sue scuse. «Si figuri. Lei è un uomo difficile da raggiungere. Lo so. Era più di un anno che cercavo di combinare questa intervista.»

«Be', adesso ci è riuscita. Abbiamo finito?»

«Ho ancora un paio di domande.» La donna fece una pausa, come per raccogliere le idee. «Abbiamo parlato del suo lavoro, della filosofia della sua compagnia, delle sue iniziative filantropiche. Vorrei raccontare ai nostri lettori qualcosa su Jake, l'uomo. È nato in una zona malfamata di Brooklyn e, all'età di sei anni, è stato adottato.»

Jake non batté ciglio, un'espressione neutrale sul volto.

La giornalista lo guardò con aria interrogativa. «Non ho sentito la sua risposta...?»

«Non ho sentito una domanda.»

Lei arrossì. «Vede sua madre?»

«Quasi ogni giorno. Manda avanti il miglior ristorante italiano della città. Dovrebbe provarlo.»

«Lei sta parlando della sua madre adottiva...» la giovane diede una sbirciatina al suo notes, «... Maria Romano. Io mi riferivo alla sua vera madre.»

«La mia vera madre è Maria.» Quelli che lo conoscevano avrebbero riconosciuto il tono e si sarebbero messi al coperto, ma la reporter rimase là, inconsapevole, come una gazzella ignara di essere stata presa di mira da un leone. «Quindi non è in contatto con la sua madre naturale? Mi domando come può sentirsi adesso, sapendo che lei è al comando di una compagnia che, sul mercato globale, vale centinaia di milioni di dollari.»

«È libera di chiederglielo quando vuole.» Jake si alzò. «Il nostro tempo è scaduto.»

«Non le piace parlare del suo passato?»

«Il passato è storia» ribatté Jake, freddo, «e io sono sempre stato più bravo in matematica. Adesso, mi scusi, ma ho dei clienti che mi aspettano. Clienti paganti.»

«Naturalmente.» La giornalista fece scivolare il registratore nella borsa. «Jake, lei è un esempio vivente del sogno americano. Un'ispirazione per milioni di persone che hanno avuto un inizio difficile. A dispetto del suo passato, ha avuto uno straordinario successo.»

Non a dispetto di, pensò Jake. *Grazie a.*

Era stato il suo passato a dargli la forza, la grinta per creare dal nulla una compagnia che adesso stava stabilmente nell'elenco delle 100 di *Forbes*.

Chiuse la porta alle spalle della giornalista e si avvicinò alla grande vetrata che occupava due lati del suo ufficio. Investito dai raggi del sole, osservò i palazzi e i grattacieli del centro di Manhattan con un'espressione molto simile a quella che doveva aver avuto Re Mida contemplando il suo tesoro.

La mancanza di sonno gli faceva bruciare gli occhi, ma li tenne aperti lo stesso, assorbendo la vista, traendo soddisfazione dalla consapevolezza di essersi meritato ogni scorcio del paesaggio che poteva ammirare.

Non male per un ragazzo della parte sbagliata di Brooklyn, al quale tutti dicevano che non avrebbe combinato niente di buono nella vita.

Se avesse voluto, avrebbe potuto dare alla giornalista una storia da prima pagina, che probabilmente le avrebbe fatto vincere un Pulitzer.

Era cresciuto guardando la scintillante promessa di Manhattan dall'altro lato dell'acqua. Aveva escluso dalla propria mente il latrato dei cani, le grida della strada, i rumori del traffico, fissando con il cuore gonfio di invidia la realtà di una vita completamente diversa dalla sua. Oltre alla veloce corrente dell'East River sorgeva un altro mondo ed era là che lui voleva vivere, dove i grattacieli erano più alti, dove pareti di acciaio e cristallo riflettevano la luce del sole e le ambizioni di coloro che li abitavano.

Gli era sembrato un posto lontano e remoto come l'Alaska. Tuttavia, aveva avuto molto tempo per contemplarlo. Non aveva mai conosciuto suo padre e, da bambino, aveva trascorso la maggior parte del tempo da solo, mentre sua madre, appena diciottenne, si divideva fra tre lavori per sbarcare il lunario.

Ti voglio bene, Jake. Siamo tu e io contro il mondo.

Lui fissò ciecamente il reticolo di strade che si stendevano ai suoi piedi.

Era passato molto tempo dall'ultima volta che qualcuno aveva accennato a lei in sua presenza. Molto anche dalla sera in cui si era seduto sui gradini del loro appartamento, aspettando che tornasse a casa.

Che ne sarebbe stato di lui, se, poco dopo le undici, Maria non fosse venuta a cercarlo?

Jake sapeva di doverle essere grato per ben più che la casa calda e sicura che gli aveva offerto da quella notte.

Spostò lo sguardo sui tre computer che si trovavano sulla sua scrivania.

Il primo sul quale aveva potuto mettere le mani glielo aveva regalato Maria, recuperandolo da un cugino che voleva prendere un modello più recente. Jake aveva dodici anni quando aveva violato il suo primo sito web, quindici quando si era reso conto di possedere talenti che altri non avevano. A sedici, aveva scelto la compagnia con gli uffici più grandi di tutte le altre, si era presentato alla loro porta e aveva detto che dovevano stare attenti, perché erano molto vulnerabili agli attacchi informatici. Loro avevano riso, finché, in meno di cinque minuti, servendosi del suo portatile, lui era penetrato nelle difese dei loro computer. A quel punto, avevano smesso di ridere e lo avevano ascoltato.

Era diventato una leggenda nel mondo della cyber security, il ragazzo con tanto carisma, confidenza e cervello da tenere testa a uomini due, tre volte più grandi di lui che però sapevano molto meno.

Jake li aveva messi di fronte alla loro ignoranza, aveva esposto le loro debolezze e aveva insegnato loro come porvi rimedio. A scuola aveva saltato molte lezioni di inglese, mai quelle di matematica. Lui e i numeri andavano d'accordo.

Era venuto dal nulla, ma aveva presto deciso che sarebbe arrivato da qualche parte, avanzando con tale velocità da lasciarsi tutti dietro.

Mettendo a frutto questi doni, era riuscito a completare l'università e, molto più tardi, a comprare a sua madre... perché era sempre così che aveva pensato a Maria, anche prima che l'adozione diventasse legale... un ristorante nel quale lei aveva potuto offrire i suoi deliziosi manicaretti alla brava gente di Brooklyn senza doverli stivare in cucina come olive in un barattolo.

Con l'aiuto del suo migliore amico, Matt, aveva fondato una compagnia informatica e aveva sviluppato un software criptato che era stato subito acquistato da un'industria legata alla difesa per una somma che gli aveva garantito un futuro libero da preoccupazioni economiche.

Poi, annoiato dal sempre più affollato settore della sicurezza cibernetica, aveva rivolto la propria attenzione al promettente campo del marketing digitale.

Oggi la sua compagnia era in grado di offrire con la stessa facilità contenuti creativi e design personalizzati, anche se di tanto in tanto, per determinati clienti, lui accettava ancora degli incarichi come consulente per questioni di sicurezza. Era stata una di queste richieste a tenerlo in piedi fino a tardi la notte scorsa.

La porta dell'ufficio si aprì di nuovo e Dani, una delle giovani della sua squadra, entrò portando un caffè.

«Ho pensato che ne avessi bisogno. È stata dura, disfarsi di quella tipa. Mi stava addosso come una zanzara su una sacca di sangue.» Indossava delle calze a righe e niente scarpe, un codice di abbigliamento seguito da quasi metà delle persone che lavoravano per lui. A Jake non importava come si vestivano per venire in ufficio, né in quale università avevano studiato. Gli interessavano soltanto due cose: passione e potenzialità.

Dani aveva in abbondanza di entrambe.

Posò il caffè sulla scrivania. L'aroma si propagò, forte e pungente, aprendosi un varco nelle nubi che gravavano sul suo cervello, ricordo del fatto che la notte prima aveva visto il letto dopo le tre.

«Ti ha tempestata di domande?»

«A migliaia. In gran parte sulla tua vita privata. Voleva sapere se la ragione per la quale esci di rado due volte con la stessa donna è legata alla tua infanzia problematica.»

Lui tolse il coperchio al bicchiere. «Le hai detto di farsi gli affari suoi?»

«No, le ho detto che la vera ragione per la quale non esci due volte con la stessa donna è che, all'ultimo conteggio, a Manhattan c'erano grosso modo settantamila donne single e che limitarsi a un'uscita singola era l'unico modo che avevi per godere della compagnia di tutte.» Con un sogghigno sardonico, gli consegnò una ventina di messaggi. «Il tuo amico Matt ha chiamato quattro volte. Sembrava agitato.»

«Impossibile. Matt non si agita mai.» Jake bevve un sorso di caffè, gustandone il sapore e la molto benvenuta botta di caffeina. «Lui è Mister Calma.»

«Be', un momento fa suonava come Mister Stress.» Dani raccolse quattro bicchieri vuoti lasciati in vari punti dell'ufficio e, dopo averli infilati uno dentro l'altro, disse: «Sai, a me non dispiace rifornirti regolarmente di caffè, ma di tanto in tanto potresti concederti un pasto completo, oppure andare a dormire a casa tua. È quello che fanno le persone normali, nel caso te lo stia domandando».

«Non me lo sto domandando.» Era incuriosito dal fatto che Matt lo avesse chiamato nel bel mezzo dell'orario di lavoro. E perché aveva lasciato quattro messaggi in segreteria, invece di raggiungerlo sul suo cellulare privato, come faceva di solito? Allungò la mano verso il telefonino e quando vide sullo schermo sei chiamate perse, cominciò a preoccuparsi. «Matt ha detto di cosa si trattava?»

«No, solo di contattarlo prima possibile. Quella giornalista era rimasta colpita dal fatto che tu avessi rinunciato a un incarico di Brad Hetherington. È vero?» Dani si avvicinò alla scrivania, tenendo abilmente in equilibrio i bicchieri. «È uno degli uomini più ricchi di New York. La settimana scorsa *Forbes* gli ha dedicato un lungo articolo.»

«È anche un coglione egocentrico e, quando posso, preferisco non lavorare con i coglioni egocentrici. Mi mettono di malumore. Un consiglio, Dani... non lasciarti mai intimidire dai soldi. Segui l'istinto.»

«Quindi non lavoreremo per lui?»

«Ci sto pensando. Grazie per il caffè. Non dovevi.» Glielo ripeteva dal primo giorno che aveva preso servizio nella compagnia e ogni giorno lei veniva a portargli un caffè.

«Considerami una cornucopia dell'abbondanza, di quelle che danno e danno senza chiedere mai.» Lui le aveva concesso un'occasione quando gli altri le avevano chiuso la porta in faccia. Non se lo sarebbe dimenticata mai. «Ieri sei stato alzato fino a tardi e stamattina hai cominciato presto. Ho pensato che ti servisse qualcosa di forte per tenerti sveglio.» A giudicare da come lo guardava, sarebbe stata felice di trovare altri modi per tenerlo sveglio.

Jake la ignorò.

Non si faceva scrupoli a infrangere le regole stabilite dagli altri, ma quelle che lui stesso aveva fissato le rispettava alla lettera e la prima della lista era molto chiara: *mai mischiare vita privata e lavoro.*

Non avrebbe mai fatto nulla che potesse nuocere alla sua reputazione e di conseguenza influire negativamente sulla compagnia. Era troppo importante per lui. E, comunque, anche se era un genio del computer, sarebbe stato il primo ad ammettere che il suo talento non si estendeva alle relazioni.

Non appena Dani se ne andò, chiamò Matt. «Dov'è l'incendio? Sei rimasto senza birre?»

«Presumo che tu non abbia visto il notiziario economico della *CNN*.»

«Sono stato in riunione per tutta la mattina. Cosa mi sono perso? Hanno hackerato il tuo sito web e hai bisogno di un esperto?» Soffocando uno sbadiglio, premette un tasto del computer per svegliarlo e, mentre lo schermo si animava, rimpianse di non poter fare lo stesso con il suo cervello. «Un'altra scalata ostile tra grandi corporation?»

«La *Star Events* ha licenziato metà del personale.»

Jake si svegliò immediatamente. «Paige non ha avuto la sua promozione?»

«Non lo so. Non risponde al telefono.»

«Temi che abbia perso il lavoro?»

«È possibile.» Matt suonava teso. «Probabile. Di solito, quando si rende irreperibile, vuole dire che è entrata nella modalità Coraggio a tutti i costi.»

Jake non ebbe bisogno di farsi spiegare cos'era. Aveva visto Paige in modalità Coraggio un sacco di volte e non gli piaceva neanche un po'. Odiava l'idea di lei in giro per la città, spaventata, sola, in cerca di un posto dove nascondersi. «Che cavolo, però...»

«Aveva lavorato come una pazza per quella promozione. È un anno che ne parla. Sarà devastata.»

«Sì.» Jake avrebbe fatto qualunque cosa pur di non vederla soffrire. Pensò a quanto tempo avrebbe impiegato ad attraversare la città per gonfiare di pugni chi sapeva lui. «Eva e Frankie?»

«Non rispondono nemmeno loro. Spero che siano insieme. Quando Paige taglia fuori tutti, significa che la situazione è davvero grave.»

Jake si alzò e cominciò a camminare davanti alla vetrata, studiando mentalmente le opzioni. «Conosco un paio di persone che potrebbero sapere cosa è successo.»

«Perché non risponde al cellulare?» Era un ringhio. «Sono preoccupato per lei.»

«Sei sempre preoccupato per lei.»

«È mia sorella...»

«E la tieni avvolta nella bambagia, mentre dovresti permetterle di vivere la sua vita come meglio crede. È più forte di quanto pensi. Adesso sta bene, sprizza salute da tutti i pori.»

Ma non era stato sempre così.

Jake aveva un vivido ricordo di Paige da adolescente, pallida e smunta in quel letto d'ospedale, alla vigilia di una delicata operazione al cuore. Ricordava anche il suo amico, bianco come un cencio e totalmente stressato, gli occhi cerchiati dopo aver passato una decina di notti insonni al capezzale della sorella.

«Che fai stasera?» chiese Matt, la voce carica di stanchezza.

«Ho un appuntamento bollente.» Anche se Jake non era sicuro di riuscire a svegliarsi abbastanza da fornire una prestazione degna. Matt non era l'unico a essere stanco. Di questo passo, sarebbe potuto diventare il primo uomo del pianeta a fare sesso in stato di coma.

«Con Gina?»

«Gina era due settimane fa.»

«Frequenti mai una donna per più di due settimane?»

«Se succede significa che ho perso il senso del tempo.» Jake andava avanti. Si sentiva meglio così.

«Allora non era vero amore?» chiese Matt con una risata. «Oh, scusa, mi ero dimenticato che tu non credi nell'amore.»

Amore?

Jake spinse lo sguardo sulla città che scintillava oltre i cristalli delle sue finestre.

«Sei ancora lì?» La voce di Matt interruppe il flusso dei ricordi.

«Sì» borbottò Jake con una smorfia. «Sempre vigile e presente.»

«Se non è vero amore, cancella e vieni da me. Ho paura che abbiano perso il lavoro tutte e tre e non credo di poterle gestire da solo. Quando è sotto stress, mia sorella diventa insopportabile, specialmente perché insiste a fingere che va tutto bene. Che lo faccia con mia madre posso capirlo, ma quando ci prova con me mi girano le scatole.»

«Mi stai forse chiedendo di rinunciare a una notte di sesso con una svedesina bionda per convincere tua sorella e le sue amiche a essere sincere riguardo alle loro emozioni? Dammi pure dell'insensibile, ma la prospettiva non mi tenta neanche un po'.»

«È svedese? Come si chiama? Dove lavora?»

«Si chiama Annika. Il cognome non lo so e non mi

importa dove lavora a patto che non sia per me.» Jake tornò alla scrivania, ma, quando si sedette, la donna che aveva in mente non era Annika. Dov'era Paige adesso? Se la immaginava, intenta a camminare a passo veloce lungo una strada della città, arrabbiata, delusa, triste. Sola. Determinata a nascondere quello che provava. *Merda.* Prese una matita e cominciò a scarabocchiare su un foglio. «Non me la cavo bene, con le lacrime.»

«Hai mai visto piangere Paige?»

Le dita di Jake si serrarono sulla matita.

Sì, l'aveva vista piangere.

Per colpa sua.

Ma Matt non ne sapeva nulla.

«Ho visto piangere Eva.»

«Eva piange ai film commoventi e ogni volta che un tramonto è particolarmente bello» borbottò Matt, «però, dopo la morte di sua nonna, non ha perso un solo giorno di lavoro. Ogni mattina si trascinava fuori dal letto, si truccava e si presentava puntuale in ufficio, sebbene fosse devastata. È più tosta di quanto non sembri.» Ci fu una pausa. «Senti, se dovessero esserci le lacrime, me le sorbirò io.»

Jake pensò al suo appuntamento serale. Poi pensò a Paige, la donna che lui si sforzava di vedere soltanto come la sorella minore del suo migliore amico.

Minore. Piccola, molto piccola.

Forse, ripetendolo di continuo, avrebbe finito per crederci davvero.

Poteva rifiutare, ma a quel punto non avrebbe più avuto la possibilità di aiutarla e lui *voleva* essere di aiuto. La situazione era ulteriormente complicata dal fatto che, conoscendola, Paige avrebbe respinto qualunque offerta in questo senso. Non sopportava di essere protetta, o coperta di attenzioni. Non voleva essere motivo di ansia per gli altri. Questo lo capiva. Capiva *lei*.

Il che significava che avrebbe dovuto offrire il suo aiuto in una forma che le risultasse accettabile.

Per prima cosa bisognava farla uscire dallo stato di shock e stimolarla ad agire.

«Va bene, ci sarò.»

Il suo venerdì sera di meccanico divertimento fisico evaporò insieme a quelle parole.

Invece di passare la notte con una splendida bionda disponibile e sexy, avrebbe assunto un atteggiamento fraterno con una donna che, ormai da anni, cercava di evitare. Per quale motivo?

Semplicemente perché Paige Walker non era più piccola. Era cresciuta molto bene, in tutti i posti giusti.

E i sentimenti che lui provava nei suoi confronti non avevano nulla di fraterno.

«Grazie.» Il sollievo di Matt era evidente. «E... Jake?»

«Sì?»

«Sii gentile.»

«Io sono sempre gentile.»

«Non con Paige. Una volta andavate molto d'accordo, ma poi il vostro rapporto è cambiato.» Matt suonava di nuovo stanco. «La cosa non mi preoccupava più di tanto perché... be', lo sai. Per un periodo ho persino pensato che si fosse innamorata di te.»

Era stata follemente innamorata di lui.

Glielo aveva anche detto, con una vocina speranzosa, gli occhi spalancati su un lieto fine che li avrebbe condotti a un futuro radioso.

Prima di dirglielo, si era spogliata nuda.

Udì un suono secco e, abbassando lo sguardo, Jake si accorse che aveva spezzato in due la matita.

«Non hai nulla di cui preoccuparti. Adesso Paige mi

detesta.» Non aveva potuto guarire il suo cuore malato, ma almeno questa cosa l'aveva aggiustata.

Aveva fatto in modo di uccidere tutti i teneri sentimenti che lei aveva nutrito verso la sua persona. Oggi, quando lo incontrava, Paige si sentiva soltanto irritata, estremamente irritata. Era diventata una forma d'arte, farla arrabbiare. C'erano giorni nei quali riusciva quasi a convincersi che fosse un passatempo divertente.

Provocarla.

Tenerla sulla corda.

Tenerla al sicuro.

«Sono lieto di sentirtelo dire, perché tu sei il genere di guai di cui mia sorella non ha bisogno nella sua vita. Avevi promesso di non sfiorarla neanche con un dito, ricordi?»

«Sì, ricordo.» Quella promessa gli aveva legato le mani per più di dieci anni. La promessa e la consapevolezza che Paige non sarebbe stata in grado di gestire la realtà di una relazione con lui.

«Ehi, sei il mio migliore amico. Sei come un fratello per me, ma sappiamo entrambi che uno come te sarebbe una pessima notizia per lei. Per fortuna non sei interessato. Paige non è il tuo tipo.»

«Esatto» disse Jake con voce impersonale. «Non è il mio tipo.»

«Mi faresti un favore? Stasera cerca di tirare fuori il tuo lato sensibile. Non stuzzicarla, non bersagliarla di frecciatine ironiche. Sii gentile con lei. Pensi di poterlo fare?»

Gentile.

Con un gesto brusco, Jake aprì il cassetto e prese un'altra matita. «Certo che posso.»

Sarebbe stato gentile per cinque minuti. Poi avrebbe rimediato facendola andare su tutte le furie.

Lo avrebbe fatto per lei, perché le voleva bene, e anche per Matt, che era quanto di più simile a un fratello avesse mai avuto.

Lo avrebbe fatto in primo luogo per se stesso, perché, per come la vedeva lui, l'amore era la più grande lotteria del mondo, forse l'unico rischio che non si sentiva di correre.

. 2 .

*Quando la vita chiude una porta,
puoi sempre entrare forzando una finestra.*
Eva

«Bisogna che la bruci, la tua camicia fortunata.» In piedi al centro della terrazza sul tetto della loro casa a Brooklyn, Paige fissava attraverso il fogliame gli scintillanti grattacieli di Manhattan. Il giardino ombreggiato era un'oasi lussureggiante in una città dominata dal cemento.

Suo fratello, un designer di paesaggi, aveva riconosciuto il potenziale dove altri avevano visto solo una montagna di spese e aveva acquistato la palazzina a un prezzo molto vantaggioso. In fase di ristrutturazione, l'aveva divisa in tre appartamenti, ciascuno diverso dall'altro, ma tutti graziosi e accoglienti. Il gioiello della corona era senza dubbio il tetto. Uno spazio inutilizzato e maltenuto che Matt aveva magicamente trasformato in un santuario vegetale, dedicato alla tranquillità e alla bellezza. Una siepe di conifere proteggeva la piattaforma di legno della parte centrale, dove, in capienti vasi, cresceva un rigoglio di piante ornamentali, erbe aromatiche e fiori, soprattutto rose. Invisibile dalla strada e assolutamente inimmaginabile per i turisti che si accalcavano a Times Square, era una delizia per i sensi e lo spirito. Era stato solo dopo essersi trasferita in città che Paige aveva scoperto il mondo segreto dei tetti di New York, una miriade di giardini pensili creati in cima a palazzi e grattacieli come decorazioni su una torta nuziale.

D'estate dopo il lavoro si riunivano qui e, allungate su una sdraio o sprofondate nei cuscini, parlavano di quello che era successo, sorseggiando una bevanda rinfrescante. I sabato sera erano dedicati ai film, che guardavano su uno schermo improvvisato insieme agli amici, mentre di sotto la vita continuava come al solito.

Per Paige era un rifugio.

Le fiammelle delle candele tremolavano all'interno di grandi barattoli di vetro e l'aria profumava di gelsomino e lavanda. Una scena di pace che sembrava mille miglia lontana dalla follia urbana di Manhattan. Venire qui aveva sempre un effetto rilassante su di lei.

Non oggi.

Disoccupata.

La parola le riempiva la testa, occupando tutto lo spazio disponibile.

Sul tavolo in mezzo a loro c'erano dei piatti dall'aspetto decisamente invitante. Ceci in umido con le erbe, verdure alla griglia e una grande insalata mista condita con olio extra vergine di oliva importato dall'Italia. Quando era stressata, Eva cucinava e oggi i suoi fornelli avevano lavorato per tutto il pomeriggio. Il suo frigorifero era stracolmo di cibo.

Nessuno mangiava.

«L'ho già buttata via.» La voce di Eva era leggermente strozzata. «Probabilmente non avrei dovuto farlo, perché non so quando avrò di nuovo la possibilità di comprare una camicia così bella. Mi sento depressa e non capisco perché. Non è che il lavoro mi piacesse così tanto, non come a te. Lo facevo solo per i soldi e perché lavorare con voi due è sempre divertente. Non era il mio sogno, o roba del genere. Il mio sogno sarebbe di trasformare il mio blog di cucina in un forum virtuale frequentato da migliaia di persone di ogni angolo del mondo. Questo era il *tuo* sogno. Non oso pensare come ti senti.»

Paige spinse lo sguardo in lontananza sui tetti, cercando di dare ordine al tumulto di sentimenti che si agitavano nel suo animo. Sembrava tutto fuori controllo. «Sto bene.» Non ebbe alcuna difficoltà ad accompagnare quelle parole con un sorriso: aveva imparato a falsificarlo da ragazza e lo aveva sperimentato con successo per anni. «Non preoccuparti per me.»

Frankie si muoveva tra le aiuole, innaffiando, strappando, decapitando, potando e non parlava.

Paige sapeva cosa significava.

Quando qualcosa la faceva arrabbiare o la intristiva, Frankie si metteva a gridare.

Quando era spaventata, taceva.

Stasera era molto silenziosa.

A causa dell'educazione che aveva ricevuto, essere in grado di mantenersi significava tutto per lei.

Era così anche per Paige, ma per motivi diversi.

Claws, la gatta salvata da suo fratello, balzò sul tavolo dal nulla ed Eva, allarmata, rovesciò il bicchiere.

«Perché fa sempre così? Questo animale è disturbato, sono secoli che lo dico.» Si alzò e Paige le allungò un tovagliolo.

«Non dirlo a me. Si diverte a farsi le unghie sui miei vestiti. Non sai quanti ne ha rovinati.» Fece per prenderla, ma Claws si allontanò, sollevando sdegnosamente la coda, allergica a ogni tipo di contatto fisico. «Perché mio fratello non ha salvato un bel cucciolone affettuoso?»

«I cuccioloni affettuosi hanno bisogno di attenzione, mentre Claws è imparentata con *Il gatto che se ne an-*

dava da solo.» Frankie aveva citato Kipling e Claws la ricompensò deviando nella sua direzione e strofinandosi brevemente contro le sue gambe. Un grande onore. «Io faccio il tifo per lei.»

«Se smettesse di graffiare e di saltare addosso alle persone non sarebbe più costretta a camminare da sola. Avrebbe degli amici.» Eva si asciugò il vestito. «Credevo che gli animali avessero la capacità di sentire il dolore delle persone e confortarle.» La sua voce si incrinò. «Stasera avremmo dovuto festeggiare la promozione di Paige, invece abbiamo perso il lavoro. Non mi sento molto bene. Come fate, voi, a essere così calme?»

Paige osservò Claws che si allungava sulle assi del terrazzo a mezzo metro dai piedi di Frankie. «Io sono un po' arrabbiata.» E decisamente impaurita, ma questo non lo avrebbe ammesso nemmeno sotto tortura. «Sono arrabbiata con Cynthia perché mi aveva fatto delle grandi promesse che si sono rivelate soltanto balle. E sono arrabbiata con me stessa per essere stata tanto stupida da credere a quello che mi raccontavano. Se fossi stata più sveglia, forse adesso non saremmo in questa situazione.»

Eva prese un altro tovagliolo. «Fidarsi dei propri datori di lavoro non è stupido.»

«Fidarsi è stupido *sempre*, per definizione.» Frankie si chinò per fare una carezza a Claws, ma venne fermata da un soffio ammonitore.

Paige scosse la testa. «Mi dispiace. Si lascia toccare solo da mio fratello, anche se, quando lui è via, sono io che le do da mangiare. Non c'è giustizia.»

Eva versò il condimento sull'insalata che aveva preparato. «Non so perché ho cucinato tutto il pomeriggio, visto che nessuno mangia. Forza, venite a farmi compagnia. Mangiare è un ottimo rimedio contro lo stress. Fanculo Cynthia. Fanculo tutti quanti.»

Frankie inarcò le sopracciglia. «Non ti avevo mai sentita imprecare.»

«Solo perché non avevo mai perso il lavoro da un giorno all'altro. Questa è una prima assoluta, un'esperienza della quale avrei fatto volentieri a meno.» Eva mescolò energicamente l'insalata, facendo volare via un paio di foglie, che caddero sul pavimento, lucide di olio. «Perlomeno non dovrò dirlo a nonna. Sapete qual è la parte peggiore? Non poter più lavorare con voi.» I suoi occhi si riempirono di lacrime e Paige fu immediatamente al suo fianco.

Il lavoro era importante per lei, ma le sue amiche, queste donne di cui era amica sin da bambina, lo erano molto di più.

«Andrà tutto bene.» Lo disse con fierezza, come se infondere abbastanza passione nelle parole fosse sufficiente a farle diventare realtà. «Troveremo qualcosa.»

«Abbiamo guardato.» La voce di Eva suonava soffocata perché aveva seppellito la faccia nella sua spalla. «Non c'è niente.»

Frankie si raddrizzò e le raggiunse. «Vuol dire che continueremo a guardare.» Mosse la mano sulla schiena di Eva, che tirò su col naso.

«È un abbraccio di gruppo? Capisco che la situazione è veramente grave solo quando Frankie mi abbraccia.»

«Era più una pacca che un abbraccio» bofonchiò Frankie. «E non farci l'abitudine. È stato solo un momento di debolezza. Sui contatti fisici io la penso come Claws. Però mi sento come voi. Non me ne frega niente, della *Star Events*. Mi dispiace solo che non potremo più lavorare insieme.»

Paige provò un moto di rabbia mista a impotenza con dentro un po' di sensi di colpa.

Era la leader della squadra. Avrebbe dovuto sospettare qualcosa. Come mai non si era accorta di nulla?

Riesaminò mentalmente quello che sapeva. «Mi sembra strano che Chase Adams abbia annullato il contratto solo perché Matilda si è fatta scivolare di mano un vassoio di champagne.»

«Pensi che Matilda sappia di essere responsabile?» chiese Eva, preoccupandosi immediatamente. «Che sia per questo che non risponde al telefono? Mi auguro che non si senta troppo in colpa.»

«Continuiamo a chiamarla. È tutto quello che possiamo fare, Eva. Se troveremo un altro lavoro, cercheremo di far assumere anche lei. Quando» si corresse rapidamente Paige. «Volevo dire quando troveremo lavoro.» Mostrarsi positiva diventava sempre più faticoso.

Nel tentativo di tirarla su di morale, si era stampata un sorriso finto in faccia e aveva pronunciato una montagna di banalità. Non passava giorno senza che delle persone venissero licenziate, ma le aziende non avevano smesso di assumere. Loro erano in gamba, avevano delle qualità. Ora la parola d'ordine era perseverare. Erano frasi fatte, ma, a forza di ripeterle, una quasi ci credeva. Per quel che riguardava le sue ambizioni di mettersi in proprio, forse per il momento sarebbe stato meglio accumulare esperienza altrove. Però il sogno era solo sospeso, non morto.

Ragionò e razionalizzò, sforzandosi di tenere a bada la delusione, ma dopo un pomeriggio trascorso a cercare lavoro su Internet con le amiche, anche le sue scorte di ottimismo si erano esaurite. Alla fine, si erano arrese ed erano venute a rifugiarsi sulla terrazza.

Per un po', aveva funzionato, ma adesso si sentiva frustrata. Starsene lì a piangersi addosso non le avrebbe portate da nessuna parte.

Eva tornò a sedersi su una sdraio, ma Paige rimase in piedi, fissando i vasi traboccanti di fiori e piante senza vederli. Avrebbe potuto chiamare alcune delle compagnie per le quali avevano lavorato con la *Star Events*. Così, giusto per sapere se assumevano, o avevano intenzione di farlo nel prossimo futuro.

Un suono di voci maschili e un tintinnio di vetro disturbarono i suoi pensieri. Girando la testa, Paige vide sbucare dalle scale suo fratello.

Il sorriso sto-benissimo riprese immediatamente il proprio posto sul suo viso, ma ci restò solo per un paio di secondi, vale a dire finché non scorse la zazzera di lucidi capelli neri e le spalle possenti dell'uomo che lo seguiva.

No, no, no.

Si sentiva debole, esposta e l'ultima persona che voleva avere attorno in questo stato di vulnerabilità era Jake Romano.

In una società che incoraggiava gli uomini a entrare in contatto con il proprio lato femminile, Jake era al cento per cento maschio e per nulla incline a volersi scusare per questo. Oggi, stranamente, indossava una giacca, ma la camicia era aperta e non c'era segno di una cravatta. Nemmeno il morbido lino con cui l'avevano confezionata era in grado di nascondere l'ampiezza delle sue spalle, o la forza muscolare del suo corpo. Era il tipo d'uomo che non avresti mai voluto incontrare di notte in un vicolo buio.

Paige distolse lo sguardo, grata per la tremula luce delle candele che non gli avrebbe permesso di riconoscere al volo la sua espressione. Jake la conosceva bene, meglio di chiunque altro. Fin troppo.

Era stato l'oggetto di tutte le sue fantasie adolescenziali e la fonte dalla sua più cocente disillusione. Non esisteva sofferenza più atroce, per una ragazza di diciotto anni, che essere rifiutata dall'uomo per il quale si era presa una cotta colossale, e Jake si era reso responsabile di quello che probabilmente era il più crudele rifiuto della storia dell'umanità intera.

Se fosse dipeso da lei, avrebbe fatto in modo di non incrociare mai più il suo cammino, ma purtroppo questa non era un'opzione.

Jake era il migliore amico di suo fratello e, che le piacesse o no, le loro vite erano intrecciate.

«La festa è stata cancellata. Ci hanno licenziate. Mi aspettavo una promozione, invece mi ritrovo senza lavoro.» Mentre lo diceva, le venne un nodo di panico allo stomaco. Le emozioni poteva nasconderle, i fatti no. A un certo punto avrebbe dovuto informare i suoi genitori e la mamma si sarebbe preoccupata.

Come se non le avesse già dato abbastanza ragioni per farlo.

Sebbene fossero anni che Paige non aveva più problemi di salute, i suoi continuavano a trattarla come una fragile statuetta di porcellana e, a causa della loro tendenza a preoccuparsi, lei cercava di non mettersi mai in situazioni pericolose, difficili, o anche solo complicate. Loro proteggevano lei e lei proteggeva loro.

«Ho sentito la notizia.» Matt posò champagne e bicchieri sul tavolo e le andò vicino, stringendosela al petto. «Dovresti rispondere al telefono.»

La forza e la familiarità del suo abbraccio erano confortanti, ma lei rimase tesa come una corda di violino. «Sto bene.»

«Sì, giusto» borbottò lui con una risata priva di allegria. «Non farlo.»

«Cosa?»

«Dirmi che stai bene quando non è vero.» Le posò le mani sulle spalle e si tirò indietro, in modo da poterla guardare. «Perché non mi hai richiamato?»

«Ero impegnata. Ci siamo messe subito in cerca di un nuovo lavoro. Volevo portare delle buone notizie, non cattive.»

Lui era sempre stato lì per lei. Uno dei suoi primi ricordi era Matt che la rimetteva in piedi dopo una caduta in spiaggia. Le aveva tolto la sabbia dal viso, poi l'aveva presa in braccio e l'aveva portata in mare, facendola ridere.

I suoi genitori avevano acconsentito a farle frequentare l'università a New York soltanto perché erano sicuri che Matt avrebbe vegliato su di lei. All'inizio, lui aveva preso quella responsabilità un po' troppo sul serio e avevano litigato.

Gradualmente, avevano imparato a scendere a compromessi, ma lui aveva ancora la tendenza a precipitarsi in suo soccorso.

Alcuni uomini nascevano con un istinto protettivo molto sviluppato e Matt era uno di questi.

La presa delle sue dita sulle spalle era solida. «Sono qui per attutire la violenza del colpo. I fratelli maggiori servono a questo. Vuoi che vada a prendere a pugni qualcuno?»

«No, ma se incontrassi Chase Adams un cazzotto sul naso glielo darei volentieri.»

«Cosa c'entra Chase con questa storia?» Jake si tolse la giacca, drappeggiandola sullo schienale di una sedia. Le faceva venire in mente un leone, o una pantera, sempre completamente a proprio agio in qualunque situazione.

«È per causa sua che Matilda è stata licenziata e noi abbiamo perso il posto. Senza preavviso» disse Paige, staccandosi da Matt. «Chi fa una cosa simile? Chi pretende il licenziamento di una persona buona e gentile come Matilda per un singolo sbaglio?»

«Sei sicura delle tue informazioni?» Jake prese un piatto. «Perché questo non mi sembra opera di Chase.» Aveva gli occhi grigi, grigi come la nebbia in montagna, oppure come il fumo di un camino.

«Lo conosci?»

«Lo conosciamo tutti e due.» Matt si sedette e immediatamente Claws gli saltò in grembo. «Ho fatto dei lavori su una delle sue proprietà e concordo con Jake. Questa non sembra opera di Chase.»

Jake esaminò una ciotola piena di carote e zucchine crude tagliate alla julienne. «Non avete qualcosa di poco salutare da mangiare? Tipo un hamburger succulento? O patatine fritte con la maionese?»

«Posso prepararti una salsa all'arsenico» disse dolcemente Eva e Paige fulminò Jake con un'occhiataccia.

«Noi abbiamo perso il lavoro e tu pensi al tuo stomaco?»

«Sono un uomo.» Ignorando le verdure, Jake si mise nel piatto due cucchiate di olive e alcune fette di pane all'aglio. «Le parti del corpo che dominano la mia mente durante il giorno sono due, lo stomaco e...»

«Non sei divertente.»

«Nemmeno tu. Sei contratta. Rilassati.»

Quelle parole bruciavano. «Be', perdonami se ci sono rimasta male quando mi hanno licenziata.» Si strofinò le braccia con le mani. «Mi fidavo della *Star Events* e adesso mi sento tradita. Ho lavorato duramente, ho superato tutti i miei obiettivi di rendimento, ma per loro questo non conta nulla. Pensavo di avere un certo controllo sul mio futuro, invece a quanto pare non è affatto così.»

Dopo lo schiaffone preso da Cynthia, era andata a cercare Eva e Frankie e le aveva trovate nella sua stessa posizione.

La casa di arenaria era stata divisa così: Frankie affittava l'appartamento a livello del giardino, Paige ed Eva coabitavano in quello del primo piano e Matt aveva tenuto per sé gli altri due. Era una soluzione perfetta, ma, notando la postura rigida di Frankie, Paige capì che la sua amica si stava domandando per quanto tempo ancora sarebbe stata in grado di pagare l'affitto, anche al prezzo molto amichevole fissato da Matt. Erano tutte ben consapevoli che era solo grazie alla generosità di suo fratello che potevano permettersi di vivere in questa zona di Brooklyn. Molti dei loro coetanei dovevano accontentarsi dell'equivalente di una scatola di scarpe. Ma spostarsi da un'altra parte avrebbe significato accrescere il livello d'ansia dei suoi genitori, ragion per cui Paige aveva accettato la sua generosità, promettendo a se stessa che un giorno si sarebbe sdebitata.

Purtroppo, ora come ora, quel giorno sembrava molto lontano.

Si lasciò cadere su un cuscino di fronte a Jake.

Claws cominciò a fare le fusa, stiracchiandosi voluttuosamente sulle gambe di Matt.

«Il prescelto» mormorò Frankie. «Quella gatta ha dei seri problemi.»

«È proprio questo a renderla interessante» disse Matt, facendo scivolare le dita sul suo manto rossiccio. «So che in questo momento vi sentite alquanto abbacchiate, ma il mercato del lavoro in città tira, quindi non scoraggiatevi. Presto ne troverete un altro.» Si era arrotolato le maniche della camicia e Paige vide una serie di graffi sui suoi avambracci.

«È stata Claws a farteli?»

«No, una rosa selvatica cresciuta nel posto sbagliato. Non me ne sarei dovuto occupare io, ma uno dei miei ragazzi era malato.»

E, pur di non deludere il cliente, Matt non aveva esitato a sporcarsi le mani. Lui era fatto così ed era anche per questo motivo che gli affari gli andavano così bene. La gente lo cercava per la sua visione creativa, ma lui non aveva perso il gusto per il lavoro manuale.

«Abbiamo guardato, Matt. Non c'è niente.»

Claws chiuse gli occhi, completamente in estasi per le carezze del suo padrone.

«Non puoi aspettarti di trovare lavoro nel giro di poche ore. Ci vuole un po' di tempo.»

«Tempo che noi non abbiamo. Eva e Frankie hanno ricevuto una liquidazione che grida vendetta a Dio.» Paige sapeva che, nella peggiore delle ipotesi, inghiottendo l'orgoglio avrebbe potuto chiedere un prestito ai suoi genitori, ma le sue amiche non avevano a chi rivolgersi. La disperazione calò, gelandole la pelle. «Eva ha ragione. Anche se trovassimo qualcos'altro, saremmo costrette a dividerci. Eravamo una squadra fantastica. Non so cosa fare.» Le era venuto un groppo in gola. Eppure, aveva affrontato situazioni ben più gravi di questa. Cosa diavolo le era preso? Che fine aveva fatto la sua spina dorsale?

Jake puntò lo sguardo sul suo viso e lei ebbe l'orribile sensazione che sapesse esattamente che era a un passo dal crollo finale.

Riusciva a tenere nascosti i propri sentimenti agli altri, persino a Matt, ma con lui era impossibile. Non era giusto.

«Ti dico io cosa dovresti fare.» Jake sollevò la bottiglia di champagne, la stoffa della camicia che si modellava sul suo bicipite. Aveva un corpo da lottatore, muscoloso e compatto. «Dovresti festeggiare. E, un minuto dopo aver bevuto l'ultimo bicchiere di champagne, dovresti cominciare a darti da fare per aprire la tua compagnia. Volevi poter controllare le decisioni dei tuoi capi? Diventa il capo di te stessa.»

. 3 .

Se la prima volta non ti va bene, cambia piano.
Paige

Diventa il capo di te stessa?
«Se era una battuta, ti informo che ti è venuta male. Non è il momento di scherzare su certe cose.»

Matt indicò i bicchieri. «Versa da bere e chiudi il becco, Jake. Abbiamo bisogno di suggerimenti seri.»

«Questo è molto serio. Paige ha lavorato come una schiava per quella dannata compagnia. Lavorare per lavorare, tanto vale che lo faccia per se stessa.»

La mano di Matt si immobilizzò e Claws riaprì gli occhi, premendosi contro di lui. «Fondare un'impresa non è una cosa che si fa così, per capriccio, sull'onda dell'emozione. È un rischio.»

«La vita è un rischio.» Jake si mise un po' di insalata nel piatto. «Paige ha perso il lavoro, quindi non mi pare che giocare sul sicuro abbia funzionato bene per lei. Sono anni che dice che un giorno le piacerebbe mettersi in proprio. Forse quel giorno è arrivato. In questo modo, potrebbe scegliersi il personale e continuare a lavorare con Eva e Frankie. Problema risolto.»

Il cuore di Paige eseguì un triplo salto mortale. Era un'idea folle. Stupida.

Oppure no?

Claws balzò a terra, affondando le unghie nelle cosce

di Matt, che trasalì. «Stai parlando di un passo molto importante, di una decisione che dovrebbe essere presa con calma, a mente fredda, non in una situazione di emergenza.»

«La situazione è perfetta.» Jake affondò la forchetta nell'insalata e si girò verso Paige. «A meno che tu non preferisca piangerti addosso per un po', il che va benissimo. Festeggiamenti, o funerali... per me non fa differenza, a patto che ci sia da bere. Versa le bollicine e cominciamo.»

Un punto in favore di Jake, rifletté Paige, era che non cercava di proteggerla. Non l'aveva fatto mai.

Anche a costo di farla infuriare, come era già capitato diverse volte. «Non voglio piangermi addosso.» Un tempo le era sembrato bellissimo che lui la conoscesse tanto bene. Ora desiderava che non fosse così. Era difficile nascondersi da qualcuno che aveva accesso a tutti i tuoi segreti. Era come se gli avesse dato la chiave di casa e lui si rifiutasse di restituirgliela. «È vero che un giorno mi piacerebbe mettermi in proprio, ma prima ho bisogno di fare esperienza. Ho ancora molte cose da imparare e in ogni caso mi servirebbe un progetto. Non sono pronta.»

«In altre parole, hai paura.» Con un abile movimento del polso, Jake aprì la bottiglia e Claws si lanciò all'inseguimento del tappo che era volato dall'altra parte della terrazza.

«Non ho paura.» Paige si domandò come faceva a sapere sempre quello che provava. «Non è questo il motivo.»

«Sei in gamba in quello che fai, oppure no?»

«Sono molto in gamba. È per questo che mi aspettavo una promozione. Avevo...»

«Hai bisogno di essere guidata e sostenuta dall'alto?» la interruppe.

Paige pensò alla quantità di tempo che Cynthia aveva trascorso tappata nel suo ufficio. «No.»

«Hai bisogno che qualcuno ti porti il lavoro sulla porta di casa, o sei abbastanza sicura di te da uscire fuori e andarlo a cercare?»

«Lo faccio continuamente! Negli ultimi sei mesi mi sono procurata nove clienti, aumentando le entrate del...»

«Non è necessario discutere di numeri... in questa fase l'importante è fissare i principi. Abbiamo stabilito che sei in gamba nel tuo lavoro e che non hai bisogno di essere teleguidata dall'esterno, quindi l'unica cosa che ti trattiene è la paura dell'ignoto. Giocare sul sicuro, continuare a fare quello che hai sempre fatto è più facile, però ammettiamolo, Paige, fino a stamattina tu hai lavorato per una stronza che si prendeva tutto il merito dei risultati che conseguivi. Che senso avrebbe, andare avanti così?»

«Il mio prossimo capo potrebbe essere diverso.»

«Te l'ho detto, l'unico modo per esserne sicura è diventare padrona di te stessa. Pensaci. Quella Cynthia è una sociopatica. Sei stata fortunata a liberarti di lei. Da dove sono seduto io, sembra un'occasione d'oro.» La voce di Jake era bassa e leggermente arrochita, come se fosse reduce da una lunga notte di sesso bollente.

Il che, conoscendo l'uomo, era altamente probabile.

Quel pensiero le diede più fastidio di quanto avrebbe dovuto, quasi come le vampate di calore e l'irrequietudine che sperimentava quando lui la guardava. Eva avrebbe detto che era naturale, perché Jake Romano era forse il maschio più sexy del pianeta, ma lei avrebbe preferito essere immune.

C'era qualcosa di umiliante nel continuare a sentirsi attratta da un uomo che le aveva molto chiaramente spiegato di non essere interessato. Il suo corpo avrebbe

dovuto avere un minimo di amor proprio.
«Mi stai accusando di essere una vigliacca.»
«Avere paura non significa essere vigliacchi. Ci rende umani.» Con calma, Jake rimise giù la bottiglia. «Prendi un bicchiere. È tempo di tirare fuori il piano B, tesoro.»
«Non ho un piano B. E non chiamarmi tesoro.»
«Perché no?»
«Perché non sono il tuo tesoro.» Ma avrebbe voluto esserlo. In passato, lo aveva desiderato disperatamente, con tutta se stessa.
«Intendevo dire» mormorò lentamente lui, «perché non hai un piano B?»
«Oh.» L'imbarazzo la bruciò dentro come acido sul metallo. Spesso, in sua presenza, si sentiva di nuovo un'adolescente timida e impacciata, tutta ormoni e nessuna sottigliezza. «Te l'ho spiegato. Non pensavo di averne bisogno. Ero convinta che mi avrebbero promossa. Tu hai un piano B?»
«Sempre.» I loro sguardi si incrociarono. «Rilassati. Non è possibile controllare tutto. Tu pianifichi ogni passo che fai, ma a volte è meglio lasciare che la vita accada. I cambiamenti scombussolano sempre un po', possono anche fare paura, ma ogni tanto bisogna lasciarsi andare, correre dei rischi. Rischiare può essere divertente.»
La noncuranza con la quale Jake liquidò la sua ansia la irritò tanto quanto avrebbe potuto irritarla la sua pietà.
«Parli facile tu, con i milioni in banca, più lavoro di quanto ne puoi gestire e un appartamento che sembra uscito da una rivista di architettura. Alcuni di noi devono ancora pagare l'affitto.» Era un commento grossolano e stupido, del quale Paige si pentì immediatamente, anche perché sapeva che a cavarglielo di bocca era

stata più la frustrazione che provava nei suoi confronti che non il resto.

«Come pensi che siano arrivati, quei milioni, Paige?» Jake non fece nulla per mascherare la propria irritazione. «Pensi che io sia diventato ricco dall'oggi al domani? Pensi che una mattina, connettendomi alla banca, abbia scoperto che nottetempo qualcuno aveva trasferito una vagonata di milioni sul mio conto? Ho costruito la mia compagnia lavorando duramente, con intelligenza, determinazione e coraggio. E pago regolarmente l'affitto. L'ho sempre pagato.»

Si udì un forte schianto. Frankie si era lasciata sfuggire di mano un vaso di terracotta, che era caduto sul pavimento, rompendosi.

Matt saltò in piedi. «Quei frammenti sono affilati. Attenta a non tagliarti, Frankie.»

«Non c'è pericolo.» Tenendo la testa bassa, Frankie si chinò e cominciò a raccogliere i vari pezzi.

Dopo averla guardata per qualche secondo, Matt disse: «Se è per via dell'affitto, non preoccuparti. Mi pagherai quando sarai di nuovo in grado di farlo».

Le guance di Frankie diventarono dello stesso colore dei suoi capelli. «Posso pagare» disse con fierezza. «Non mi farò *mai* pagare l'affitto da un uomo.»

Paige capì che stava pensando a sua madre e probabilmente se ne rese conto anche Matt, perché ebbe un'esitazione e, quando riprese a parlare, la sua voce era colma di gentilezza.

«Non mi sono offerto di pagarti l'affitto. Volevo solo che sapessi che non c'è fretta. Anche il mese prossimo va bene. Aspetta di avere di nuovo un lavoro. Considerala una dilazione.»

«Non ho bisogno di dilazioni. Posso pagare.» Frankie mise i frammenti di terracotta dentro a una busta di plastica e forse in quel momento prese coscienza di come doveva essere suonata la sua reazione, perché le sue spalle si incurvarono. «Senti...»

«Non occorre che spieghi» disse Matt in tono sommesso. «Capisco.»

Paige vide il lampo di tristezza negli occhi della sua amica e si rese conto che era proprio perché lui capiva che Frankie era così mortificata.

Tutti quelli che conoscevano la storia di Frankie erano al corrente degli squallidi dettagli che riguardavano sua madre.

Ogni nuovo episodio aveva ucciso un pezzo di Frankie e la triste storia non era ancora finita, anche se adesso lei non viveva più su una piccola isola, dove le gesta di sua madre in camera da letto erano diventate una leggenda locale.

Frankie tirò un profondo respiro. «Sono stata scortese. Domando perdono.»

«Non devi scusarti. Mi sono espresso male.»

Eva, con gli occhi lucidi, saltò su dalla sdraio e andò ad abbracciare Matt. «Non ti sei espresso male. Ti voglio bene, Matt. Sei il migliore. Perché non ci sono più uomini come te a New York? Ehi.» Si tirò velocemente indietro, perché Claws le aveva tirato una zampata al polpaccio emettendo un soffio di avvertimento. «L'unica cosa che non va con te è la tua gatta. Perché non ne adotti una affettuosa e amichevole?»

«I gatti affettuosi e amichevoli hanno già una casa, lei no.» Matt prese in braccio Claws, tenendola a distanza da Eva. «Dobbiamo darle tempo, tutto qui. Quando capirà che può fidarsi, cambierà.»

Eva osservò dubbiosamente Claws. «Matt, questa gatta non si fiderà mai di nessuno. È psicotica.»

«Abbiamo tutti dei motivi per essere come siamo. Con la pazienza, si addolcirà.»

Matt stava accarezzando la gatta, ma i suoi occhi,

notò Paige, erano puntati su Frankie.

Jake allungò un bicchiere di champagne a Eva. «Quella gatta ha salvato Matt da orde di profittatrici che cercavano di avvicinarsi a lui per arrivare al suo portafoglio. È meglio di una guardia del corpo.» Passò in rassegna le pietanze disposte sul tavolo. «Sei sicura che da qualche parte non ci sia un pacchetto di patatine? Ho bisogno di mangiare qualcosa che mi occluda un po' le arterie.»

Frankie si raddrizzò gli occhiali, lasciandosi una ditata di terriccio sulla guancia. «Non tutte le donne sono predatorie» disse freddamente.

Jake smise di versare lo champagne nel bicchiere che stava riempiendo. «Il mio era un commento generico e, soprattutto, una battuta. Si può sapere che diavolo ti prende? Capisco che hai avuto una brutta giornata, ma non mi sembra una buona ragione per trasformarti in un cactus spinoso.»

Paige aprì la bocca per prendere le difese della sua amica, ma suo fratello scosse rapidamente la testa e si avvicinò a Frankie. Accovacciandosi di fronte a lei, disse qualcosa.

Paige non riuscì a sentire le parole, ma vide che gli valsero un piccolo sorriso.

Frankie mormorò qualcosa di rimando e Paige si rilassò.

Non sapeva come, ma Matt era riuscito a disinnescare la tensione.

Non era la prima volta che succedeva. A quanto pareva, aveva il dono di dire la cosa giusta al momento giusto.

Jake prese una bottiglia di birra. «Brindiamo a quelli che giocano sul sicuro.»

Paige digrignò i denti.

Jake, al contrario, aveva l'abitudine di dire tutto

quello che pensava, infischiandosene del momento e della situazione.

Di qualunque cosa stessero parlando, lui trovava sempre una maniera per provocarla. Aveva voglia di svuotargli il bicchiere di champagne sulla testa.

«I tuoi modi rassicuranti lasciano alquanto a desiderare, Jake.»

«Non ho mai ricevuto lamentele.» Lunghe ciglia scure scesero a velare la lucina ironica che si era accesa negli occhi grigi dell'interessato e rimase impietrita davanti alla propria reazione. E sì che ormai avrebbe dovuto essere immune a tutto ciò. Baciare Jake aveva dominato le sue fantasie per una decina d'anni, anche quando si era impegnata nel tentativo di dirottarle su attività meno pericolose. Lui avrebbe potuto sedurre una donna conquistandola con la propria virilità e poi convincerla a non andarsene più grazie al proprio carisma e alla sua incredibile sensualità. La speranza che tra loro succedesse qualcosa era stata abbandonata da tempo, ma l'attrazione sessuale non era una cosa che si poteva accendere e spegnere a piacimento. C'erano giorni in cui desiderava che la baciasse solo per porre la parola fine a quelle ridicole fantasie. Come tutti sapevano, la realtà non si rivelava mai all'altezza dell'immaginazione e lei sarebbe stata davvero felice di veder un po' delle proprie illusioni infrangersi.

Una folata di brezza le mosse i capelli, portandosi dietro i rumori della strada sotto di loro, le risate di un gruppo di persone che tornavano a casa dopo una serata fuori, la portiera di una macchina che si chiudeva, due cani che abbaiavano, l'ululato di una sirena in lontananza. La vita continuava.

Pensò con nostalgia a cosa aveva fatto il giorno prima a quell'ora. Aveva appena finito di scegliere il vestito che avrebbe indossato per il colloquio con

Cynthia, eccitata per la promozione, piena di idee per il futuro.

E adesso era disoccupata.

Cosa avrebbe dovuto fare l'indomani? Svegliarsi, scendere dal letto e... cosa? Trascorrere la giornata in cerca di un lavoro? Anche se fosse stata tanto fortunata da trovarlo, non sarebbe stato con le sue amiche.

Non osava neanche immaginare come sarebbe stato, lavorare senza Frankie ed Eva.

«Di quanti soldi avrei bisogno per fondare una compagnia?» Le parole le vennero fuori di getto, accompagnate da una brusca accelerazione delle pulsazioni.

«Ci sono dei costi iniziali» disse Jake. «Perlopiù legati alle varie pratiche legali. Ma quelli li coprirei volentieri io. Credo in te.»

Matt si alzò, fulminando il suo amico con lo sguardo. «Eva, procuragli una ciotola di patatine, o di popcorn, qualunque cosa, purché abbia la bocca piena e non possa parlare.»

«Io voglio ascoltare.» Paige sapeva che, per avere delle risposte dirette, doveva rivolgersi a Jake. Lui non avrebbe mai tentato di indorarle la pillola, di proteggerla come faceva suo fratello. «Pensi davvero che ce la potrei fare?»

«Se cambi atteggiamento, sì, nel modo più assoluto.» Jake bevve una sorsata di birra. «Hai troppa paura dei rischi. Ti aggrappi al controllo come un rocciatore agli appigli durante un'arrampicata. Vuoi garanzie mentre, mandando avanti un'impresa, non puoi averne nessuna. Vuoi la sicurezza dove non esiste. Ci saranno rischi da prendere, una sfilza di lunghe giornate di duro lavoro, a volte per nulla. Sai quante compagnie falliscono ogni giorno negli Stati Uniti? Non è roba per deboli di cuore.»

Se fosse stata Claws, lo avrebbe graffiato. «Non ho

paura di rischiare, se è per qualcosa in cui credo veramente. E non c'è niente che non va nel mio cuore. È forte come il tuo.» E in quel preciso momento le batteva veloce nel petto, come per sostenerla.
Perché no?
Perché no?
Un'idea prese forma nella sua mente e con essa arrivò un'improvvisa, inattesa ventata di eccitazione. Un po' della pesantezza che le gravava addosso dalla mattina si sollevò. «Dovremmo farlo. Frankie? Eva?»
Frankie rialzò lo sguardo dalle sue piante. «Fare cosa?»
«Fondare una compagnia tutta nostra.»
«Parli seriamente? Mi sembrava che tu e Jake foste impegnati in una delle vostre solite schermaglie.»
«Sono seria. Abbiamo delle qualità. Siamo brave in quello che facciamo.»
«Cynthia non la pensava così.» Eva si lasciò andare sul cuscino della sdraio e Paige ebbe un moto di irritazione.
«Non permettere che ti faccia questo. Non possiamo perdere la sicurezza in noi stesse a causa di quella donna.»
«D'accordo, però io non penso di avere quello che ci vuole per mandare avanti una compagnia, Paige.» Eva sembrava sinceramente dubbiosa. «Sono una brava cuoca e ho un particolare talento per i dolci. Scrivo decentemente e la gente si diverte a leggere il mio blog, ma non sono capace di elaborare delle strategie e la contabilità mi fa venire l'emicrania.»
«Di quella parte mi occuperò io. Tu hai il dono di creare ricette speciali e sei meravigliosa con la gente. I clienti ti adorano. Non conosco nessuno capace di rallegrare una festa meglio di te.»
Frankie si dondolò sui talloni, pulendosi le mani e il

viso con un tovagliolo. «Non abbiamo alcuna esperienza in fatto di amministrazione.»

«Imparerò.» La mente di Paige era in subbuglio. Era sveglia e aveva molti contatti. Era riuscita a fare un buon lavoro per gli altri; perché non avrebbe potuto farlo per se stessa? «Avremmo il controllo, la libertà di decidere chi lavora per noi. Sarebbe divertente.»

«Sarebbe anche rischioso.» Matt era molto serio. «Il motivo per cui così tante imprese falliscono è che non tengono bene conto delle necessità dei clienti e della concorrenza. La città è piena di pianificatori di eventi.»

«Noi dovremo essere diverse. Migliori. I clienti apprezzano il tocco personale. Se sei super-ricco, ti aspetti l'eccellenza. La *Star Events* operava all'interno di linee rigide, invece noi saremo flessibili. Oltre a organizzare gli eventi delle persone, ci prenderemo cura della marea di piccole cose che ingombrano le loro giornate. Cynthia si lamentava, ma i nostri clienti erano felici che fossimo sempre disposte a fare quel qualcosa in più per loro. Saremmo lì per qualunque esigenza, portare i vestiti in lavanderia, trovare quel particolare cravattino di seta per lo smoking, fare da babysitter al gatto, e via dicendo.»

Eva lanciò un'occhiata a Claws. «Non contar su di me per i gatti. E come faremo a offrire una simile varietà di servizi se siamo solo in tre?»

«Con l'outsourcing. Stringendo accordi con persone e fornitori di fiducia. Non stiamo cercando di fondare una grande compagnia con dentro gente come Cynthia, che prende un salario anche se non porta nuovi clienti e non fa praticamente nulla. Saremo snelle, asciutte. Non siamo le uniche ad aver perso il lavoro. Sono sicura che molte delle nostre colleghe sarebbero contente di lavorare freelance per noi.» Paige ribolliva di idee, volava sopra gli ostacoli in cerca di soluzioni e possibilità. «Guardatela così. Cosa abbiamo? Quali sono i nostri punti di forza? Siamo organizzate e abbiamo migliaia di contatti. Conosciamo tutti i locali più alla moda della città... club, bar, ristoranti. Sappiamo come muoverci per trovare i biglietti dei più importanti spettacoli di Broadway anche quando le vendite al botteghino sono esaurite. Siamo in grado di gestire un evento anche quando tutto va storto. Siamo maestre del multitasking, siamo gentili, premurose e non abbiamo paura della fatica. Qual è la cosa che la maggior parte degli abitanti di Manhattan non ha?»

Eva allungò la mano verso la maglia di cotone. «A parte una vita sessuale, intendi?»

Jake sorrise. «Parla per te.»

Paige lo ignorò. «Tempo. Non hanno tempo di fare le migliaia di cose che dovrebbero fare e lo stress di questa situazione impedisce loro di godersi la vita. Tutti vorrebbero delle giornate di quarantotto ore perché ventiquattro non bastano. È qui che entriamo in gioco noi. Faremo in modo che le persone tornino in possesso delle ore che mancano loro.»

Frankie si aggiustò gli occhiali. «Non vedo perché le grandi multinazionali dovrebbero rivolgersi a noi. Saremmo troppo piccoli.»

«Piccolo può essere bello. Piccolo significa più agile, più adattabile e non incide sulla qualità del servizio. Possiamo essere professionali come una grande compagnia basata a Los Angeles.»

«Potrebbe funzionare.» Frankie si raddrizzò, voltando le spalle alle sue amate piante. «Ma... dovremmo crearci una base di clienti e la pubblicità costa una fortuna.»

«Faremo quello che abbiamo già fatto per la *Star Events*. Li andremo a cercare ufficio per ufficio. E quando i nostri eventi saranno un successo, quando le vite frenetiche e stressate dei nostri clienti riacquisteranno un minimo di pace, parleranno di noi ai loro amici.»

«E, se le cose dovessero andarci bene, saremo noi a diventare frenetiche e stressate.» Gli occhi di Eva brillavano come stelle, ma per l'eccitazione, non perché era sull'orlo delle lacrime. «Io ci sto.»

«Anch'io.» Frankie annuì. «Sono stufa di lavorare per capi autoritari che non ti lasciano nemmeno andare in bagno per fare la pipì. Da dove cominciamo? Quanto ci vorrà prima che inizino a entrare dei soldi?»

Questa domanda rese tutto spaventosamente reale, agendo come una coperta sul fuoco dell'entusiasmo montante.

Paige deglutì.

Dentro tremava. La teoria era una cosa, la realtà tutta un'altra.

E se fosse stato un fiasco? Stavolta sarebbe stata lei a tradire le sue amiche, non la *Star Events*.

«Se fate sul serio» disse Matt, «dovreste cominciare consultando un esperto.»

Paige scosse la testa. «Grazie, ma è una cosa che voglio fare da sola.»

Jake si mise le mani dietro la testa, osservandola da sotto le ciglia. «Paige, il mulo. Vuoi sapere quante startup ho visto fallire negli ultimi anni?»

«No. E sei stato tu a incoraggiarmi ad aprire una compagnia.»

«Non ti ho mai detto di lanciarti allo sbaraglio come un bambino in un negozio di giocattoli, con gli occhi spalancati per vedere tutto, ma senza una direzione. Fatti consigliare da chi se ne intende.»

«Io ho un buon senso della direzione.» Com'era possibile essere potentemente attratti da qualcuno e al tempo stesso volerlo prendere a schiaffi? «Chiederò consiglio a persone che conoscono il lavoro, come Eva e Frankie.»

«Ma certo, fantastico, geniale. Chiedi alle tue amiche. Ti diranno di sicuro la verità.» Jake svuotò quel che restava della birra. «Quando stai pensando di metterti in proprio, non vuoi sentire l'opinione degli amici. Hai bisogno di persone che ti dicano in faccia cosa non va nel tuo progetto, in modo da poterlo modificare. Devi prepararti a una dura, lunga battaglia. Hai bisogno di essere sfidata. Se riuscirai a difenderti, allora forse, forse, le tue idee sono solide.»

Paige provò un moto di frustrazione. Sentendosi mancare l'aria, girò sui tacchi e raggiunse il bordo del terrazzo, allontanandosi dagli altri.

Dannazione, dannazione, dannazione.

Perché, vicino a lui, si lasciava sempre prendere dall'emotività?

Era troppo ambizioso, pensare di fondare una compagnia, entrando in competizione con giganti del settore come la *Star Events*?

E se avesse fallito?

Sentì dei morbidi passi che si avvicinavano.

«Mi dispiace.» Jake aveva parlato a voce bassa. Si era fermato proprio dietro di lei. Paige poteva sentire il soffio del suo respiro sulla nuca.

Venne percorsa da un brivido. Per un attimo, pensò che stesse per abbracciarla e, pur sapendo che non era possibile, chiuse gli occhi e smise di respirare.

Non l'avrebbe toccata.

Non la toccava *mai*. Non più.

Era un'agonia, provare una simile attrazione per un uomo che non la ricambiava.

Ormai era raro che le capitasse di restare sola con lui. Non erano soli nemmeno adesso, eppure, per qualche motivo, aveva la sensazione che lo fossero, forse a causa del lieve frusciar di foglie, che li riparava e distanziava dalla conversazione che fluiva dall'altra parte della terrazza.

Lui fece un passo avanti e, sempre senza toccarla, la affiancò, lo sguardo che spaziava sull'acqua verso le luci di Manhattan.

Paige espirò lentamente. «Dimmi che cosa non va nella mia idea. Voglio sapere.»

Lui si girò dalla sua parte e immediatamente l'atmosfera tra loro divenne più densa, assumendo una nuova intimità.

«Devi analizzare a fondo il mercato, i potenziali clienti e avere un quadro molto preciso della tua offerta. Matt ha ragione. La cosa più importante sono i clienti. Più importante della struttura che avrà la compagnia, più importante del sito web e del video di presentazione che potranno vedere le persone che lo visitano. Chiediti di cosa hanno bisogno i tuoi clienti e poi chiediti perché dovrebbero rivolgersi proprio alla tua compagnia. Se l'offerta è troppo ampia, la gente non penserà automaticamente a voi. Troppo di nicchia e rischiate di non avere abbastanza lavoro. Quale valore hai intenzione di attribuire ai vostri servizi?»

Carezzata dal tono vellutato della sua voce, lei aveva difficoltà a concentrarsi.

«Non possiamo permetterci di restringere l'offerta. All'inizio dovremo accettare tutti gli incarichi, anche i più banali.»

«Non svenderti, Paige. Sei una donna brillante.»

Quelle parole le scaldarono il cuore. «Dagli insulti ai complimenti. Cos'è, la tattica del bastone e della carota?»

«È la verità. Sei un'organizzatrice nata. La tua attenzione ai dettagli sfiora la maniacalità.»

Lei per poco non sorrise. «Forse dovresti fermarti qui, prima di rovinare tutto.»

Jake si lasciò sfuggire una risatina che ruppe il silenzio carico di implicazioni. «Paige, tu prepari una lista persino la sera dei film e la consulti per essere sicura di non dimenticare niente, anche se farlo significherebbe solo scendere due rampe di scale. Ti ricordi i compleanni di tutti e hai un registro dei regali che hai fatto ai tuoi amici dai tempi della scuola. Probabilmente hai perfino le note di quello che hai cucinato il 4 luglio di cinque anni fa.»

«È così.» Lei si accigliò. «Che male c'è? Alcune persone sono allergiche a certi cibi. Ricordarselo serve a evitare situazioni spiacevoli la prossima volta che le inviti.»

«È proprio questo il punto. Prendi nota di tutto. Non ti sfugge niente. Sarai talmente brava in questo lavoro che nel giro di pochi mesi i tuoi concorrenti alzeranno bandiera bianca. Provo quasi pietà per loro.»

«Davvero?»

«Sì, ma questo non significa che non mi divertirò a guardarti mentre li prendi a calci nel culo.»

«Ci sono un'infinità di cose che potrebbero andare male.»

«E altrettante che potrebbero andare perfettamente bene.»

Lei si appoggiò al corrimano della ringhiera, fissando le luci di Manhattan. Da lì sembrava un mondo fantastico, pieno di tentazioni e di opportunità. «Non so se ho il fegato per farlo» ammise con un filo di voce e sentì le dita di Jake scivolare sulle sue, la pressione della mano sicura e forte.

«Sei la persona più coraggiosa che abbia mai conosciuto.»

La sorpresa fu tale che per poco non tirò via la mano. Superato il primo istante di shock, Paige la lasciò dov'era, intrappolata sotto la sua, come era successo al suo cuore in tutti quegli anni.

«Non sono coraggiosa.» Voltandosi a guardarlo, scoprì che era più vicino di quanto non avesse immaginato, il viso appena lì, inclinato verso di lei a indicare attenzione e rispetto.

L'impulso di alzarsi in punta di piedi e premere la bocca sull'arco sensuale delle sue labbra fu quasi travolgente, ma seppe resistervi, la forza di volontà abbastanza forte da impedirle di muoversi in avanti, ma non sufficiente a farle fare la cosa giusta, vale a dire un passo indietro.

Matt disse qualcosa che liberò la contagiosa, argentina risata di Eva, ma loro non girarono nemmeno la testa.

Lentamente, lui disincagliò le dita dalle sue, ma, invece di portarsi a distanza di sicurezza, sollevò una mano e le fece una carezza sulla guancia.

Lei rimase immobile, ipnotizzata dalla nebbia iridescente dei suoi occhi. Non avrebbe potuto distogliere lo sguardo nemmeno se da questo fosse dipesa la sua vita.

Di solito la prendeva in giro, la stuzzicava, la faceva imbestialire.

Come se volesse darle qualche altro migliaio di motivi per disamorarsi di lui.

Non era più abituata alla sua tenerezza, non la vedeva dai tempi della scuola e incontrarla adesso le provocò una fitta al petto.

Le era mancata. Aveva sentito la mancanza della spontanea naturalezza del loro rapporto, della saggezza e della gentilezza di Jake.

Deglutì. «Quando non hai nessuna scelta, non è vero coraggio.»

«Il coraggio è sempre coraggio.» Lui curvò le labbra in un mezzo sorriso e lei provò un moto di invidia per tutte le donne che aveva baciato.

Sfortunatamente non era una di loro.

Non lo sarebbe stata mai.

Turbata, infastidita dalle fantasie galoppanti che le impedivano di guardare in faccia la dura realtà della sua situazione, si girò dall'altra parte. «Grazie per i consigli.»

«Te ne do ancora uno.» Lui non cercò di toccarla di nuovo. Per tenerla prigioniera gli bastava la voce. «Valuta con cura i pro e i contro, ma non pensarci troppo. Se ti concentri solo sui rischi, non farai mai niente.»

«Ho la sensazione di aver perso la mia sicurezza.»

«La sicurezza non è il lavoro, Paige. I lavori vanno e vengono. La sicurezza te la dai tu, essendo consapevole delle tue qualità e dei tuoi talenti, che ti seguiranno dappertutto, indipendentemente dalla strada che deciderai di prendere. Quello che facevi per la *Star Events* puoi farlo anche per un'altra compagnia, inclusa la tua.»

Le sue parole ebbero l'effetto di un'iniezione di ottimismo.

Lo pensava anche lei, ma non era mai stata capace di dirlo.

Si sentiva come una pianta mezza avvizzita che aveva appena ricevuto una generosa quantità di acqua.

«Grazie.» Le venne fuori una specie di gracidio e lui sorrise.

«Quando ti ritroverai a lavorare diciotto ore al giorno, sette giorni su sette forse non mi ringrazierai più.» Jake si allontanò per tornare dagli altri, ma Paige rimase ancora un momento lì, pensando a quello che le aveva detto.

La sicurezza te la dai da sola.

Eva e Frankie scoppiarono a ridere. Era bello vedere che avevano conservato il buonumore, a dispetto del licenziamento. Facevano sentire meglio anche lei.

Le raggiunse. «Perché ridete così?»

«Stavamo pensando a dei nomi per la compagnia.»

«E?» Paige sentiva ancora il tocco di Jake sulla mano. Quel banale contatto le aveva fatto vibrare tutti nervi del braccio. Non era normale.

«Vorremmo essere più grandi e migliori della *Star Events*» disse Eva con un sogghigno. «*Global Events. Planet Events. Universe Events.*»

«Noi non saremo soltanto organizzatori di eventi.» Paige si accomodò sul bracciolo della sdraio di Eva, stando attenta a non guardare Jake. «Ci occuperemo anche delle piccole cose che riguardano le persone più da vicino. Dobbiamo differenziarci dalla concorrenza.»

«Saremo una compagnia felice. Basta questo a differenziarci» disse Eva.

«Offriremo uno stile di vita. Mentre voi siete impegnati a lavorare, noi possiamo scegliere il regalo perfetto per vostra moglie, o creare un mazzo di fiori per vostra suocera.»

«Se volete, possiamo anche avvelenarla, la suocera» disse allegramente Eva. «Con dei muffin alla Belladonna.»

Frankie la ignorò. «Messa così, sembra una compagnia di servizi.»

Paige ci pensò su un momento. «Esatto. È questo che siamo. Una compagnia di servizi, grandi e piccoli. Oltre a organizzare i vostri eventi, ci occupiamo di tutti i dettagli che voi, per mancanza di tempo, non riuscite mai a curare.»

Eva si raddrizzò, battendo le mani come una bambina. «Perfetto. Adesso ci servono soltanto un nome e un ufficio.»

«Più i clienti che un ufficio. Possiamo cominciare anche lavorando dal tavolo della cucina. Tanto, saremo quasi sempre fuori, oppure al telefono.»

Frankie si accigliò. «Da dove partiamo? Io sono una designer floreale e ho la passione del giardinaggio. Posso creare una composizione floreale per il tuo matrimonio o il tuo compleanno, posso ridisegnare il giardino della tua casa, ma non chiedermi di contattare i clienti per telefono. Non sono brava a vendermi.»

«Io sì.» Paige recuperò la borsa e tirò fuori il cellulare. Jake aveva ragione. Organizzare era quello che faceva meglio. L'eccitazione era tornata e con essa la sicurezza nelle sue capacità. «La filosofia della nostra compagnia è proprio questa. Non posso curare gli addobbi floreali per la vostra festa di fidanzamento, ma conosco qualcuno che sa farlo. Saresti tu, Frankie.» Lanciò un sorriso all'amica. «E sono negata per la cucina, ma quando Eva e la sua squadra di catering si occuperanno del vostro evento, la gente ne parlerà per mesi.»

Eva inarcò le sopracciglia. «Ho una squadra?»

«L'avrai.»

«Ricorrete sempre all'outsourcing» consigliò Matt. «Non caricate il vostro bilancio di stipendi da pagare.»

Frankie abbozzò un sorriso sbilenco. «E non offrite agli invitati frullati di verza e spinaci.»

«Chi può fare una cosa simile?» Jake era inorridito. «Se una donna mi mettesse davanti un simile intruglio, la nostra relazione finirebbe all'istante.»

«Non preoccuparti, è un tipo di colazione» gli disse Eva in tono giovale. «Le tue relazioni non durano mai fino alla colazione, quindi sei al sicuro.»

«La colazione è una cosa seria, il pasto principale della giornata e la parola *serio* non appare nel mio vocabolario.»

Non era vero. Jake veniva chiamato come consulente per la sicurezza cibernetica dalle più importanti compagnie del Paese. Una volta suo fratello le aveva detto che non aveva mai conosciuto nessuno più intelligente di lui. Il termine *serio* non si applicava solo alle sue relazioni.

E Paige sapeva perché.

Lui gliene aveva parlato, prima che lei rovinasse tutto con la sua stupidità.

«Questo è molto eccitante.» Eva sferrò un piccolo pugno sulla spalla di Frankie. «Sto per entrare in affari con le mie migliori amiche. Non potreste darmi qualche titolo altisonante? Che so... vicepresidente esecutivo, o qualcosa del genere?»

Paige sentì un brivido di apprensione. Essere responsabile per se stessa era un conto, esserlo anche per loro due un altro. Jake aveva alle sue dipendenze centinaia di persone sparpagliate in diverse città in tutto il mondo.

Come faceva a dormire di notte?

Come ci riusciva Matt?

Paige lanciò un'occhiata a suo fratello, che le strizzò l'occhio, come se sapesse cosa le passava per la testa.

«Sei pronta a chiedermi aiuto? Scopriresti che un po' di cose le so anch'io. Per non parlare di Jake, che lavora di continuo con nuove startup, consigliando e investendo nelle loro iniziative. Abbiamo un sacco di contatti. Potremmo parlare di voi con alcune compagnie...»

Paige non voleva chiedere aiuto a Jake.

La breve conversazione di prima era stata sufficiente a turbarla. Chiedergli aiuto avrebbe significato avvicinarsi ancora di più, trascorrere più tempo con lui. Impossibile.

«Mi avete già aiutata abbastanza. Vorrei fare questa

cosa da sola. Ci riuscirò, Matt. Tu mi tiri fuori dai guai da quando avevo quattro anni. È tempo che cammini sulle mie gambe.»

«Tu fai praticamente tutto da sola.» Lui sospirò. «Lascia almeno che ti dia una mano per la parte legale. L'atto di fondazione della compagnia, le tasse, l'assicurazione... sono faccende complicate, te lo può confermare anche Jake.»

Aveva senso. «D'accordo. Grazie.»

Matt si alzò. «Domani mattina chiamerò i miei avvocati. Avrai bisogno di un business plan...»

«Ci lavorerò sopra stanotte e domani.»

«Quando sarà finito, fammelo leggere. Dobbiamo anche parlare dei fondi.»

«Matt, mi stai soffocando.»

Suo fratello la guardò. «Ti sto offrendo dei consigli e un sostegno finanziario. Prima di rifiutare, credo che dovresti sentire l'opinione delle tue socie.»

«Io voglio il tuo aiuto e i tuoi consigli» disse subito Eva, «non fosse altro perché vengono gratis. In cambio, cucinerò per te. Farò qualunque cosa, tranne che occuparmi della tua gatta psicotica.»

«A lei ci penserò io» bofonchiò Frankie. «È sospettosa degli umani e la capisco. Se ci aiuti, curerò il tuo giardino per tutta l'estate.»

«Questo lo fai già. Anche molto bene. Ti assumerei in un batter d'occhio.»

Paige sollevò lo sguardo dalla lista che stava scrivendo sul cellulare. «Stai facendo la posta alla mia squadra senza neanche aspettare l'apertura della compagnia?»

«Ragione di più per usarmi come consigliere. È meno probabile che ti rubi il personale.»

«E va bene. Hai vinto. Sei ufficialmente il nostro consigliere legale. Però non starmi addosso. Se questa cosa sarà un successo, voglio che il merito sia soprattutto mio.»

«Se invece sarà un fallimento, daremo la colpa a lui.» Sulle guance di Eva erano apparse due fossette. «Spero tanto che sia un successo, perché perdere due volte il lavoro in una settimana intaccherebbe seriamente la mia autostima.»

Paige sentì l'incertezza nella voce della sua amica e la sua determinazione crebbe. Avrebbe portato a buon fine questa impresa. A qualunque costo.

«Ci serve ancora un nome per la compagnia, e deve essere un nome che spieghi che cosa facciamo.»

«Da quello che abbiamo detto finora, sembra che facciamo un po' di tutto» disse Eva. «Qualunque cosa vogliate... ogni vostro desiderio è un ordine per noi.» Accompagnò queste parole con un ampio svolazzo della mano e Paige mise giù il telefono.

«Ci siamo.»

«Dove? Cosa?»

«È fantastico. *Ogni vostro desiderio è un ordine per noi.* Potrebbe essere il nostro slogan, la nostra filosofia aziendale, o come diavolo si dice.»

«Riceverete un sacco di richieste sessuali» borbottò Jake, prendendo un'altra bottiglia di birra.

La tremula luce delle candele proiettava un alone dorato sul suo asciutto volto virile. Guardarlo risvegliava emozioni che Paige avrebbe preferito restassero dormienti.

Era quasi un sollievo che lui avesse ripreso a essere irritante. «Non hai niente di utile da dire per contribuire alla conversazione?»

«La mia osservazione è molto utile, a meno che tu non voglia essere sommersa da proposte indecenti.»

«Non tutti pensano continuamente al sesso. Abbiamo bisogno di un nome in linea con il concetto dei desi-

deri soddisfatti. *Genio Inc.? Le Ragazze del Genio?*» Paige fece una smorfia e scosse la testa. «No.»
«*Genio Intelligente.*» Frankie decapitò una rosa.
Matt alzò un dito. «*Genio Cittadino?*»
«*Genio Urbano... Urban Genie.*» Questo era venuto da Jake, dalla sua voce bassa e sexy nella penombra. «E se mai vi venisse voglia di strofinare la mia lampada, accomodatevi pure, ragazze.»

Paige si girò verso di lui, pronta a stroncare la sua proposta, ma poi si fermò.

Urban Genie.

Era perfetto.

«Mi piace.»

«Anche a me.» Frankie annuì, imitata da Eva.

«Paige Walker, presidente e amministratore delegato della *Urban Genie*. Sei sul ponte di comando, in viaggio sull'autostrada della fortuna, e io sono felice di essere una tua passeggera.» Eva alzò il bicchiere e si acciglio. «Ehi, il mio bicchiere è mezzo pieno.»

Frankie abbozzò un sogghigno. «Io avrei detto che è mezzo vuoto. Credo che questo spieghi molto bene le nostre differenze.»

«Ciascuna contribuirà all'impresa con le sue qualità e non ci sono passeggeri.» Paige impugnò la bottiglia di champagne e riempì il bicchiere di Eva. «Guidate anche voi.»

«Non contare su di me. Io, al massimo, posso cambiare una ruota.» Frankie si tolse il terriccio dai pantaloni. «Il volante lo lascio volentieri a te.»

La fiducia che nutrivano nei suoi confronti faceva paura, ma al tempo stesso scaldava il cuore.

«Tre donne alla guida» commentò Jake, lanciando un'occhiata a Matt. «Credo che comincerò a prendere la metropolitana.»

Paige sapeva che la stava provocando, ma per una

volta la cosa la lasciò del tutto indifferente.

Ribolliva di entusiasmo. Stava per fondare una compagnia. Con le sue migliori amiche.

Cosa poteva esserci di meglio?

«*Urban Genie*. Siamo in affari.» Sollevò il bicchiere. «Eva, ricordati di recuperare la tua camicia fortunata. Ne avremo bisogno.»

. 4 .

*I pasti gratis non esistono, a meno
che il tuo migliore amico non faccia il cuoco.*
Frankie

«Svegliati.» Paige posò la tazza di caffè sul comodino accanto al letto di Eva, ma la sua amica non diede segni di vita. «Adesso vado a correre e quando torno voglio trovarti in piedi e pronta a uscire.»

Da sotto le coperte emerse un suono. «Per andare dove?»

«Al lavoro. Oggi è il primo giorno della *Urban Genie*. E noi faremo in modo che sia molto produttivo.»

Paige aveva la testa che pulsava. Aveva trascorso buona parte della notte a fare liste e prendere appunti. Cercando disperatamente di non pentirsi della sua decisione.

Che diavolo le era venuto in mente?

Non sarebbe stato meglio se si fossero messe in cerca di lavoro ciascuna per conto suo?

«Che ore sono?»

«Le sei e mezza.»

L'ammasso al centro del letto si mosse ed Eva emerse, i capelli scompigliati, il viso ammorbidito dal sonno. «Sul serio? Alla *Urban Genie* le giornate cominciano a quest'ora? Mi licenzio.»

Il sole entrava dalle finestre, illuminando il parquet,

i vestiti di Eva sparpagliati un po' dappertutto in un arcobaleno di colori e un assortimento di tessuti. Un paio di mocassini dorati faceva capolino da sotto il letto, come dorato era lo smalto per le unghie che si trovava sul comodino accanto a un libro che spiegava come apparire stupende spendendo poco.

A dispetto dell'ansia che le rodeva lo stomaco, Paige sorrise. Eva era sempre stupenda.

Quando era arrivata a New York, Paige era andata subito a vivere a casa di Matt. In quel periodo, Eva aveva condiviso un appartamento con sua nonna, ma poi questa era stata costretta a trasferirsi in una clinica per anziani e l'appartamento era stato venduto per pagare la retta. Eva si era ritrovata senza un posto dove stare e Paige aveva chiesto a Matt se potesse prendere una coinquilina. Lui non aveva esitato. Frankie le aveva raggiunte un mese dopo.

Tre ragazze di provincia, nate e cresciute a Puffin Island, alla prova della grande metropoli. Ovviamente, si erano messe in combutta tra loro, come da bambine.

Vivere con le sue amiche si era rivelato sorprendentemente facile, tenendo conto delle loro differenze, riflesse con drammatica chiarezza negli orari che osservavano.

La mattina Eva aveva la stessa vivacità di un bradipo.

«Alzati.» Paige la scosse per la spalla. «Devi disegnarmi un menu personalizzato per la *Baxter and Baxter*. Voglio chiamarli.»

«L'agenzia pubblicitaria? La *Star Events* aveva cercato di aggiudicarsi quel contratto.»

«E l'ha perso per mancanza di originalità. Stiamo parlando di un'agenzia giovane, dinamica. Noi dovremo essere altrettanto dinamici. E molto originali.»

«Non mi sento dinamica.» Eva si tirò il cuscino sulla

testa. «E alle sei e mezza di mattina non posso essere originale. Vattene.»

«Hai un'ora di tempo per svegliarti, lavarti e farti trovare pronta in cucina con i menu.» Paige si raccolse i capelli in una coda di cavallo e lanciò un'occhiata al grande specchio sul muro della camera di Eva.

Quel rapido sguardo le confermò che il panico che le attanagliava lo stomaco era invisibile all'esterno.

Dal letto si levò un grugnito. «Sei una tiranna. Non morirà nessuno, se per un giorno non vai a correre. Sei già in forma perfetta.»

«Se non corro non resterò così a lungo. E poi è un ottimo modo per scaricare lo stress.» L'efficienza fisica era importante per Paige. Da ragazza il suo corpo l'aveva tradita, impartendole una lezione che non avrebbe dimenticato mai. Ora faceva quanto in suo potere per impedire che succedesse di nuovo. «Intanto che sono via, prepara la colazione, okay? Mangeremo mentre lavoriamo.»

«Ti denuncio alle risorse umane.» Eva sbadigliò, sbucando da sotto il cuscino. «Abbiamo un reparto di risorse umane, vero?»

«Sono io, e la tua segnalazione è stata debitamente registrata. Devo prendere qualcosa? Potrei fare un salto da *Petit Pain*. Pane alle noci? Bagel?» *Petit Pain* era la migliore panetteria del quartiere, mandata avanti da un uomo che aveva cominciato a fare il pane dopo la morte della moglie. Aveva scoperto una passione e adesso gli affari andavano a gonfie vele, sostenuti dalla comunità locale.

Eva si tirò su a sedere e si strofinò gli occhi. «Non posiamo permettercelo. Preparerò la colazione con gli avanzi. Frankie ha bisogno di mangiare qualcosa che non contenga additivi. Ieri, tra il messaggio di sua madre e il resto, non ha toccato cibo.»

«Sì, be', sapere che i tuoi genitori fanno sesso è strano per tutti, ma quando tua madre si porta a letto uomini della tua età e se ne vanta, il termine strano non comincia nemmeno a descrivere quello che uno può provare. Non mi meraviglia che la povera Frankie abbia dei problemi.» Paige osservò Eva che si scostava dagli occhi una massa di capelli dorati. «Come fai a essere così in ordine appena sveglia?»

«I miei capelli sembrano un nido di uccello.»

«Però è un nido molto grazioso. Sicura di non volere niente?»

«More?»

«Le more non sono un cibo consolatorio.»

«Per me sì. E comunque noi non abbiamo bisogno di essere consolate, ma di stare in salute. Se saremo costrette a lavorare come schiave accumulando dosi massicce di stress, dobbiamo aumentare le nostre scorte di energia.»

«Okay, more.» Paige prese nota mentalmente. «E altro caffè.»

«Il caffè ti fa male.»

«Il caffè è la mia linfa vitale. *Non* rimetterti a dormire.» Paige le strappò via le coperte. «Alzati. Abbiamo cose da fare, posti in cui andare, persone da vedere. Se vogliamo che questa iniziativa sia un successo, dovremo impegnarci a fondo, senza guardare l'orologio. Niente part-time.»

Eva emise un grugnito. «Adesso sembri proprio Cynthia.» Tuttavia, buttò giù le gambe. «Di cosa avete parlato tu e Jake ieri sera sulla terrazza? Sembravate molto presi.»

«Lui si stava scusando per la sua idiozia.» Ben consapevole dell'abilità di Eva di vedere il romanticismo in ogni situazione, Paige retrocedette verso la porta. «Non rimetterti a letto, altrimenti non ti alzerai più. Ci vediamo tra un'ora.» Lieta di essersi sottratta all'inquisizione, scese rapidamente due rampe di scale e bussò alla porta del piano terra.

Perlomeno Frankie non le avrebbe fatto domande imbarazzanti. Lei non vedeva il romanticismo nemmeno se una coppia si metteva a limonare davanti ai suoi occhi.

La sua amica venne ad aprire in pigiama. Aveva una piantina di basilico in mano e, a giudicare dalle borse sotto gli occhi, aveva dormito male.

Aveva ricevuto altri messaggi da sua madre, oppure una telefonata?

«Vado a correre. Mi fai compagnia?»

«Vestita così? Non credo.»

«Siamo a Brooklyn. Qui tutti i codici di abbigliamento sono ben accetti.»

«Io sono la responsabile della famiglia, ricordi? E poi voglio finire il mio modellino.»

Lanciando un'occhiata oltre la sua spalla, Paige vide sul tavolo una scatola pieni di mattoncini del LEGO e una struttura in fase di costruzione. «Quello è l'Empire State Building?»

«Sì. Me lo ha regalato Matt per Natale. Aspettavo di essere veramente stressata prima di tirarlo fuori.»

«In effetti, ieri era proprio la giornata adatta.» Paige osservò i dettagli, meravigliandosi della destrezza dell'amica. «Cosa ti ha spinto ad aprirlo, tua madre, oppure il licenziamento?»

«Tutti e due.» Frankie si passò la mano sulla fronte. «Senti... non occorre che ti preoccupi. Sto affrontando una situazione che... lasciamo perdere. Comunque, costruire il modellino funziona. Ci vediamo quando torni. Adesso devo curare il mio *Ocimum Basilicum.*»

«Il tuo cosa? Oh, la tua piantina di basilico. Se la chiamassi così, sarebbe più facile. D'altro canto, sarebbe uno spreco di anni e anni di studio.» Paige si toccò la coda di cavallo. «Okay, lascio in pace te e il tuo *Ocimum Basilicum* e vado a correre. Appuntamento alle sette e mezza per una colazione di lavoro negli uffici della *Urban Genie*.»

Frankie batté le ciglia. «Abbiamo un ufficio?»

«La tua cucina sarà il nostro ufficio finché non potremo permetterci qualcosa di più ufficiale. La nostra è leggermente più grande, ma la tua ha le porte che si aprono sul giardino, il che, in questo periodo dell'anno, è molto piacevole. E poi il tuo tavolo non è coperto dagli esperimenti culinari di Eva. Non preparare niente. L'addetta al catering è lei.»

«A patto che non cerchi di propinarmi un frullato di verza e spinaci. È raro che mi capiti di essere d'accordo con Jake, ma su questa cosa la penso esattamente come lui.»

Desiderando che non fosse saltato fuori il nome di Jake, Paige trotterellò giù per gradini dell'ingresso e iniziò a correre sul marciapiede.

La primavera era la sua stagione preferita, soprattutto adesso che ciliegi e magnolie erano all'apice della fioritura. Riempivano l'aria di profumi e colori, come se la città stesse celebrando la liberazione dagli spessi strati di neve che, per parecchi mesi, avevano coperto il suo fascino.

D'inverno e anche d'estate quando faceva troppo caldo, andava a fare spinning in palestra, ma adesso correre era il modo migliore per godere del tempo e delle bellezze architettoniche del quartiere.

Lei amava il reticolo di strade e la simmetria delle vecchie case di arenaria ombreggiate dagli alberi. Brooklyn era così rilassata. Alcuni andavano a vivere lì perché non potevano permettersi Manhattan. Paige ci viveva perché amava tutto di quel quartiere... gli odori, la vibrazione, lo stile di vita dei suoi abitanti. A quest'ora la gente usciva per andare al lavoro e lei sorrise a tutte le persone che incrociò sul marciapiede mentre correva verso il parco con il sole che le scaldava la nuca, respirando a pieni polmoni l'aria fragrante di fiori e di pane appena sfornato.

Il panico del giorno precedente era scomparso, insieme alle fastidiose emozioni generate dall'incontro con Jake.

Oggi si sarebbe concentrata sulla programmazione. Aveva già delle idee ed era rimasta sveglia fino a tarda notte per trascriverle.

Era anche lei una fanatica del computer, come Jake. Certo, non aveva la sua conoscenza approfondita dei meccanismi interni della macchina, ma questo non le impediva di goderne i benefici. Per una maniaca dell'efficienza e dell'organizzazione, il computer era indispensabile.

Cercava di convincersi che la notte precedente aveva dormito poco a causa della tensione, dell'eccitazione, dell'uso prolungato dello schermo. Gli esperti sostenevano che fissare per ore una fonte luminosa al buio avesse degli effetti sul sistema nervoso.

La sua insonnia non aveva niente a che vedere con Jake Romano.

Tranne che...

Entrò nel parco e aumentò l'andatura.

Eludere le domande romantiche di Eva era un conto, ma mentire a se stessa non aveva alcun senso. Doveva ammetterlo: era nei guai. Se non altro così avrebbe tenuto la guardia alta. Anche se non era stata in cerca di complimenti, la sua attenzione l'aveva gratificata. L'aveva sostenuta, quando era stata sul punto di crollare. L'aveva incoraggiata, quando avrebbe voluto solo nascondersi e giocare sul sicuro.

Era abituata a essere provocata da Jake. A volte, aveva l'impressione che lui lo facesse apposta per farla arrabbiare, invece la sera prima aveva detto tutte le cose giuste. Le aveva dato la forza di credere che non tutto era perduto. L'aveva rassicurata nel momento del massimo bisogno. L'aveva fatta sentire... l'aveva fatta sentire...

Oh, merda.

Smise di correre, piegandosi in due per riprendere fiato, frustrata dal fatto che lui avesse ancora un simile potere sulla sua persona.

Lo aveva incontrato per la prima volta a diciassette anni. Poiché le condizioni del suo cuore richiedevano delle cure specialistiche, non disponibili negli ospedali della zona, era stata operata a New York, il che aveva significato che Matt era potuto andare a trovarla spesso.

In una di queste occasioni, si era portato dietro il suo amico Jake e lei aveva pensato di avere le allucinazioni.

Fortunatamente, in quel momento non era stata collegata al monitor cardiaco, altrimenti era sicura che il medico di turno si sarebbe precipitato nella sua camera per fronteggiare l'emergenza.

Da quel giorno in avanti, era cambiato tutto, come se qualcuno avesse azionato un interruttore, facendo passare la sua vita dal bianco e nero al colore.

La gente si meravigliava del suo coraggio, della straordinaria forza d'animo con cui sopportava il tedio del lungo ricovero.

Quello che non sapevano era che lei trascorreva ogni minuto delle sue giornate pensando a Jake e la notte, quando dormiva, lo sognava.

Con gli occhi chiusi o aperti, dentro la sua testa c'era soltanto lui.

Aveva vissuto in attesa delle sue visite, anche se era capitato di rado che restassero soli. Suo padre faceva l'avvocato a Portland e, quando gli impegni di lavoro lo avevano tenuto lontano dal capezzale della figlia, era venuta sua madre. E, se nessuno di loro due riusciva a liberarsi, Matt si era reso sempre disponibile. Erano stati meravigliosi, ma, fra tutti e tre, le avevano scaricato addosso tonnellate di ansia.

Cosa che Jake non aveva mai fatto.

L'aveva intrattenuta raccontandole storielle oltraggiose delle quali era stato testimone, o che aveva sentito in giro, e le sere in cui Matt aveva dovuto studiare per gli esami, era rimasto con lei fino a tardi per tenerle compagnia.

Paige si era innamorata.

Per la prima volta in vita sua.

Tutti dicevano che a un certo punto il primo amore lo superavi, ed era vero.

Per lei, la cura magica era stata l'umiliazione.

Sfortunatamente, l'attrazione sessuale si era rivelata un nemico molto più insidioso.

Di solito riusciva a ignorarla perché, quando si incontravano, Jake era più irritante che fascinoso, ma l'altra sera...

L'altra sera era stata un'aberrazione. Una risposta del suo organismo al trauma del licenziamento.

Scacciandolo dalla mente, tagliò attraverso gli alberi e tornò in strada.

Il primo sole della mattina era il migliore, pensò. Luminoso e brillante, infondeva speranza, cancellando il ricordo delle gelide giornate di gennaio e febbraio.

Incrociò delle persone che conosceva e si fermò a scambiare due battute con loro.

New York era una città di quartieri e quello in cui loro avevano la fortuna di vivere sembrava un villaggio.

Ampie vie alberate costeggiate da edifici di arenaria e belle case a schiera, caffè pieni di clienti, negozi a gestione familiare che offrivano prodotti freschi, fiori e oggetti d'artigianato. C'erano delle famiglie che risiedevano lì da tre, quattro generazioni.

Di sera l'aria si riempiva dei suoni dei bambini che giocavano, del canto dei grilli, delle note struggenti di qualcuno che si esercitava con il sax su un sottofondo di clacson spazientiti, solcati dall'occasionale lamento di una sirena in lontananza.

Camminando solo per pochi minuti poteva indifferentemente andare a fare spinning in palestra, comprare una squisita fetta di torta, farsi tagliare i capelli, prendere parte a una sessione di yoga, trovare cibarie di ogni genere e tipo, dal pollo fritto alle verdure biologiche.

A due isolati di distanza dalla loro casa di arenaria c'erano anche una fiorente libreria indipendente, una galleria d'arte e *Petit Pain*, il panificio-pasticceria che di recente si era ampliato in un piccolo caffè. Oltre, ovviamente, a *Romano's*, il ristorante italiano della madre di Jake. D'estate i loro tavoli invadevano il marciapiede, approfittando di una copertura di canne che proteggeva i clienti dal calore del sole e dall'umidità della sera.

Secondo Frankie, facevano la migliore pizza di tutta New York e siccome lei aveva mangiato pizza in ogni strada e ogni zona della città, nessuno osava contraddirla.

A quell'ora i tavoli erano vuoti, ma nell'aria si avvertiva ugualmente il profumo dell'aglio e dell'origano.

La porta della cucina era aperta e Paige si affacciò. Come previsto, Maria Romano era già al lavoro, intenta a stendere la pasta per le sue famose tagliatelle.

«*Buongiorno.*» Era l'unica parola di italiano che Paige ammetteva di conoscere. Le altre erano un suo segreto, risalente al periodo in cui si era illusa pensando che tra lei e Jake potesse nascere qualcosa.

«Paige!»

Istantaneamente venne avvolta in un abbraccio pieno in egual misura di farina e di affetto. «Disturbo?»

«Tu non disturbi mai. Come stai?»

Paige tirò un bel respiro profondo. Si era innamorata di Maria Romano dalla prima volta che Jake e Matt gliel'avevano fatta conoscere, vale a dire durante la sua prima settimana di università, quando, girando per New York, aveva ancora l'impressione di essere su un pianeta alieno.

«Non ho ottenuto la promozione. Anzi, mi hanno licenziata.»

Maria la lasciò andare. «Jake me lo ha detto. È passato ieri sera sul tardi. Sono preoccupata per te. Siediti. Hai mangiato?»

«Eva e Frankie mi aspettano per colazione. Dobbiamo parlare di cose importanti. Però un caffè lo bevo volentieri.» Non la sorprendeva che Jake fosse passato. Era molto protettivo nei confronti di Maria, la donna che lo aveva accolto in casa all'età di sei anni e poi adottato. In segno di riconoscenza, quando ne aveva avuto la possibilità, lui le aveva comprato la palazzina che ospitava il ristorante, offrendo a lei, suo fratello e diversi cugini un lavoro e un posto dove stare.

Cinque minuti più tardi, davanti a un perfetto cappuccino, Paige le raccontò per filo e per segno tutto quello che era successo il giorno prima, dal colloquio con Cynthia fino alla conversazione che si era svolta sulla terrazza.

Non avrebbe saputo dire quando di preciso aveva cominciato a confidarsi con la madre di Jake. Era successo gradualmente, perché Matt, troppo indaffarato per cucinare, l'aveva portata spesso lì per assicurarsi che, almeno una volta alla settimana, mangiasse un pasto decente.

Alla fine, le cene del venerdì da *Romano's* erano diventate una routine come le serate di film del sabato, e quelle ore trascorse in compagnia degli amici, con sullo sfondo i rumori e gli aromi del ristorante, erano sempre le più belle per Paige.

Le piacevano la calda atmosfera familiare, le risate, il caos controllato. Maria sapeva essere premurosa e gentile senza risultare invadente. Paige parlava più facilmente con lei che con sua madre, forse perché non si sentiva addosso la pressione di qualcuno che cercava di proteggerla.

«E così hai deciso di metterti in proprio.» Seduta di fronte a lei, Maria annuì con espressione grave. «E adesso hai paura e ti chiedi se non hai sbagliato tutto.»

Lo stomaco di Paige si contrasse. Meno male che aveva rifiutato la colazione. «No, sono eccitata.»

Maria bevve un sorso del suo cappuccino. «Guarda che non devi fare la coraggiosa con me.»

Paige smise di provarci. «Sono terrorizzata. Stanotte non ho chiuso occhio. Non facevo che pensare a tutte le cose che potrebbero andare storte. D'accordo, sì, dimmelo... sono patetica.»

«Perché dovrei dirtelo? Sei sincera. Avere paura è naturale. Non significa che tu abbia preso la decisione sbagliata.»

«Sei sicura? Ho il dubbio che sia una mossa egoistica, fatta pensando solo a me stessa. Quando ero ragazza per molti anni la mia vita è stata controllata dai dottori e da allora sento il bisogno di riappropriarmene. Anche a costo di fallire. Però, se fallissi stavolta, mi porterei dietro anche le mie amiche.»

«Perché dovresti fallire?»

«Domanda a Jake quante imprese chiudono pochi mesi dopo aver aperto i battenti.»

Maria bevve un'altra sorsata di cappuccino. «Allora è stato il mio ragazzo a farti venire la tremarella?»

Ragazzo?

Paige spinse via una visione di spalle potenti e muscoli guizzanti. «Si è limitato a esporre i fatti e i fatti fanno paura.»

«Non lasciarti scoraggiare. Se c'è qualcuno in grado di aiutarti e consigliarti, quello è lui. Senza Jake, oggi non avrei questo posto. L'ha comprato e mi ha insegnato a gestirlo, trascorrendo intere serate con Carlo per mostrargli come si teneva la contabilità.» Maria mise giù la tazza. «Parla con Jake. Siete amici di vecchia data. Sai che ti aiuterebbe, se fossi in difficoltà.»

Paige sapeva che avrebbe dovuto essere disperata per chiedere di nuovo aiuto a Jake, ma non poteva spiegare perché a Maria. «Non sono in difficoltà. Mi preoccupo di quello che potrebbe succedere se questa cosa non funzionasse. Eva e Frankie hanno bisogno di entrate sicure per sopravvivere.» Tutta la sua ansia originava da quella consapevolezza. «E se le deludessi? Qui non si tratta soltanto di me. Sto chiedendo alle mie amiche di assumersi dei rischi.»

«Rischi dietro i quali si nasconde una grande occasione. Vivere comporta anche correre dei rischi.»

«Però è una mia decisione. Il mio sogno. Mi sono lanciata a capofitto su questa idea e loro mi seguono perché mi vogliono bene.» Il pensiero della faccia che avrebbero fatto se fosse stato un fiasco era un tormento costante. «Frankie è un genio con i fiori e i giardini, ed Eva è una cuoca fantastica, però quella che dovrà trovare i clienti e firmare i contratti sono io. Dipende tutto da me. E se non ce la facessi? Se mi fossi inventata questa cosa solo per soddisfare un bisogno psicologico?»

Maria iniziò a giocherellare con la tazza vuota. «La notte prima dell'inaugurazione del ristorante non chiusi occhio. Continuavo a pensare: "E se non venisse nessuno?". Fu Jake a spiegarmi che il mio compito non era preoccuparmi per i clienti, bensì concentrarmi nel fare quello che sapevo fare: creare dei buoni piatti in un bel posto. Aveva ragione. Tu sei in gamba nel tuo lavoro, Paige. Fallo bene e a un certo punto la gente verrà a cercarti.»

«È un rischio tremendo.»

«Per certi versi, tutta la vita è un rischio.» Maria allungò la mano attraverso il tavolo, posandola sulla sua. «Quando i miei nonni emigrarono dalla Sicilia nel 1915, non avevano niente. Dovevano restituire il costo della traversata e per anni vissero in povertà, ma avevano scelto di venire perché erano convinti che qui avrebbero avuto un futuro migliore.»

«E io che mi lamento. Adesso mi sento in colpa.»

«Non ti stai lamentando. Sei preoccupata. È una cosa naturale, ma devi ricordarti che la vita non si ferma mai.» Maria le diede una stretta alla mano. «Tutto cambia continuamente. Alcuni cercano di evitarlo, ma il cambiamento li trova lo stesso. I miei nonni volevano l'America, pur sapendo che non sarebbe stato facile. Abbiamo lottato e faticato per anni. Mai mi sarei immaginata che un giorno sarei diventata proprietaria di un ristorante insieme alla mia famiglia. Non avevamo niente e adesso...» Si guardò attorno. «... Abbiamo tutto. Grazie al mio Jake e alle sue ambizioni. Sai quante persone gli hanno riso in faccia quando lui è andato a bussare alle loro porte? Un'infinità. Ma lui ha continuato a bussare e adesso sono loro che vengono a cercarlo. Quindi non dirmi mai che i sogni non si possono realizzare.»

«Però Jake è un genio del computer. Ha un vero talento. Io che faccio? Organizzo eventi.» Paige finì il caffè, mettendo in dubbio la decisione che aveva preso. «Migliaia di persone sono in grado di farlo, mentre non conosco nessuno capace di fare quello che fa lui. È per questo che bussano alla sua porta.»

«Il mondo è pieno di cuochi, eppure il mio ristorante è sempre affollato. Ti stai sottovalutando. Tu ci sai fare con le persone, hai un occhio per i dettagli e sei una grande organizzatrice. Sei appassionata e determinata. E non hai paura della fatica.»

Era sufficiente? Sarebbe bastato?

«Il licenziamento è stato una brutta botta, ha incrinato la mia sicurezza e avrò bisogno di molta sicurezza per convincere le persone ad affidare i loro eventi alla nostra compagnia.» Paige fissò l'interno della tazza. «Come si fa a mostrarsi sicuri quando non lo si è affatto?»

«Semplice: fingendo. Lo fai già, Paige, continuamente» disse Maria in tono sommesso e Paige si mosse sulla sedia.

«Solo in alcune circostanze. E di rado con te.» Era sincera con Maria praticamente su tutto, con un'unica eccezione: non le aveva mai detto cosa aveva provato per suo figlio.

«Continua a farlo, finché un giorno, svegliandoti, scoprirai che non stai più fingendo. Che è tutto reale.»

«Spero che tu abbia ragione.» Paige lanciò un'occhiata al telefono e si alzò. «Devo andare. Frankie ed Eva mi aspettano per le sette e mezza. E non ho ancora comprato le more per Eva. Grazie per il caffè e le buone parole.»

«Una mattina di queste venite a fare la vostra colazione di lavoro qui. Vi servirò granite e brioche. Non capisco niente di affari, ma posso nutrirvi, in puro stile siciliano. Ricordati, anche se una strada è ripida e piena di buche, non significa che devi smettere di percorrerla.»

«Dovrei ricamarlo su una stoffa e metterlo in cornice.» Paige salutò Maria con un bacio sulla guancia e uscì in strada, prendendo un cestino di more dal fruttivendolo e una confezione di caffè dal suo fornitore di fiducia.

Eva era già nella cucina di Frankie, i folti capelli dorati raccolti sulla sommità del capo in una serie di onde che su chiunque altro sarebbero sembrate disordinate, invece su di lei erano perfette. Con grande concentrazione, stava aggiungendo della cannella in polvere ai fiocchi di avena con il latte. «Hai portato le more?» chiese, facendo colare un filo di sciroppo d'acero nella pentola. «Se devi fare la doccia, affrettati, perché qui è quasi pronto. Frankie si sta vestendo. Ha ricevuto un altro messaggio.» Abbassò la voce, ma Paige non poté chiedere di più perché in quel momento la porta si aprì e apparve Jake, le spalle che riempivano quasi interamente la soglia.

Non si era aspettata di rivederlo così presto.

Lui viveva a TriBeCa, in un elegante loft ristrutturato dal quale, secondo Eva, in una giornata limpida si poteva vedere la Florida.

Sbadigliò e Paige vide che, sotto le lunghe ciglia nere, i suoi occhi erano stanchi. Non si era nemmeno rasato ed era pertanto logico supporre che, qualunque cosa avesse fatto durante la notte, non aveva dormito molto.

Sotto il braccio aveva un casco da motociclista. Perché no, lui non si sottoponeva alla strizzatura mattutina dei mezzi pubblici. Quando doveva andare da qualche parte, prendeva la moto.

Guardandolo, nessuno avrebbe detto che fosse proprietario di una compagnia informatica che stava avendo un successo globale. Vestito così, avrebbe potuto andare a fare quattro passi nella zona più malfamata di Brooklyn e sembrare uno del posto.

«Buon primo giorno di lavoro.» A dispetto della mancanza di sonno, era vigile, molto presente e decisamente troppo bello per il suo stesso bene.

Lei, invece, era accaldata, sudaticcia e del tutto priva di trucco.

Fantastico.

Perché non era arrivato dieci minuti più tardi, *dopo* che si fosse fatta la doccia, magari si fosse messa del rossetto sulle labbra?

Non che avrebbe fatto molta differenza. Anche dopo dieci docce e con addosso il miglior rossetto del mondo, Jake non sarebbe stato interessato.

Perché avrebbe dovuto esserlo? C'erano legioni di donne che aspettavano solo un cenno per uscire con Jake Romano.

Lui la vedeva ancora come la smunta, patita adolescente che si era resa ridicola, mettendolo in grave imbarazzo. Lei aveva deciso di vivere la vita momento per momento, solo che aveva scelto il suo molto male. Si era chiesta milioni di volte cosa sarebbe successo se, avesse fatto una mossa su di lui qualche anno più tardi.

Avrebbe cambiato opinione, considerandola abbastanza grande da fare giochi riservati agli adulti?

«Che ci fai qui?» Paige ebbe bisogno di tutto il proprio autocontrollo per evitare di aggiustarsi i capelli.

«Dovevo parlare di una cosa con mio zio. Ho pensato di passare per augurarvi buona fortuna.»

Completamente libera dalle reticenze di Paige, Eva gli andò incontro e, alzandosi in punta di piedi, gli stampò un grosso bacio sulla guancia. «Sei il migliore, anche se stamattina ti sei dimenticato di raderti. Hai fatto colazione? Se hai fame, posso prepararti qualcosa.»

Paige serrò la mascella. Averlo attorno la rendeva nervosa.

«Ho già mangiato. Le cose che piacciono a me.» Jake fece l'occhiolino a Eva, che si lasciò sfuggire una risatina deliziata.

«Lasciami indovinare. Una bionda nuda?»

«Non darle corda, altrimenti prenoterà il *Plaza* per il tuo matrimonio di giugno» disse Paige. E, rivolgendosi a Eva, spiegò: «Jake vuole dire che ha bevuto un paio di espressi, amari, senza zucchero. Lui fa colazione così».

«Chi ha parlato di *bionde nude*?» Matt entrò dietro a Jake, una cravatta drappeggiata attorno al collo e una pila di carte in mano. «Non rispondere al telefono stamattina, Paige. Mamma ha già chiamato quattro volte. Lei e papà hanno saputo della *Star Events*.»

«Come? Credevo che fossero a Venezia.» Dopo non essersi mai mossi di casa per anni, i loro genitori erano finalmente partiti per un viaggio in Europa. Matt e Paige avevano ricevuto regolari telefonate a ogni tappa.

«Sono lì, ma tu conosci papà. Non resiste più di un giorno senza le notizie economiche.»

«E hanno chiamato per capire se ero tra i licenziati?» Paige alzò gli occhi al cielo. «Cosa gli hai detto?»

«Che ti eri già trovata un altro lavoro e che stavi benissimo.» Matt posò i fogli sulla tavola. «Non rovesciateci niente sopra, sono importanti.»

«Gli hai raccontato che avevo un nuovo lavoro?»

«Sì, e loro mi hanno chiesto con quale compagnia, in modo da poterla controllare.»

Paige emise un gemito. «E a quel punto tu hai ceduto e hai detto loro la verità?»

«Ehi, ho l'aria di uno smidollato?» Matt si piegò in avanti, rubando un paio di more dalla coppa che Eva aveva messo in tavola. «Li gestisco da più tempo di te. Anche se le cose hanno cominciato a complicarsi solo quando sei arrivata tu, con il tuo cuore ballerino e le tue labbra blu. Quanto di meglio ci sia per calamitare l'attenzione generale.»

«Mi stai accusando di essermi scavata un buco nel cuore di proposito?»

«Dopo aver visto il casino che combinavi con la tua pappa a due anni, mi aspetto qualunque cosa da te. Forse volevi colpire qualcos'altro e hai sbagliato mira.»

Lui riusciva sempre a farla ridere.

«Scherzi a parte, cosa hai detto? Che avevi troppo da fare per occuparti anche della mia vita?»

«No, questo li avrebbe fatti tornare a casa di corsa, e poi li avrei avuti addosso perché non mi ero preso cura di te.» Lui si lanciò in bocca le more. «Ho detto che eri eccitata per il nuovo lavoro... il che è vero... sollevata di esserti liberata di quella sociopatica di Cynthia... vero anche questo... e poi ho sviato il discorso chiedendo a mamma di parlarmi dei mosaici di San Marco.»

Paige sapeva che sua madre avrebbe potuto parlare di mosaici e affreschi per ore senza mai stancarsi.

«Grazie. Racconterò a loro tutto, però preferisco aspettare che questa cosa sia partita e funzioni. Non voglio che mamma si preoccupi.»

«Concordo. Lei sarebbe capace di saltare sul primo aereo in partenza e precipitarsi qui solo per essere sicura che la sua bambina non abbia la febbre.»

«Non vorrei dirlo, ma sei il miglior fratello che qualunque ragazza potrebbe sognare di avere. Super-fratello.»

«Lo so. Solo per questa ragione, ti concederò il privilegio di nutrirmi.»

«Ci penso io a te» disse Eva. «Siediti, Super-fratello. Sei sempre benvenuto al mio tavolo, a patto che tu prometta di non presentarti mai vestito di lycra.»

«Dio non voglia. Però non posso sedermi. Dovrà essere una colazione *in marcia*.»

«In marcia?»

«Sì, io passo e voi mi allungate un piatto. Preferibilmente con dentro della pancetta.» Matt si annodò la cravatta a tempo di record sotto lo sguardo incredulo di Jake.

«A cosa ti serve, la cravatta?»

«A ingannare un certo tipo di clienti facendo loro credere che so di cosa parlo. Paige, alle quattro abbiamo appuntamento con il mio avvocato. Nel suo studio, in centro. Dovrete esserci tutte e tre. Siate puntuali perché, con quello che prende all'ora, fa sembrare Jake economico. Dopo, andremo dal commercialista.» Il suo cellulare emise un *bip* e Matt lo tirò fuori di tasca per leggere il messaggio.

Paige recuperò il suo cellulare. «Avrei potuto fissarli io, questi appuntamenti.»

«Avevo chiamato l'avvocato per un altro motivo. È stato un risparmio di tempo e di energia.» Matt passò in rassegna le sue e-mail. «Analizzerà l'intero progetto insieme a te. Vedi di essere pronta.»

«Dovremo andare fino a Manhattan?»

Jake le lanciò un'occhiata. «Se vuoi, posso darti un passaggio in moto?»

«Sì!» esclamò di getto Paige. «Ho sempre desiderato fare un giro sulla tua moto!»

«No.» Matt rialzò lo sguardo, il volto scolpito nella pietra. «Tu non farai salire mia sorella su quella macchina infernale.»

Paige aprì la bocca per protestare, ma Jake fu il primo a parlare, in tono conciliante e con il sorriso sulle labbra. «La *macchina infernale* è un capolavoro dell'industria meccanica giapponese. Il suo motore...»

«Il suo motore è l'esatto motivo per cui mia sorella non ci monterà sopra.»

Jake inarcò le sopracciglia. «Ho un casco per il passeggero. Ho già portato delle donne sulla mia moto. Sono tutte vive.»

«Non sono mia sorella. È confermato il sabato sera di film?»

Paige lo fulminò con lo sguardo, esasperata. «Matt...»

«Certo che è confermato» interruppe Eva, cercando di disinnescare la tensione. «Potremmo guardare qualcosa di romantico, almeno una volta, per cambiare?»

«Io stavo pensando all'horror» bofonchiò Matt, digitando contemporaneamente una risposta a una e-mail. «*Il Silenzio degli Innocenti*, oppure qualcosa di Stephen King...»

«Neanche per idea!» Eva trasalì. «Io *detesto* l'horror. A meno che non voglia svegliarti e trovarmi tremante nel tuo letto perché ho troppa paura per dormire da sola, ti consiglio di scegliere qualcos'altro. Niente serial killer. Niente bambini torturati e squartati. Queste sono le mie regole. Non possiamo guardare *Insonnia d'Amore*?»

«Solo se la vera ragione dell'insonnia è un serial killer in libertà.» Il telefono di Matt squillò. «Scusate, questa devo prenderla.» Si allontanò per rispondere, lasciando Paige a ribollire di furia impotente.

«Qual è il suo problema?» chiese, voltandosi verso Jake. «Io *voglio* venire in moto con te.»

Jake scrollò le spalle, abbozzando una smorfia. «Mi dispiace, niente da fare. Se voi due avete voglia di litigare, accomodatevi pure. È sempre divertente per noi altri, però non tiratemi in mezzo.»

Ripromettendosi di risolvere una volta per tutte la

questione con Matt più tardi, Paige aprì il proprio computer portatile. «La parte che riguarda gli eventi è molto chiara, ma ci ho aggiunto anche i vari servizi che potremmo offrire.» Girò lo schermo verso Eva. «Cosa te ne pare? Ti sembra che manchi qualcosa?»

Jake sbirciò da sopra la sua spalla. «Dov'è il sesso? Non lo vedo scritto da nessuna parte.»

«Non sei divertente. Ho fatto una lista di tutte le compagnie che hanno dei dirigenti ricchi di soldi e poveri di tempo.»

Eva cominciò a versare il caffè. «Ma perché dovrebbero servirsi di noi?»

«Perché renderemo i loro dipendenti più produttivi. E le loro vite talmente semplici che si domanderanno come facevano a sopravvivere prima di conoscerci. Stanotte ho svolto delle ricerche online... sapete quante ore di lavoro si perdono perché le persone cercano di risolvere i loro problemi personali dall'ufficio?»

«Non i miei.» Matt accettò con un sorriso la tazza che gli porse Eva.

«Anche i tuoi, sono pronta a scommetterci tutto quello che vuoi. Tu non lo sai perché sei il boss. Appena entri nella stanza, cambiano la schermata.»

«Stai insinuando che non sono consapevole di quello che succede nella mia compagnia?»

«Dico semplicemente che oggigiorno le persone lavorano talmente tanto, che il loro equilibrio vita/lavoro è così sballato da essere *costrette* a risolvere i loro problemi personali durante le ore di ufficio. Non possono fare altrimenti.»

«Equilibrio vita/lavoro? Che diavolo significa? No, non dirmelo, devo scappare.» Matt infilò in tasca il telefono, si raddrizzò la cravatta e si specchiò nel vetro del forno a microonde. «Ci vediamo dopo.» Si mosse per uscire, ma si fermò quando la porta si aprì, lasciando passare Frankie. Aveva addosso un paio di larghi pantaloni color kaki e una maglietta verde che dava risalto alla massa di boccoli rossi che le ricadevano disordinatamente sulle spalle.

Lo sguardo di Matt indugiò per un momento sui capelli, poi passò in rassegna il viso, notando la sua espressione tirata.

«Tutto a posto?» chiese sommessamente.

Frankie disse qualcosa che Paige non riuscì a udire, ma dopo una breve esitazione lui annuì e se ne andò senza insistere.

Paige sapeva che suo fratello aveva una pessima opinione della madre di Frankie.

Le poche volte che lei era venuta a trovare Frankie a casa, aveva fatto in modo di essere presente. Probabilmente Frankie avrebbe preferito affrontare l'umiliazione di quei momenti in privato, ma, sapendo quanto ne soffriva, i suoi amici non l'avevano mai lasciata sola durante le improvvisate visite *parentali* di Gina Cole.

Paige era rimasta colpita dal modo in cui Matt aveva voluto manifestare il suo sostegno a Frankie. Si era persino domandata se dietro a quel gesto non si nascondesse qualcosa di più del proverbiale senso cavalleresco di suo fratello, ma quel pensiero non era rimasto in piedi a lungo.

Nelle sue relazioni Matt cercava e si aspettava di ricevere fiducia. Frankie non si fidava di nessuno. Era la prima ad ammettere di essere talmente contorta nel settore dei rapporti personali da poter essere usata come un cavatappi.

«Sei sicuro di non volerti fermare, Matt?» Eva indicò il tavolo. «Dichiaro ufficialmente aperta la nostra prima colazione di lavoro. Tutti quelli che saranno ancora in questa cucina tra due minuti mangeranno i miei fiocchi di avena.»

Matt e Jake si spintonarono nel tentativo di raggiungere il più rapidamente possibile la porta.

«Perché gli uomini sono così avversi all'idea di mangiare cibi sani e nutrienti?» Offesa, Eva riempì le ciotole con i fiocchi d'avena, aggiungendoci sopra una manciata di mandorle e una di more.

«Forse perché le uova con la pancetta sono più gustose?» Frankie si sedette e impugnò il cucchiaio. «Se mangio questa roba, smetterai di tormentarmi?»

«Può darsi.»

Paige spinse il computer verso Frankie. «Da' un'occhiata alla mia lista.»

Frankie affondò il cucchiaio nella ciotola e cominciò a leggere. «Dannazione, siamo in gamba. E *tu* sei incredibile, per aver raccolto una simile quantità di dati in così poco tempo. Sei sicura che possiamo fare tutte queste cose?»

«Se noi non possiamo, conosciamo altri che possono. Ho cominciato a creare dei file per i fornitori, i locali, ecc. Abbiamo decine e decine di contatti e io sono sicura che molti dei nostri ex colleghi sarebbero felici di lavorare per noi. A quanto pare la *Star Events* ha fatto girare le scatole a un sacco di gente.»

«Non c'era una clausola anti-concorrenza nel tuo contratto?»

«Solo se mi fossi licenziata. Cosa che non è avvenuta. Matt ha già controllato questo punto per me. Ho anche fatto un elenco di tutti i più grandi eventi che sono stati organizzati a New York e dintorni negli ultimi due anni, inserendo i vari nominativi in un'altra lista.» Paige allungò la mano, aprendo un secondo file.

«Tu sei la donna delle liste.» Frankie le lanciò un'occhiata. «Questa mi sembra bella lunga.»

«Ho cominciato con le compagnie che si erano servite della *Star Events*, poi ho aggiunto i loro concorrenti e le compagnie a esse collegate. Sono arrivata a settanta voci. Tenetevi libere perché avremo molto da fare.» Paige sollevò la tazza. «A noi.»

Frankie la imitò. «Alla *Urban Genie*. I vostri desideri sono un ordine per noi.»

Anche Eva si unì al brindisi, ma con troppa foga, rovesciando un po' di caffè sul tavolo. «E che i desideri possano strabordare.»

«Come il tuo caffè» disse Frankie, alzandosi per prendere la spugnetta.

Più tardi quel giorno nel suo quartier generale a TriBeCa, Jake emerse dall'incontro con un cliente e si stava preparando al prossimo quando Matt entrò nel suo ufficio.

«Ti devo parlare.»

«Ho da fare.»

«Si tratta di Paige.»

Jake non voleva pensare a Paige.

Stava sempre attento a non toccarla, ma la sera prima l'aveva fatto.

Poteva ancora sentire il lieve tremito della mano di lei sotto la sua, il delicato profumo estivo che aveva imparato ad associare alla sua persona. Quel profumo gli dava alla testa. Gli faceva venir voglia di spogliarla, adagiarla sul più vicino campo di fiori selvatici e fare cose molte brutte.

«Se la cosa ti preoccupa così tanto, prometto che non la porterò mai in moto, però dovresti lasciare che sia lei a decidere della sua vita. Sei troppo protettivo.»

Matt si calò su una poltroncina. «La moto non c'entra. Riguarda la compagnia. La compagnia che tu le hai detto di fondare. Come diavolo ti è venuto in mente?»

«Ho pensato che avesse bisogno di avere maggiore

controllo sulla propria vita. L'hai vista... era spaventata, impotente. Le ho ricordato che nulla le impediva di riappropriarsi di un po' di quel potere, tutto qui.»

«L'hai fatta arrabbiare.»

«Sì, l'ho fatta arrabbiare. Meglio arrabbiata che piagnucolante.»

«Non stava piangendo. Non ho mai visto mia sorella piangere, nemmeno quando sembrava che stesse per morire a causa del suo cuore. Neppure una volta.»

Jake, che si era addestrato a riconoscere un pianto femminile a mille passi di distanza, si domandò com'era possibile che Matt fosse così inconsapevole. «Era sul punto di crollare. Se fosse successo davanti a noi, si sarebbe vergognata come una ladra. Stava già male, non aveva bisogno di sentirsi peggio. Aveva bisogno di essere galvanizzata ad agire e la rabbia è un'ottima motivazione. Dovresti ringraziarmi.»

«Stai dicendo che... l'hai fatta arrabbiare di proposito?» Matt si passò una mano sulla mascella, masticando un'imprecazione. «Non l'avevo capito. Come fai a conoscere così bene la psicologia delle donne?»

«Grazie a una lunga esperienza accompagnata da un innato talento per farle incazzare.» Jake zittì con una ditata il cellulare che aveva squillato.

Matt lanciò un'occhiata al nome sullo schermo. «Brad Hetherington? Ti muovi davvero in circoli illustri. Usi l'ossigeno lassù, in vetta al mondo?»

«No, mi servo di una pala per aprirmi un varco nei cumuli di stronzate.»

«Non rispondi?»

«Vorrei, ma nel mio ufficio ci sei tu. Comunque a volte conviene mostrarsi un po' elusivi. Ho qualcosa che lui vuole. Facciamolo aspettare e pagherà di più.»

Matt scosse la testa. «Come ci sente ad avere tutti in fila davanti alla porta?»

«Molto impegnati.» Jake si appoggiò allo schienale della poltrona, osservando l'uomo che considerava come un fratello. «Eri venuto solo per prendermi a pugni perché avevo fatto arrabbiare la tua sorellina, oppure c'è qualcos'altro?»

«C'è qualcos'altro. Voglio che la aiuti con il suo nuovo progetto.»

Jake si immobilizzò, la prudenza che si insinuava in tutti i tessuti del suo organismo. «Perché dovrei farlo?»

«Sei stato tu a convincerla a lanciarsi in questa impresa. Il minimo che puoi fare è accertarti che non fallisca.»

«Cosa ti fa pensare che fallirà?»

«Per lei chiedere aiuto è sinonimo di debolezza. Sappiamo entrambi che fondare e mandare avanti una compagnia è una faccenda complicata e difficile. Più chiedi, prima impari. Mia sorella ha trasformato l'indipendenza in una forma d'arte. Non chiederà mai aiuto. Quindi dovrai essere tu a offrirglielo.»

Assolutamente no.

Jake iniziò a tamburellare con un dito sulla scrivania. Sospingerla nella direzione giusta era un conto, coinvolgersi personalmente un altro. «Non vuole il mio aiuto. L'hai sentita l'altra sera.»

E non soltanto perché le piaceva essere indipendente.

Anche se non lo menzionavano mai, il passato era sempre presente tra loro, ribolliva sullo sfondo, colorando tutte le loro interazioni.

Lei si proteggeva quando lui era attorno, il che gli andava benissimo.

«Non capisco niente di compagnie di servizi né di gestione di eventi.»

«Dovresti. Vai a un sacco di eventi.»

«Per farmi pubblicità, sbronzarmi, o trovare compagnia per la notte. A volte le tre cose insieme. Ma non li pianifico.» Era come essere sul limite di un banco di sabbie mobili, sapendo che un passo nella direzione sbagliata avrebbe potuto significare venire risucchiati in una buca profonda dalla quale sarebbe stato impossibile uscire. «Anche tu hai molta esperienza di affari. Potresti darle una mano e...»

«Pensa che sono iperprotettivo e ha ragione. Mi sforzo di non esserlo, ma non ci riesco. Ogni dannatissima volta. Ti ricordi di quando voleva imparare a guidare?» Vide Jake trasalire e annuì. «Lo so, certe scene non si dimenticano facilmente. Mi preoccupo troppo per essere obiettivo.» Matt si alzò, avvicinandosi alla vetrata. «Bella vista» mormorò con aria assente.

«Sono troppo occupato per notarla.»

Il suo amico non recepì il messaggio. «Per me è sempre una ragazzina con il cuore malato. La vedo ancora in quel letto d'ospedale, pallida come un cencio, magra, con le labbra blu e il respiro affannoso.»

«Se hai deciso di provare con il ricatto emotivo, lascia perdere. Non funzionerà.»

Però quelle parole avevano evocato immagini che Jake aveva cercato di cancellare dalla sua mente, insieme a una tonnellata di altre cose alle quali non voleva nemmeno pensare.

«Non è un ricatto emotivo... è la verità. Vorrei coprirla di plastica antiurto e smussare tutti gli spigoli. L'ho sempre fatto. Dal primo giorno.»

«Perché i tuoi genitori ti avevano chiesto di tenerla d'occhio.» Jake si alzò e lo raggiunse davanti alla vetrata. «Non è una responsabilità da poco. Deve essere un bel peso.»

Lui aveva sempre pensato che non fosse stato giusto, nei confronti del suo amico.

Matt si accigliò. «Non è un peso.»

«Forse è giunto il momento di lasciare che Paige viva la sua vita e faccia i suoi sbagli. Invece di cercare di impedire che cada, aspetta che succeda e poi aiutala a rialzarsi.»

«Non voglio che si faccia male. Non voglio che la sua compagnia fallisca.»

«Hai troppa paura dei fallimenti. Capita, quando uno ha dei genitori che si aspettano sempre il meglio del meglio. I fallimenti fanno parte della vita, Matt. I successi ti insegnano qualcosa, ma solo fallendo impari a essere resiliente, a rimetterti in piedi e provare di nuovo.»

Matt si passò una mano tra i capelli. «Una volta eri molto protettivo anche tu. Dannazione, hai perfino passato una notte in ospedale con lei, perché io non potevo. Te lo sei dimenticato?»

Jake ricordava ogni singolo minuto. «Ho capito che proteggendola non le facevo un favore. Lei non vuole essere protetta.»

Però lui aveva continuato a proteggerla, vero?

Da se stesso.

Sapeva di avere il potere di farla soffrire. L'aveva già fatto.

Non ne avevano mai parlato, ma lui era ben consapevole del dolore che le aveva inferto con il suo rifiuto. Dopo quell'episodio era cambiata. Aveva perso la naturalezza, la spontaneità che tanto lo avevano incantato. Adesso quando si incontravano era sempre guardinga e lui si assicurava che continuasse a esserlo portando il loro rapporto ai limiti dell'antagonismo.

Matt si staccò dalla finestra. «Forse lei non vuole essere protetta, ma tu devi aiutarla lo stesso. Te lo chiedo da amico.»

La loro amicizia era proprio il motivo che gli impediva di accontentarlo.

«Perché non lo fai tu?»

«A parte il fatto che lei ignora automaticamente tutto quello che dico, io sono soltanto un designer di esterni. Sono in grado di progettarti un meraviglioso giardino, con tanto di giochi d'acqua e archi di rampicanti, ma non so un bel niente di marketing digitale e non ho un orecchio in tutti i principali consigli di amministrazione della città. Tu invece sì. Potresti fare in modo di aprirle delle porte.»

«Porte che lei mi sbatterebbe in faccia.»

«Sei in contatto con Brad Hetherington.» Matt fece un cenno in direzione del cellulare del suo amico. «Quel tizio è praticamente il padrone di Wall Street. Un contratto con lui basterebbe a fare della *Urban Genie* un grande successo.»

Jake pensò alle voci che circolavano sul suo conto. «Fidati... Paige non ha affatto bisogno di lui nella sua vita.»

«Non personalmente, certo. Ma professionalmente? Quell'uomo ha tasche molto profonde. E come lui i dirigenti di molte altre compagnie con le quali lavori. Lei non dovrà nemmeno venire a sapere che la stai aiutando. Sarebbe sufficiente che alzassi il telefono e chiamassi quattro o cinque persone. Mezza Manhattan ti deve dei favori.»

«I miei rapporti di affari si basano sulla trasparenza.» Però non era stato trasparente nel suo rapporto con Paige.

Lei era convinta che non provasse nulla nei suoi confronti.

Pensava che la vedesse solo come la sorella piccola del suo amico.

«Ti prometto una cosa.» Era l'unico modo per togliersi dalle scatole Matt. «Se lei verrà a chiedermi aiuto, glielo darò.»

Matt storse la bocca. «Sai perfettamente che non lo farà mai.»

Jake scrollò le spalle, esibendosi in quello che sperava passasse per un sorriso solidale.

In realtà, contava proprio su questo.

. 5 .

Mira sempre alle stelle e, se sono troppo lontane,
mettiti i tacchi alti.
Paige

Paige era seduta semi-accasciata al suo solito tavolo da *Romano's* insieme a Frankie ed Eva, cercando di formulare il Piano C, dal momento che il Piano A e il Piano B erano miseramente falliti. Erano passate due settimane ed erano ancora al punto di partenza.

Dalla cucina filtrava un delizioso aroma di spezie e attraverso la finestra aperta poteva vedere suo fratello che parlava al telefono con un cliente.

Era venerdì sera e l'idea di andare lì era stata sua... la cena la pagava lui... ma da quando era arrivato il suo cellulare non aveva fatto altro che squillare.

Quello di Paige, invece, era rimasto tragicamente silenzioso.

Nessuno aveva risposto alle sue e-mail, nessuno aveva richiamato per prendere contatti, o anche solo chiedere informazioni. Non era questo l'inizio che aveva immaginato per la sua esaltante avventura imprenditoriale.

Promise a se stessa che un giorno avrebbe avuto tanti di quei soldi da poter offrire a suo fratello un milione di cene, che il suo telefono avrebbe squillato talmente spesso da costringerla ad assumere una persona per rispondere. Si augurava solo che quel giorno non fosse troppo lontano.

«Avete corso da un capo all'altro della città per tutta la settimana.» Maria mise davanti a loro dei piatti di spaghetti sormontati dalla sua impareggiabile salsa di pomodoro, il vero marchio di fabbrica del locale. «Avete bisogno di nutrirvi. *Buon appetito.*»

«Presto non potremo nemmeno permetterci di mangiare» disse cupamente Paige. «Ci aggireremo fuori dai ristoranti come gatti randagi.»

«Claws era un gatto randagio.» Frankie impugnò la forchetta. «Adesso mangia come una regina.»

Maria le posò la mano sulla spalla. «Qui sarete sempre benvenute. Siamo felici di avervi.»

Carlo, che stava passando di lì, si affrettò ad annuire. «Con tre ragazze come voi in mostra davanti alla finestra, gli affari prosperano.»

Gli affari di tutti sembravano prosperare, tranne il loro.

Paige si guardò attorno nel locale. Non c'era un posto libero.

Normalmente, stare da *Romano's* bastava a rallegrarla. L'atmosfera del luogo, con i suoi tavolini di ferro battuto e le fotografie della Sicilia appese alle pareti... Lei le conosceva una per una. C'era quella, bellissima, dell'Etna incappucciato di neve, quella del centro storico di Taormina, con un dedalo di viuzze medioevali lastricate di pietra, quella della barca da pesca che galleggiava su un limpido mare blu.

La sala era un brusio di conversazioni e risate.

La gente si divertiva.

Tutti, a eccezione del gruppo dirigente della *Urban Genie*.

Paige era responsabile del morale della truppa e finora aveva fallito.

«È ancora presto» disse, facendo un eroico tentativo di mostrarsi ottimista. «Tra un po' gli affari cominceranno a girare.»

Frankie le lanciò un'occhiata. «Hai chiamato centoquattro persone e gli unici affari che abbiamo concluso comportavano il ritiro di un vestito da una lavanderia e la preparazione di una torta per il novantesimo compleanno di una donna.»

«Si chiama Mitzi ed è adorabile.» Eva arrotolò gli spaghetti con la forchetta, il suo appetito per nulla turbato dalle pressioni della loro iniziativa. «Lo sapevate che durante la guerra pilotava aerei militari?»

«No.» Paige si accigliò, distratta. «Come potevo saperlo? Come fai a saperlo *tu*?»

«Quando sono andata a consegnarle la torta abbiamo cominciato a parlare e siamo diventate amiche. Mi ha mostrato delle fotografie incredibili e, siccome mentre le guardavamo è arrivato uno dei suoi nipoti, mi ha invitata a restare per il tè.»

Frankie si fermò con la forchetta sospesa a mezz'aria. «Sei rimasta per il tè?»

«Naturalmente. Rifiutare sarebbe stato scortese. Comunque, lei era interessante e lui piuttosto carino, per quanto può esserlo un banchiere in giacca e cravatta. Mitzi si preoccupa perché è ancora single, ma è ancora più preoccupata per suo fratello. Lui è un noto scrittore. Due anni fa, nel periodo di Natale, ha perso la moglie in un incidente e da allora si è trasformato in una specie di recluso.» Gli occhi di Eva si erano inumiditi. «Non è terribile? Continuo a immaginarmelo tutto solo dentro questo grande appartamento vuoto. È proprio vero, i soldi, il successo non significano niente. Quello che conta è l'amore. Alla fine della storia, l'unica cosa veramente importante è l'amore.»

«A meno che uno non resti senza lavoro.» Paige le

porse un tovagliolo di carta. «Allora i soldi diventano importanti. Però sono d'accordo, è terribile. Non deve essere facile superare una simile tragedia.»

«Lui non l'ha superata. Mitzi teme che non lo farà mai e si inventa ogni genere di scuse per attirarlo fuori di casa. Poverino. Mi viene voglia di suonare il suo campanello e abbracciarlo.»

«Non lo conosci nemmeno» disse Frankie, asciutta, «quindi, tecnicamente, sarebbe un'aggressione. Sì, d'accordo, è una storia triste, ma non capisco come sia possibile piangere per uno sconosciuto.»

«E io non capisco come sia possibile avere un cuore così duro» ribatté Eva, asciugandosi gli occhi con il tovagliolo. «E poi, dopo che ci parli per qualche ora, Mitzi non ti sembra più una sconosciuta.»

Frankie lasciò cadere la forchetta. «Qualche *ora*? Per consegnare quella torta potevano volerci al massimo quaranta minuti. Quanto ti sei fermata?»

«Non ho guardato l'orologio.» Eva fece la vaga. «Probabilmente, il tempo di bere il tè e poi di portare a passeggio il suo cane, mi sono avvicinata alle quattro ore.»

«Quattro ore?» Paige batté le ciglia, sbalordita. «Eva, avresti dovuto metterglielo in conto.»

«Non sarebbe stato giusto, non dopo lo squisito tè che mi ha offerto. E poi non è che per causa sua sono arrivata in ritardo a un altro lavoro. Non *abbiamo* altri lavori. Era molto simpatica.» Eva fece una pausa. «Mi ricordava la nonna.»

Paige sentì il tremito nella sua voce e le diede una stretta alla mano. «Non c'è problema, Eva. Hai ragione. Non siamo particolarmente impegnate.»

«Non è la quantità di tempo che mi dà fastidio» disse Frankie, «bensì il fatto che erano degli sconosciuti. Avrebbero potuto essere due maniaci assassini. Non hai un minimo di prudenza, di istinto di conservazione?»

Scosse la testa, esasperata, ed Eva la guardò con pazienza.

«Nella mia esperienza, la maggior parte delle persone è buona.»

«Allora la tua esperienza è limitata.» Frankie recuperò la forchetta, affondandola rabbiosamente negli spaghetti. «Spero che la tua fede nella natura umana non venga mai scossa.»

«Lo spero anch'io, perché sarebbe orribile.» Eva bevve un sorso di vino. «A proposito, il nipote di Mitzi... quello che ho incontrato oggi, non quello che non esce mai di casa... è amministratore delegato di una banca di Wall Street, per cui gli ho dato il nostro biglietto da visita.»

Paige la fissò. «Sul serio?»

Frankie prese una fetta di pane. «E ce lo dice adesso, *dopo* averci propinato la storia della vita di Mitzi.» Spostando lo sguardo su Eva, chiese: «Non ti è venuto in mente che forse questa sarebbe stata la notizia più interessante per noi?».

«No, perché a me interessano gli esseri umani in quanto tali. Non so se ve l'ho detto, ma nella camera vicina a quella di mia nonna c'era una donna che...»

«Eva...» la interruppe Paige, «... stavi parlando del nipote di Mitzi. Quello ricco, che ha una banca. Gli hai dato il nostro biglietto e...?»

«Niente. Lo ha preso e messo nel portafoglio.»

«Ha detto che avrebbe chiamato? Tu puoi contattarlo?»

«No. Non ho chiesto il suo numero e non so come si chiami la banca. Non guardatemi così.» Eva era arrossita. «Non sono capace di andare in giro a mendicare lavoro. Non sono brava a vendermi. Non voglio che le persone dicano sì solo perché si sentono obbligate. E vi immaginate cosa succederebbe se dicessero no? Sarebbe terribilmente imbarazzante per tutti.»

«Io ho vissuto centoquattro *imbarazzi* in due settimane» disse stancamente Paige. «Sono un'esperta. Cos'altro hai scoperto su di lui?»

«Che è allergico alle fragole e che è stato il primo della sua famiglia a frequentare l'università. Ha avuto molto successo. Mitzi è fiera di lui. È anche un tipo gentile, perché ci ha augurato buona fortuna per la nostra impresa.»

«Fortuna.» Paige si sentì calare addosso la disperazione. Era l'unica a preoccuparsi dello stato, quanto mai precario, in cui versava *Urban Genie*?

Forse era vero, per lanciare una compagnia ci voleva parecchio tempo, minimo un anno, ma loro avevano bisogno di ottenere risultati presto, nel giro di poche settimane.

«Non credevo che sarebbe stato così difficile. Internet brulica di storie di successo, di persone che si sono messe in affari prima ancora di finire gli studi, magari grazie al crowdfunding, e poi hanno venduto le loro startup per miliardi di dollari. Io non sono riuscita a persuadere un singolo individuo a prendere in mano il telefono per chiamarci.»

«Te l'ho già detto, devi parlare con il mio Jake.» Maria mise un altro cestino di pane al centro del tavolo. «Chiedigli di presentarti qualcuno. Lui conosce un sacco di gente importante a Manhattan. Però prima dovrai mangiare qualcosa. Altrimenti, ragazza mia, rischi di svanire nel nulla.»

Maria si allontanò per servire un altro tavolo e Paige abbassò lo sguardo sul piatto.

Non si sarebbe rivolta a Jake.

Mai e poi mai, per nessuna ragione al mondo, si sarebbe resa di nuovo vulnerabile davanti a lui.

«Ho ancora alcune persone da chiamare e domani farò una nuova lista. Allargherò la rete.»

«Però Maria non ha tutti i torti. Jake potrebbe tirare in barca un grosso pesce, usando una singola lenza.» Frankie la guardava in modo strano. «Perché non gli parli? Non hai esitato a chiamare decine di persone delle quali non sai niente. Perché non Jake, che è tuo amico da sempre?»

«Perché...» Paige si lambiccò il cervello nel tentativo di trovare una scusa plausibile. «Perché questa è la nostra compagnia.»

«E allora? La gente chiede consulenze a destra e a manca, ogni volta che ne sente il bisogno. Funziona così. Qual è la differenza?»

«Non è che c'entra quello che è successo tra voi quando eri ragazza?» chiese Eva, stringendo gli occhi per studiarla meglio. «Se a bloccarti è l'idea che lui ti ha vista nuda...»

«Non è così!»

«Stavo dicendo, se si tratta di questo, rilassati. Da allora Jake avrà visto decine, forse centinaia di donne nude.»

«E questo dovrebbe farla sentire meglio?» Frankie si girò verso Eva, allargando le braccia, esasperata. «Non vuole sentirselo dire, Eva.»

«Perché? Non è innamorata di lui.» Eva fece una pausa e guardò Paige. «Giusto?»

«No» confermò Paige con voce strozzata. «Nel modo più assoluto.»

«Appunto. È solo un episodio imbarazzante che ormai appartiene al passato. Non pensarci più.»

«Ci sta provando» mugolò Frankie e Paige tirò un profondo respiro.

«La mia ritrosia non ha niente a che vedere con questo. Probabilmente lui nemmeno se lo ricorda.»

Ma sapeva che non era così. Jake non aveva dimenticato. Era sempre guardingo con lei. Attento. Come se la considerasse una potenziale minaccia.

Era mortificante.

Di conseguenza, stava attenta anche lei. Prima dell'altra sera erano anni che non si sfioravano nemmeno.

Però questa volta era stato *lui* a toccarla, e per un momento lei aveva pensato...

Si guardò la mano, ancora in grado di sentire il calore e la forza delle sue dita che la stringevano.

Si riscosse, dandosi mentalmente della cretina. Era proprio a causa di questi pensieri che preferiva tenersi alla larga da lui.

Era stato un gesto consolatorio. Niente di più.

«Non chiederò aiuto a Jake. Ho ancora diversi contatti da esplorare. Qualcosa verrà fuori.»

Sfortunatamente, quel *qualcosa* fu lo stesso Jake, in carne e ossa.

La porta del ristorante si aprì e gli occhi di Paige si mossero automaticamente in quella direzione, come se una sezione del suo cervello fosse programmata a percepire la presenza dell'uomo non appena entrava in un ambiente. Era in camicia bianca e jeans, ma a giudicare dal numero di teste... tutte femminili... che si girarono verso di lui sembrava che avesse addosso un completo di Armani.

Anche la testa di Paige girò. Ebbe tempo di registrare il palpito del cuore, il piccolo moto di segreta contentezza, poi i loro sguardi si incrociarono.

Dal lieve restringersi dei suoi occhi capì che non si era aspettato di trovarla lì e per un momento fu di nuovo diciottenne, pronta a offrirgli tutto di sé per non riuscire a ricavarne altro che la sua espressione scioccata.

Nei suoi sogni, si era immaginata che lui venisse travolto dalla passione. Invece, era stato gentile e la sua gentilezza non aveva fatto che aggiungersi all'umiliazione del rifiuto.

La gentilezza doveva essere la più crudele risposta possibile all'amore adolescenziale. Un sentimento delicato, tranquillo l'esatto opposto delle emozioni estreme, fuori controllo.

Jake continuò a guardarla, fissamente, e il battito di Paige accelerò. Si sentiva fluttuare, le sembrava di volare sempre più in alto. Era la seconda volta che lo vedeva dopo che avevano parlato sulla terrazza. Le aveva toccato la mano. L'aveva...

Jake si tirò da parte, cedendo il passo a una donna che entrò nel ristorante.

Capelli biondi lunghi fino alla vita, una figura talmente sottile da dare l'impressione che un colpo di vento avrebbe potuto portarla via da un momento all'altro.

La sensazione di fluttuare si spense e l'umore di Paige precipitò come un parapendio che aveva perso una corrente termica.

Venne trafitta da uno spasmo di dolore. Come le capitava ogni volta che vedeva Jake con una donna.

«Mi stavo gustando la pasta, ma tutto a un tratto mi sento disgustosamente grassa.» Eva spinse via il piatto. «Che fine ha fatto Trudi? Trudi mi piaceva. Perlomeno aveva un corpo.»

«Trudi era quella di tre settimane fa.» Trudi, Stacey, Tina. Si confondevano una con l'altra, ma il risultato finale non cambiava, Jake Romano era preso.

Da tutte le donne di Manhattan, apparentemente.

Paige non lo sopportava. Non sopportava di notarlo. Più di tutto le dava fastidio di reagire ancora così.

Avrebbe dovuto farsi una vita.

Avrebbe dovuto trovarsi un uomo.

Maria tornò al loro tavolo, stavolta con il vassoio delle insalate. «La ragazza che è con Jake ha l'aria di avere bisogno di un buon pasto.» Ridacchiando la sua disapprovazione, servì i piatti. «Ne porta una diversa ogni quindici giorni. Se non cambia atteggiamento, se non si dà una regolata, non troverà mai quella giusta.»

Paige impugnò la forchetta.

Lei sapeva perché Jake non era interessato alle relazioni profonde e durature, e il desiderio di incontrare la donna giusta non c'entrava nulla.

Dipendeva da sua madre. La sua madre naturale.

Gliene aveva parlato una volta, durante la notte che aveva trascorso con lei in ospedale. Qualcosa nella sterile penombra dell'ambiente lo aveva indotto ad aprirsi.

Era una conversazione che non avrebbe mai dimenticato.

Rimise giù la forchetta, l'appetito svanito, osservandolo di sottecchi mentre avanzava nel locale. Salutò con un cenno della mano suo zio prima che questi sparisse nella cucina, poi si avvicinò a Maria e le stampò un bacio sulla guancia. Le disse qualcosa in italiano che Paige non riuscì a sentire, ma l'espressione di Maria si addolcì.

Frankie le lanciò un'occhiata solidale. «È difficile avercela su con un uomo che è così fieramente protettivo nei confronti di sua madre. Tieni...» Le riempì il bicchiere. «Bevi un altro po' di vino.»

Paige seguì il suo consiglio. Frankie aveva ragione. Con gli altri, Jake era sbrigativo e diretto al limite della brutalità. Con sua madre dimostrava una pazienza sconfinata.

La sua accompagnatrice esitava un metro più indietro e lui si voltò, invitandola a farsi avanti.

«È la nostra sera fortunata. Vengono verso di noi.» Frankie si riempì il bicchiere. «Oh, be', guardiamo il lato positivo.»

«Ce n'è uno?»

«Sì. Quella ragazza deve essere a dieta da almeno un decennio. Non c'è rischio che ci rubi le patate dal piatto.»

Jake si fermò accanto al tavolo, la mano della donna stretta nella sua. «Cena di lavoro? Come vanno le cose?»

Paige abbassò gli occhi.

Teneva per mano la sua amica per trasmetterle un messaggio?

Frankie prese il bicchiere. «Be', visto che lo chiedi...»

«A meraviglia» interruppe velocemente Paige. Non voleva che Jake sapesse la verità. Non voleva che si sentisse dispiaciuto per lei. Ne aveva piene le tasche, di essere oggetto della pietà della gente. «Facciamo fatica a tener dietro al lavoro.»

«Sì, stiamo pensando di espanderci e assumere del personale.» La sempre leale Eva raccolse la bugia della sua amica e la amplificò. «Probabilmente apriremo degli uffici a Los Angeles e San Francisco.»

Negli occhi di Jake balenò un lampo. «E una volta alla settimana volerete lì a bordo del vostro tappeto magico?»

Aveva capito, pensò miseramente Paige. Sapeva che erano tutte balle.

L'uomo era più affilato dei coltelli svedesi che Maria aveva comprato per la sua cucina. Non gli sfuggiva niente.

«Forse.» Per nulla imbarazzata, Eva esibì un sorriso smagliante. «Non ci presenti la tua nuova amica?»

La donna rialzò la testa, spingendo indietro i capelli. «Mi chiamo Bambi.»

Bambi?

«Lieta di conoscerti... er... Bambi.» Eva indicò il tavolo. «Vi unite a noi?»

Paige ebbe una stretta allo stomaco. Vedere di sfuggita l'ultima bambola di Jake era un conto, guardarlo interagire con lei per tutta la durata della cena un altro.
Per favore, andate via.
«Non posso» disse Bambi in tono di scuse. «Domani ho una seduta fotografica e solo respirare i fumi di quel pane all'aglio mi farebbe lievitare. Devo stare davvero molto attenta a quello che assimilo. Invidio voi che potete mangiare qualunque cosa senza preoccuparvi per la linea.»
Paige ebbe bisogno di tutta la propria forza di volontà per resistere all'impulso di abbassare lo sguardo e controllare se non aveva le dimensioni di una balena.
«Hai ragione» disse Eva. «Siamo fortunate perché questo pane è una delle cose più buone che abbia mai assaggiato. Sei sicura di non volerne neanche un pezzetto?» Sollevò il cestino in direzione di Bambi con un sorriso pieno di innocente malizia. «È squisito. Da leccarsi i baffi. Il pane all'aglio di *Romano's* è una leggenda da queste parti, allo stesso livello della pizza.»
«Sono una vegana crudista.» Bambi fece un passo indietro, come se temesse che la semplice menzione della parola *pizza* potesse farla aumentare di peso. «Non assumo carboidrati da secoli. Se mangiassi anche solo un boccone di pizza, probabilmente mi divorerei il resto in quattro e quattr'otto. È stato bello conoscervi, ragazze. Jake? Sei pronto?»
«Sì.» Lui stava ancora guardando Paige. «Sono contento che tutto proceda bene, ma se per caso avessi bisogno di aiuto, chiamami pure.»
«Grazie.» Sopra il suo cadavere. Sopra il cadavere del suo corpo affamato di pizza e di sesso.
Con un'ultima occhiata a Paige, Jake seguì Bambi verso la porta.

Frankie si inclinò sulla sedia, studiando criticamente il posteriore della donna. «Pronto per cosa, secondo voi? Non mi sembra che lei abbia molta energia da sprecare.»

Anche Eva si era sporta di lato per guardare. «Ho visto degli stuzzicadenti più grossi. Tu sei molto più bella, Paige.»

«Non siamo in competizione.»

Eppure la sensazione era stata quella.

Perché si paragonava a tutte le donne con le quali Jake usciva? Cosa la spingeva a farlo?

Frankie riprese a mangiare la sua insalata. «Vegana crudista. Significa niente pizza, giusto?»

«Esatto.» Eva rabbrividì. «Io sono totalmente a favore di un'alimentazione sana, ma questo si chiama diniego. È scientificamente dimostrato che, quando non puoi avere qualcosa, la desideri ancora di più.»

Paige giocherellò con un pezzo di carota nel piatto. Sarebbe mai riuscita a guarire dalla sua irrefrenabile attrazione per Jake?

Più la negava, più lo desiderava.

Forse, se si fosse concessa un assaggio quando ne aveva avuta la possibilità, adesso non sarebbe stata in quella condizione.

«Non riesco a immaginarmi Jake che si gode una nottata in compagnia di una vegana crudista» bofonchiò, infilzando una foglia di insalata. «Jake è l'equivalente del ventunesimo secolo di un Tyrannosaurus Rex. Non resiste più di tre o quattro giorni senza mangiare una bella bistecca succosa. A volte mi domando se Maria non farebbe prima a servirgli un quarto di manzo intero.»

Frankie tornò a occuparsi del suo cibo. «Non capirò mai gli uomini, neppure in un milione di anni. Che diavolo ci vede, in lei?»

«Se Bambi si girasse di lato, non vedrebbe niente.» Eva spinse verso di lei il cestino del pane. «Rallegratevi. La prossima settimana Jake ne avrà al braccio un'altra. Lui adotta la tecnica dell'usa e getta.»

«Io non esco con un uomo da nove mesi» borbottò Paige. «Sono un fallimento. Un grosso, grasso fallimento.»

«In compenso hai un gusto eccezionale per le amiche» disse allegramente Eva. «Adesso chiudi il becco e mangia, altrimenti saremo costrette a intervenire con l'alimentazione forzata e non sarebbe uno spettacolo piacevole.»

In quel preciso momento, il telefono di Paige, che era rimasto tragicamente silenzioso per due settimane, iniziò a squillare. Loro lo fissarono, poi si scambiarono uno sguardo.

«Forse ci siamo. Forse è la volta buona.» Paige saltò su dalla sedia e andò a rispondere fuori, incrociando Matt, che stava tornando nel ristorante con Jake, il quale apparentemente si era liberato del suo stuzzicadenti biondo.

«*Urban Genie*. Come possiamo aiutarvi?»

Cinque minuti più tardi Paige rientrò nel ristorante a passo deciso, gli spiriti prima depressi riportati a un livello ragionevole. «Siamo partite!»

Era per questo che le persone si mettevano in proprio, pensò. Perché quando le cose giravano, tutto dipendeva da te.

L'adrenalina, l'eccitazione erano incredibili.

Ormai nemmeno il fatto che Jake si fosse accomodato al loro tavolo poteva più rovinarle la serata.

Lui e Matt erano chini sui piatti di spaghetti prontamente serviti da Maria, ma suo fratello si prese una breve pausa, giusto quel che bastava per chiedere: «Partite per dove?».

«Il cuore di Manhattan. Un gruppo di avvocati vuole

organizzare una festa di addio al celibato per un loro collega di ritorno da un viaggio di affari in Europa. Il nostro primo, vero lavoro. Speriamo che se ne tiri dietro molti altri.» Paige era ben consapevole dell'importanza del passaparola. Nel loro settore, era forse la forma di pubblicità più efficace. Lei non aveva niente in contrario. Non era come chiedere favori.

Matt macinò un po'di pepe sulla sua pasta. «Fanno parte di una compagnia per la quale avevate già lavorato con la *Star Events*?»

«No, è proprio questa la novità. Ho mandato delle e-mail di richiamo ad alcune delle persone che non avevano risposto alle mie telefonate... questa cosa deve essere uscita da lì.» Paige era curiosa di sapere che ne fosse stato di Bambi, ma chiedere avrebbe significato tradire interesse e lei non voleva mostrarsi interessata.

«Quindi non sai nemmeno se è una faccenda legale.»

Paige, che si era aspettata di vederlo contento, non riuscì a trattenere un moto di frustrazione. «Dovrei svolgere un controllo di polizia su tutti quelli che mi offrono un lavoro?»

«No.» Matt affondò la forchetta negli spaghetti. «Mi piacerebbe solo che tu stessi attenta.»

«Sono in grado di badare a me stessa. Gli manderò una lista di locali e, quando ci saremo accordati sul posto, parleremo del catering e degli extra. Siamo in affari.» Gli diede l'occasione di dire una parola di incoraggiamento, ma lui continuò a mangiare in silenzio e l'esasperazione di Paige aumentò. «Devo pur cominciare da qualche parte. Jake? Tu che ne pensi?» Perlomeno lui non l'avrebbe protetta.

Jake allungò la mano verso il bicchiere del vino. «Stavolta concordo con tuo fratello.»

«Siete entrambi ridicolmente prudenti. Se faremo un buon lavoro, probabilmente ci raccomanderanno ad amici e conoscenti.» E ora come ora sarebbe stata disposta ad accettare qualunque incarico, pur di non essere costretta a chiedere aiuto a Jake. «Vi fa sentire forti e virili, spianarmi la strada? Si tratta di questo? È solo una questione di ego?»

Jake rise. «Tesoro, il mio ego è a prova di proiettile. Non riusciresti a buttarlo giù nemmeno con un lanciarazzi.»

«Se ne avessi uno a portata di mano, sarei tentata di provare. E ti ho già detto di non chiamarmi tesoro.»

«Cercherò di ricordarmelo, tesoro.»

«Basta, voi due» disse Matt, sforzandosi di non sorridere. «Jake si preoccupa per te, com'è normale che sia, visto che è tuo amico.»

«Non voglio che lo faccia. Non ne ho bisogno.»

«Troviamo un compromesso. Dovrai assumere del personale extra. Jake e io potremmo travestirci da camerieri.»

«Sì, con il farfallino sul torace nudo» borbottò Jake. «Peccato che non sia un addio al nubilato.»

L'irritazione di Paige crebbe. «Volete starci addosso come guardie del corpo? No, grazie!»

Suo fratello posò la forchetta e prese la bottiglia di birra. «Almeno promettimi che non ci andrai da sola. Fatti accompagnare da Eva e Frankie.»

«È un lavoro come tanti.» Paige alzò gli occhi al soffitto, domandandosi cosa avrebbe dovuto fare per frenare l'iperprotettività di Matt. «Filerà tutto liscio come l'olio, poi io dirò ve l'avevo detto e tu e Jake striscerete ai miei piedi, scusandovi per la paranoia che vi fa vedere catastrofi a ogni angolo di strada.»

Jake le puntò addosso uno sguardo inespressivo. «Speriamo che vada così.»

. 6 .

Quando fai uno sbaglio, non avere paura di mangiare la torta dell'umiltà. È priva di calorie.
Eva

Jake fissò lo schermo.
Era passato un sacco di tempo dall'ultima volta che lo aveva fatto. Dall'ultima volta che aveva controllato.
Avrebbe potuto chiudere il portatile. Avrebbe potuto...
Serrò la mascella e le sue dita volarono sulla tastiera, andando in cerca delle informazioni di cui aveva bisogno.
Per uno con le sue conoscenze informatiche, era un gioco da ragazzi, come rubare le caramelle a un bambino.
Lesse, cercando di capire se era cambiato qualcosa, e vide che aveva un nuovo lavoro. Era stata promossa. Il resto era rimasto lo stesso.
Viveva ancora in una casetta in finto stile Tudor nella parte settentrionale dello Stato di New York. Era ancora felicemente sposata con due figli e un cane.
La vita le sorrideva.
Masticando un'imprecazione, chiuse la schermata.
Che diavolo stava facendo?
Sapeva già la risposta. L'altra sera Maria lo aveva guardato di nuovo con l'espressione che voleva dire: *Ma*

quand'è che ti sistemerai? Ogni volta che lo faceva, lui sentiva il bisogno di ricordarsi tutte le ragioni per le quali non lo avrebbe mai fatto.

La porta dell'ufficio si aprì e lui rialzò la testa di scatto, irritato dall'intrusione. «Che c'è?» abbaiò.

Dani inarcò le sopracciglia, sorpresa, ma non fece commenti. «C'è una persona per te.»

«Non ho più appuntamenti per oggi.»

«È una donna, una certa Paige.» Dani si appoggiò allo stipite della porta. «È strano, capo. Ha impiegato una decina di minuti prima di decidersi. È perfino andata via due volte, ma poi è tornata. Noi la osservavamo attraverso la vetrata e abbiamo raccolto scommesse: alcuni erano convinti che non avrebbe trovato il coraggio di entrare, secondo altri sì. Potrebbe essere una stalker. Vuoi che la mandi via?»

Evidentemente pensavano a una sua ex, venuta lì per fargli una scenata.

«No, non mandarla via.»

«Sai perché è qui?»

No, ma poteva immaginarlo. Non sapeva cosa l'avesse colpito di più, se il fatto che Paige si fosse finalmente decisa a chiedergli aiuto, oppure la ritrosia che dimostrava nel farlo.

Jake si alzò e chiuse il computer. Ora era contento di aver guardato. Tutto quello che aveva visto e letto gli rammentava la necessità di essere prudente nei suoi rapporti personali. «Falla accomodare.»

Se n'era andata due volte. Incredibile. Proprio non le piaceva ritrovarsi nella posizione di dover chiedere aiuto a qualcuno. Specialmente a lui.

Cosa era successo?

Aveva pensato che la *Urban Genie* avesse cominciato a ingranare. L'altra sera, quando aveva visto Matt, lui non gli aveva detto niente.

Mentre aspettava, si avvicinò alla parete di cristallo e fissò la città, spingendo lo sguardo sui canyon di cemento che da Canal Street si spingevano verso Lower Manhattan. Quello che un tempo era stato un deserto post-industriale disseminato di capannoni abbandonati si era trasformato in un quartiere esclusivo, vibrante, abitato da creativi di successo e nuove promesse di Wall Street. Era per questo che aveva scelto di andare a vivere e lavorare lì. Oltre al fatto che si trovava a pochi passi dal cuore finanziario della città.

«Jake?» La sua voce lo raggiunse dalla porta. Bassa, leggermente roca, ultra-femminile. Come la carezza di un guanto di pelliccia.

Lui rinsaldò le difese. Non doveva fare altro che trattarla come la sorella piccola del suo migliore amico. *Sorella piccola*. Continuò a ripeterselo come un mantra.

Però non era facile, perché sapeva dannatamente bene che non era piccola. Era stato testimone, molto da vicino, del momento in cui era cresciuta.

Fino al giorno prima aveva portato magliette con stampata sopra la faccia di Topolino, la sua stanza d'ospedale era stata popolata da palloncini colorati e giganteschi animali di peluche, quello dopo aveva iniziato a sperimentare con il trucco. Al posto delle bambole erano arrivati i pizzi e le trasparenze di Victoria's Secret.

La notte in cui gli aveva rivelato, non solo la sua collezione di Victoria's Secret, ma anche tutto il resto, era rimasta impressa a caratteri di fuoco nella sua mente, eppure in qualche modo, sebbene si fosse visto offrire la sua deliziosa nudità su un piatto, era riuscito a fare la cosa giusta.

E l'aveva fatta con la massima determinazione possibile, in modo da assicurarsi che a nessuno di loro due venisse voglia di ripetere l'esperienza.

Si voltò e per poco non si masticò la lingua. Lei aveva addosso un tailleur nero che metteva in risalto la vita sottile e la curva sinuosa dei fianchi. I capelli color cioccolato scendevano lisci e lucenti sull'immacolata camicetta bianca che portava sotto la giacca. Riusciva a sembrare professionale ed efficiente senza perdere un'oncia della sua femminilità.

Jake era consapevole di lei con un'intensità che non aveva mai sperimentato con nessun'altra donna. L'essenza floreale del suo profumo saturava l'aria, ma non si trattava soltanto di questo. Era la sua *presenza*. Come se emanasse una misteriosa sostanza che gli solleticava i sensi e gli annebbiava il cervello.

Ebbe l'impulso di toccarla.

Avrebbe voluto spogliarla e assaggiarla.

Era nei guai. *Fino al collo.*

«Paige?»

Sotto il trucco impeccabile, il suo viso era pallido. Sembrava esausta, come se fossero notti che non dormiva.

L'impulso di abbracciarla e aggiustare tutto tornò alla carica, ma lui fece un passo indietro.

Non si sarebbe scopato la sorella del suo migliore amico.

Quando si concedeva un'avventura, cosa che accadeva meno spesso di quanto non pensasse la gente, sceglieva donne forti, con schiene d'acciaio e cuori di pietra.

Una volta, una sua ex gli aveva detto causticamente che uscire con lui era come fare fuoristrada su un terreno particolarmente accidentato.

Paige aveva l'aria di una che si sarebbe potuta rompere alla prima buca. Se c'era un cuore che lui non avrebbe mai danneggiato, era il suo. Aveva già sofferto abbastanza ingiurie da Madre Natura e dai medici. Almeno questo era quello che continuava a ripetersi.

«Come vanno le cose alla *Urban Genie*? Siete molto impegnate?» Vide le sue guance passare dal bianco panna al rosso fragola. «E quella festa di addio al celibato? Vi ha portato altri incarichi?»

«Non proprio» disse lei, giocherellando con il bordo della giacca. «Non ha funzionato.»

«Ah, no?» Lui desiderò che non avesse scelto di mettersi quel rossetto rosso corallo.

La mania di Paige con i rossetti era fonte di divertimento per molte persone. Per lui, era una tortura. Attirava l'attenzione sulla sua bocca, il che era un problema, perché ogni volta che la guardava gli venivano pensieri peccaminosi.

Aveva baciato decine di donne e di quei momenti non gli era rimasto niente.

Non aveva mai baciato Paige e ci pensava in continuazione.

«Non è importante.» Lei liquidò la questione con lo stesso sorriso che aveva usato milioni di volte con i suoi genitori e suo fratello.

«Cos'è successo?»

Lei azzardò un'occhiata al suo viso, poi distolse lo sguardo. «È andata esattamente come avevi previsto, quindi, a meno che tu non muoia dalla voglia di dire: "Te l'avevo detto", propongo di metterci una pietra sopra e passare oltre. Non hai bisogno dei dettagli.»

Lui notò che aveva stretto i pugni. «Cosa è successo, Paige?»

«Niente.»

La conosceva abbastanza da sapere che quel *niente* nascondeva invece un sacco di *qualcosa*. «Dimmelo lo stesso.»

«Ti arrabbieresti e reagiresti male. Poi lo diresti a Matt che darebbe fuori di matto e reagirebbe ancora peggio. Se avessi voluto informare Matt, adesso sarei nel suo ufficio, non nel tuo.»

«Prometto di non reagire male.»

«Volevano qualche extra di troppo. Servizi che non erano compresi nella nostra lista. A questo punto puoi dire: "Te l'avevo detto". Fatti una bella risata e andiamo avanti.»

Lui non aveva nessuna voglia di ridere.

La collera iniziò a montare. «Ci hanno provato con te?»

Lei gli saettò un'occhiata ammonitrice. «Avevi promesso che non avresti reagito male.»

«Mentivo» disse lui a denti stretti. «Voglio i dettagli.»

«Pensavano che lo *spettacolo* lo avremmo fatto noi, ma li abbiamo tenuti a bada. Nulla di particolarmente grave.»

Lui strinse minacciosamente gli occhi. «Come si chiamano? Dammi i loro nomi.»

«Non essere ridicolo. Chi sei, Batman? Hai intenzione di aspettarli sotto casa di notte e picchiarli? Te l'ho detto, li abbiamo tenuti a bada.»

«E se non ci foste riuscite?» Il pensiero di quello che sarebbe potuto succedere gli fece correre un brivido freddo lungo la schiena. «Non avreste dovuto mettervi in quella situazione.»

«Quale situazione? Stavamo lavorando. Cercavamo di far partire gli affari. Dovrei forse accettare solo clienti donne? O starmene chiusa in casa per timore che capiti qualcosa di brutto?» Il suo tono gli fece capire che era vicina al punto di rottura, ragion per cui tirò un profondo respiro e si calmò.

«Adesso sei tu quella che esagera. Non sto cercando di proteggerti. Dico solo...»

«Se fossi stato presente saresti intervenuto in mia difesa. Senza aspettare di vedere come andava a finire.

Questa, nel mio libro, si chiama iperprotettività.»

Lui si passò due dita sulla fronte. Ecco perché Matt non riusciva mai a fare la cosa giusta. Era come camminare sulle uova indossando degli scarponi. «È sbagliato?»

«Sì.» Lei lo fissò dritto negli occhi. «Non farlo, Jake. Non guardarmi come se volessi chiudermi a chiave dentro una stanza e lasciarmi uscire solo accompagnata. Sei l'unico a non averlo mai fatto.»

Lui si impose di rilassarsi. «Avete chiamato la Sicurezza?»

«Non è stato necessario. Avevamo Frankie.» Lei abbozzò un sorriso. «L'arma umana.»

«Frankie?»

«Quando siamo arrivate, loro erano già piuttosto sbronzi. Abbiamo capito subito che avrebbero potuto esserci dei problemi. Probabilmente ce ne saremmo dovute andare subito, ma ci tenevamo moltissimo a quel lavoro, così abbiamo deciso di restare nella speranza di cavarne fuori qualcosa di buono.»

Lui scoprì di avere un velo di sudore freddo sulla fronte. «Paige...» disse con una smorfia, «... salta subito alla parte dove Frankie si trasforma in un supereroe.»

«Eva stava facendo la sua solita cosa, vale a dire parlare senza pensare. Nel tentativo di mostrarsi gentile, ha chiesto cosa avrebbe reso la loro serata veramente speciale.»

Jake masticò un'imprecazione. «Bisogna che qualcuno le parli.»

«Ci ha già pensato Frankie. Comunque, com'era prevedibile, uno di quei tizi ha detto: "Tu e io, piccola. In posizione orizzontale". E le ha infilato la mano sotto la gonna. Una frazione di secondo dopo, si è ritrovato steso a terra, con il tacco a spillo di Frankie piantato negli addominali.» Lei cominciò a ridacchiare. «Non so perché rido. Quelli non ci faranno pubblicità, questo è sicuro.»

«Non so neanch'io perché ridi.» Jake si riavviò i capelli con la mano. «Se Frankie non fosse una cintura nera con un pessimo carattere...»

«Avremmo adottato una tattica diversa e in ogni caso Frankie ha un carattere d'oro. È l'esatto opposto di Eva. Eva si fida di tutti. Frankie non si fida di nessuno. Eva vive in un mondo pieno di sole. Frankie vede nuvole temporalesche dappertutto. La cosa migliore è che, essendo così minuta, la gente tende a sottovalutarla. A guardarla, nessuno direbbe che può metterti al tappeto con un calcio, ragion per cui ti coglie di sorpresa.»

Jake riprese a respirare. «D'ora in avanti rapportatevi solo con compagnie, non con singoli individui. E seguite i canali formali.»

«Non è che le compagnie stiano facendo la fila davanti alla nostra porta. Ho mandato centinaia di e-mail, parlato al telefono con decine di segretarie, senza risultato.» Adesso che la risata era svanita, sembrava davvero molto stanca e depressa. «È per questo che sono qui. Guardami bene, sto strisciando ai tuoi piedi in cerca di aiuto. Goditi il momento.»

Lui non stava godendo neanche un po'. «Chiedere aiuto non è un segno di debolezza, Paige. È un modo intelligente di condurre gli affari.»

«Addolciscila pure come vuoi, resta il fatto che non sono stata capace di cavarmela da sola.»

«Stronzate.» Lui si alzò e girò attorno alla scrivania. «La verità è che non sopporti di essere protetta e...»

«Sì, è così. E tu di solito non lo fai. Sei una carogna...» Gli lanciò un'occhiata. «Però, anche quando fai la carogna e mi provochi, una parte di me è contenta perché sa che non ti tieni dentro niente.»

Lei non aveva idea di cosa si stava tenendo dentro.

«L'arte di costruire una compagnia consiste nel riconoscere le tue mancanze e assumere delle persone in grado di colmarle. Per farlo, c'è bisogno di una seria, onesta autovalutazione.»

«Senza entrate non posso permettermi di assumere nessuno.»

«Cosa vuoi da me? Perché sei venuta?»

«Perché Frankie ha minacciato di prendermi a calci se non ti avessi parlato» disse lei con una smorfia, «e, avendola vista all'opera, preferisco evitare. Scherzi a parte, sono qui perché mi sento responsabile. Eva e Frankie si sono imbarcate in questa impresa per me. Avrebbero potuto cercarsi un lavoro, ma io le ho convinte che questa fosse una buona idea. Adesso siamo ferme, i soldi non arrivano, io non dormo più la notte e... è terribile. Non so come fai tu.»

Jake resistette all'impulso di abbracciarla. «Devi smettere di pensarci e concentrarti sulla compagnia. Se una porta si chiude, apri quella dopo.»

Lei annuì. «Questo in teoria, ma io vedo solo porte che si chiudono.»

«Matt sa di questa cosa?»

«No. In questo momento non potrei affrontarlo. Cominceremmo a litigare e io non ho intenzione di rinunciare al mio sogno a causa di un gruppo di avvocati un po' brilli con la fissa del sesso.» Lei si passò la mano sulla fronte. «Cosa posso fare, Jake? Dimmi cosa devo fare. Ho bisogno di aiuto.»

«A parte questi avvocati...» E lui aveva già un piano per loro. «Chi hai contattato? Quando ci siamo visti al ristorante, hai detto che le cose procedevano bene.»

«Mentivo. Siamo bloccate. E ho contattato mezzo mondo. Tutte le compagnie per le quali abbiamo lavorato con la *Star Events*, tutte quelle con le quali ci sarebbe piaciuto lavorare e perfino quelle a cui nessuna di noi aveva mai pensato. Ho battuto mille strade e finora, non considerando gli avvocati, ci hanno chiesto solo di ritirare dei vestiti da una lavanderia e di preparare una torta di compleanno per una novantenne, che, tra l'altro, è diventata amica per la pelle di Eva. Il che è magnifico, ma non genera affari. Non immaginavo che sarebbe stato così difficile.»

«Gli inizi lo sono sempre.» Jake le diede il consiglio che valeva per tutte le persone che aprivano una start-up. «I rifiuti vanno messi in conto. Sono parte del processo di apprendimento.»

«Questo lo sapevo, però qui non succede niente, è diverso. Questa cosa non sta succedendo e io ci dedico ore e ore ogni giorno.»

«Devi guardare oltre gli alti e bassi.»

«Gli alti li sto ancora aspettando. Anche un piccolo rialzo del terreno sarebbe benvenuto.» Il suo sorriso sbilenco gli diede una stretta al cuore, ma resistette all'impulso di prenderle le mani e confortarla.

«Sta' tranquilla, arriveranno.»

«E se non arrivassero? A che punto dovrei arrendermi e mettermi in cerca di lavoro? Non ho tempo per fare entrambe le cose. Per coltivare ancora la speranza che la *Urban Genie* decolli, devo impegnarmi al massimo. Se si trattasse solo di me, andrei avanti fino all'amara conclusione, ma non sono sola.» Lei si chinò per grattarsi la caviglia e nella scollatura della sua camicia ci fu un riflesso argentato. «Mi preoccupo per Eva e Frankie. Mi sento responsabile per loro e non avevo idea che fosse così pesante. Non ci dormo la notte.»

Lui fissò la collana. Era rimasta nascosta sotto i suoi vestiti, invisibile.

Mille ricordi si affollarono nella sua mente.

Lei intercettò il suo sguardo e si affrettò a rimetterla a posto.

«Non sapevo che ce l'avessi ancora.» La voce di Jake aveva la consistenza della carta vetrata e lei arrossì, subito imbarazzata.

«Me l'avevi data la sera prima dell'operazione. Per farmi coraggio. Ricordi?»

Lui ricordava tutto. I bicchieri di plastica colmi di un liquido marrone che spacciavano per caffè, i medici dall'aria stanca, troppo impegnati a salvare vite per fermarsi a parlare, i lunghi corridoi echeggianti, l'ansia dei suoi genitori. E Paige. Bianca come un cencio, ma sempre coraggiosa. Paige che si teneva tutto dentro. Tranne quell'unica volta, quando aveva abbassato la guardia e gli aveva aperto il cuore.

Cuore che lui aveva immediatamente schiacciato.

«Pensavo che l'avessi persa anni fa.»

«No. L'ho conservata. Mi aiuta a essere forte quando la vita diventa difficile. E in questo periodo la mia vita è molto difficile. Ho paura per il futuro, non per me, perché ho i miei genitori e Matt, anche se non mi piacerebbe rivolgermi a loro, ma per Eva e Frankie. Hanno avuto fiducia in me. Non posso deluderle.»

La collana non si vedeva più, ma non faceva alcuna differenza, perché adesso lui sapeva che era lì.

C'era qualcosa di intimo, nell'idea che un oggetto che le aveva regalato fosse a contatto con la pelle cremosa del suo petto.

Gli venne un groppo in gola. Staccò gli occhi dal colletto della sua camicia e cercò di concentrarsi su quello che stava dicendo. «Non le hai arruolate a forza. È stata una loro decisione.»

«Se non le avessi spinte, non lo avrebbero mai fatto. Le ho convinte che fosse possibile e adesso...» Lei scosse la testa, poi serrò la mascella e chiese: «Tu mandi avanti una compagnia da anni. Come fai a non essere sempre stressato?».

«Non assumo persone che conosco da quando avevo dieci anni.»

«Sei» disse lei con aria assente. «Avevamo sei anni. Era il primo giorno di scuola. Al momento di entrare nell'aula, Eva è caduta e Frankie l'ha tirata su, iniziando uno schema che è rimasto più o meno lo stesso fino a oggi. Però non è un rapporto sbilanciato. Eva ammorbidisce Frankie. La fa ridere, ha il potere di rilassarla. Siamo una buona squadra, ma a volte, per qualche motivo, questo rende tutto più difficile, non più facile.»

«Mi rendo conto che lavorare insieme alle tue migliori amiche aggiunga un'importante dimensione emotiva, ma devi cercare di ignorarla. Non permettere che le emozioni condizionino il tuo giudizio.»

«Come? Dov'è l'interruttore per spegnere le emozioni quando interferiscono con la razionalità.»

«Le seppellisci.»

«Eva e Frankie mi sono state vicino durante il periodo più buio della vita. Non posso, non voglio deluderle. E temo di averlo già fatto.»

E questo, Jake lo sapeva, era il vero motivo che l'aveva spinta ad andare da lui.

Per le sue amiche.

Non ce n'erano altri, anche se gli sarebbe piaciuto pensare il contrario.

«Smetti di arrovellarti. Agisci. Prendi un bel respiro e salta.»

«Cadrò.»

«No, Paige, volerai. Non pensare agli affari, alla gestione della compagnia, pensa al lavoro. Non preoccuparti delle mille cose che potrebbero andare storte, concentrati su quello che c'è da fare e fallo. Tu sei in gamba. Quando avrai ricevuto due o tre incarichi importanti, gli altri verranno da soli.»

«Ma come me li procuro, questi primi incarichi? Se

hai qualche consiglio, sarei lieta di sentirlo.» Lei deglutì. «Sto cominciando a pensare che ci voglia un miracolo.»

«Il passaparola è la forma di pubblicità più potente che esista.»

Lei annuì. «Ci servirebbe un grande evento per fare colpo sulla gente, ma nessuno ci raccomanderà prima di averci ingaggiate e nessuno ci ingaggerà se qualcuno non ci raccomanda. Ho perfino pensato che...» Si interruppe, mordicchiandosi il labbro. «E se Chase Adams avesse detto in giro di non assumerci?»

«Lui non c'entra.»

«Come lo sai?»

«Chase è fuori città da diverse settimane e il suo cellulare risulta irraggiungibile. Al suo ufficio mi hanno detto che è in vacanza.» Lui si accigliò. «Il che è strano, ora che ci penso.»

«Perché strano?»

«Lo conosco da cinque anni e non si era mai preso una vacanza. Almeno non del tipo dove non risponde nemmeno al telefono.»

«Fantastico. Quindi Matilda è stata licenziata in tronco, noi abbiamo perso il lavoro e lui è andato in vacanza. Gli auguro di divertirsi moltissimo!» La rabbia non riusciva a mascherare la tristezza e Jake prese una decisione.

«Quando tornerà, gli parlerò. Nel frattempo, è da un po' che sto pensando di organizzare un evento.» Non era vero, ma metterne in piedi uno non gli avrebbe certo nuociuto. «Per lanciare i nostri ultimi prodotti. Inviterei i miei attuali clienti e quelli che vorrei lo diventassero, ma non hanno ancora visto la luce.»

«Mi sembra un'ottima idea. Spero che ti vada bene.»

«Questo è certo, perché sarà la *Urban Genie* a occuparsene. Le azioni valgono più di mille parole. Farete un lavoro fantastico e a fine serata vi ritroverete letteralmente subissate di lavoro.»

«Dici sul serio? Lo daresti a noi?» Gli occhi di Paige si erano illuminati. «Questo è... un favore troppo grosso.»

«Non è un favore» disse lui con calma. «Quando organizzo un evento, mi aspetto il meglio e sono sicuro che la *Urban Genie* può garantirmelo, anche se in città ancora non lo sanno. Parla con le altre e torna da me con una proposta dettagliata. Sbalordiscimi. Deve essere una cosa molto moderna e creativa, come i miei prodotti.» Anche perché in questo modo avrebbe avuto ancora più mercato, su una piazza come New York.

Lei si animò. «Quanti invitati?»

«Non moltissimi. Sarà una cosa esclusiva.» Lui strinse gli occhi, pensando alla soluzione migliore per Paige. «Solo dirigenti e staff esecutivo.» Lei aveva bisogno di persone in grado di prendere decisioni e fissare un budget. «In scala ridotta e selezionato. Al massimo cento. Hai qualche suggerimento per la location?»

Come per incanto, l'incertezza lasciò posto alla professionalità. Senza esitare un secondo, Paige disse: «Un giardino sul tetto. Scintillante. La magia di Manhattan sotto le stelle. Hai già in mente una data?».

«Vorrei che fosse il mese prossimo.» Era una sfida quasi impossibile, con un preavviso così breve. Si aspettava che gli dicesse che non si poteva fare, che un evento di questo genere aveva bisogno di mesi di progettazione, ma lei non lo fece. Anzi, avrebbe potuto giurare di avere scorto un lampo di piacere nei suoi occhi.

«In centro?»

«Questo lo lascio decidere a te.»

«C'è il *Loft & Garden* del Rockefeller Center. Hanno un meraviglioso giardino inglese con al centro una fontana.» Lei pensava ad alta voce, lo sguardo fisso nel vuoto.

«Immagino che abbiano dei fornitori di fiducia.»

«Naturalmente. Dovrò parlare anche con loro. Con così poco anticipo, le nostre opzioni saranno per forza di cose limitate.»

«Stai dicendo che non potete farlo?»

«Certo che possiamo. Però dovremo dare fondo a tutta la nostra creatività. E potere di persuasione.» Rivitalizzata, lei prese dalla borsa un tablet e, vinto dalla curiosità, lui la osservò mentre accedeva a una lista.

«Che app stai usando?»

«Nessuna. Non sono riuscita a trovarne una che facesse al caso mio e così lavoro con un foglio di Excel che ho adattato alle mie esigenze.»

«È molto più lento.»

«Mi accontento.»

«Ti disegnerò qualcosa di meglio. Cucito su misura per le tue necessità.»

Lei rialzò lo sguardo e sorrise. «Lasciami prima organizzare il tuo evento. Se sarà un successo forse potrò permettermi di comprare una tua app.» Digitò velocemente qualcosa sulla tastiera. «Farò qualche chiamata in giro. Sentirò cosa c'è di disponibile e ti manderò una lista ridotta di posti tra i quali scegliere. Hai in mente di fare una presentazione in grande stile?»

«No. Troppo formale. Va bene per la *General Motors*, non per la mia compagnia.»

«Qualcosa di più innovativo, allora. Tipo uno schermo gigante che trasmette un piccolo film illustrativo e poi delle stazioni fornite di tablet e portatili, dove le persone potranno accedere alla varie tecnologie e fare domande.»

«Bella idea. Mi piace.»

«Ti servirà un impianto luci professionale.»

Lo affascinava vederla così. Decisa. Sicura di sé. Sexy. Sfortunatamente, nessuna di queste cose sosteneva il suo tentativo di trattarla come la sorella minore del suo migliore amico. «Presumo che tutti questi posti siano già ben illuminati.»

«Certamente, ma qui non si tratta di fare luce in modo che la gente non incespichi sui gradini, o possa vedere quello che mangia. L'obiettivo è di rendere il tuo evento memorabile. Tu vuoi che sia memorabile, no?»

Lui voleva soltanto una cosa: lei, nuda, in una stanza semibuia.

Qualcosa gli diceva che loro due a letto avrebbero fatto scintille.

E sì, sarebbe stata una notte memorabile.

«L'esperta sei tu.»

«Di questo si occuperà Frankie. Conosce le persone giuste perché si è servita spesso di particolari giochi di luce per dare risalto alle sue composizioni floreali.» Lei riabbassò lo sguardo sullo schermo. «Qualche richiesta specifica per il catering?»

«Lascio tutto nelle tue mani, o meglio, in quelle di Eva.»

«Non vuoi dare il tuo input?»

«Al contrario di te, non pretendo di fare tutto da solo» borbottò lui. «Io delego e, quando delego, tendo a non occuparmi dei dettagli.» Specialmente in questo caso. Voleva ridurre al minimo le occasioni di contatto con Paige.

Per il bene di entrambi.

«Che budget hai?»

«Dimmelo tu. Quanto devo spendere per essere sicuro che questa sia la festa della quale si parlerà per mesi?»

Lei sgranò gli occhi. «Seriamente?»

«Sì.» In questo modo, Paige avrebbe potuto mettere in piedi un evento eccezionale, destinato a lasciare il segno e procurarle altri lavori. «Torna da me con un posto e una data, e io dirò al mio staff di stilare la lista degli invitati.»

«So che hai deciso di darmi carta bianca, ma ci sono cose che detesti? A parte le cravatte, che tu proprio non sopporti.» Lei indugiò per un momento con lo sguardo sul colletto aperto della sua camicia, poi salì a incontrare i suoi occhi. «Qualcos'altro?»

«New York quando la neve si scioglie, la birra calda, le persone che mentono, venire schiacciato nella metropolitana insieme a migliaia di persone...»

Lei sorrise. «Mi riferivo al cibo e alle decorazioni. Comunque, sono anni che non ti fai schiacciare nella metropolitana.»

«Se posso, cerco di evitare le esperienze sgradevoli.» Lui stese le gambe in avanti. «Tu mi conosci, Paige. Confido nel fatto che farai le scelte più adatte. Metto tutto nelle tue mani.»

«Grazie. Non te ne pentirai.»

«Lo so.» Lui la osservò mentre si chinava per riporre il tablet nella borsa. «State ancora lavorando dal tavolo delle cucina di Frankie? Come vi trovate?»

«Meno peggio di quanto avessi temuto. Anche perché non abbiamo praticamente niente da fare.»

«Adesso ce l'avete. Sarete molto impegnate. Accanto al mio reparto di ricerca e sviluppo c'è un ufficio vuoto. Se vi interessa, è vostro.»

«Davvero?»

Paige sembrava sbalordita e non poteva biasimarla. Era sbalordito anche lui. Gli venne il dubbio di aver inalato qualche sostanza che gli aveva mandato in tilt il cervello. Invitare Paige a usare uno dei suoi uffici? Sotto il suo naso?

«Se fate base qui, sarà più semplice tenermi al corrente degli sviluppi del progetto. È una soluzione temporanea, finché non sarete in grado di permettervi qualcos'altro, o finché noi non avremo bisogno dello spazio.» Il che gli dava una via di uscita. Forse sarebbe stato costretto a espandere la compagnia solo per avere un motivo per tornare su questa decisione. «Torna a trovarmi quando avrai un piano.»

«Lo elaboreremo insieme a tempo di record.» Lei si alzò e lui la accompagnò alla porta. «Grazie.» Gli toccò gentilmente il braccio. «È stato un gesto generoso da parte tua. Ti sono grata.»

«Non ringraziarmi.»

Perché, se le sue azioni erano buone, i suoi pensieri non lo erano affatto.

. 7 .

Se vuoi cominciare la giornata con il piede giusto,
non dimenticare i plantari in gel.
Paige

Paige, gli occhi fissi sullo schermo del computer, rilesse per l'ultima volta la sua presentazione.
Voleva che fosse perfetta, il che significava che avrebbe dovuto essere in grado di rispondere a qualunque domanda.
«Questa vista è davvero spettacolare.» In piedi davanti alla finestra, Eva lasciava vagare lo sguardo in lontananza e Frankie, china sullo scatolone che stava aprendo, emise un grugnito.
«Abbiamo venticinque giorni per organizzare questo evento. Non hai tempo per ammirare il panorama.»
«È incredibilmente vitale, Frankie. *Eccitante.* In questo preciso momento, mentre parliamo, in ogni parte della città ci sono affari che si concludono, persone che si innamorano.»
«Le persone non si innamorano, Eva. Siamo a New York. In ogni parte della città le persone si spintonano nel tentativo di arraffare quello che vogliono.»
«Ti sbagli. New York è un posto magico, pieno di speranze e di possibilità.» Eva reclinò la fronte sul vetro con aria sognante. «Penso che potrebbe diventare un vizio, quello di lavorare in un ufficio elegante con il

mondo ai miei piedi. Adesso capisco perché Jake lavora così tanto. Chi glielo fa fare di uscire da qui?»

Paige non sollevò lo sguardo.

Jake era stato tanto gentile da concedere loro una possibilità. Stava a lei assicurarsi che non la sprecassero.

Aveva lavorato non-stop per tre giorni e buona parte della notte precedente, ma alla fine il piano era pronto. Alle sei e mezza, quando era entrata nella sua camera con una tazza di caffè fumante, Eva l'aveva trovata addormentata sul letto con il computer sulle gambe.

Sapendo che fatica faceva Eva ad alzarsi presto, Paige si era commossa.

Il momento della verità era arrivato. Entro pochi minuti avrebbero saputo se erano all'altezza dell'obiettivo che si erano prefisse.

Frankie la guardò. «Non posso credere che tu ce l'abbia fatta. Quando ci hai detto che Jake voleva un evento nel giro di un mese, non sapevo chi fosse più pazzo... se lui per averlo suggerito, o tu per aver accettato.»

«Volevo dimostrare che potevamo farlo.»

«Be', ci sei riuscita. Lui sarà impressionato.»

«Intendevo a me stessa. Avevo bisogno di dimostrarlo a me stessa.» Se quella cosa fosse stata un successo, avrebbero potuto affrontare qualunque sfida. «Però la strada è ancora lunga. Questo è solo l'inizio.»

«Un ottimo inizio. Spero che Jake riconosca i tuoi superpoteri nell'arte della negoziazione.»

«Il nostro compito è far sembrare tutto facile. I vostri desideri sono un ordine per noi, ricordi?»

«Ho la sensazione che questo potrebbe essere l'evento di ogni vostro desiderio sarà il nostro esaurimento nervoso» disse Eva con una smorfia. «Sei sicura che sia solo una questione di orgoglio professionale? Non è che c'è qualcos'altro sotto?»

«No.» Paige inspirò a fondo. «Cosa dovrebbe esserci sotto?»

«Non lo so, però ogni volta che voi due vi incontrate sprizzano scintille da tutte le parti, come neanche i fuochi d'artificio per la festa del Quattro Luglio.»

«È vero, a volte ho la sensazione che tra noi ci sia uno stato di conflitto permanente.» E le dispiaceva. Sentiva la mancanza del rapporto facile e spontaneo che aveva avuto con lui da ragazza.

«Conflitto?» Eva la guardò dritto negli occhi. «Io l'avrei descritta come alchimia, ma non sono mai stata brava in scienze.» Si staccò dalla finestra. «Resterà impressionato. Oggi la *Urban Genie* compirà ufficialmente il primo passo sulla strada del successo.»

Alchimia?

Non poteva essere alchimia. Lui si divertiva a stuzzicarla e provocarla finché lei non reagiva, mandandolo al diavolo.

«Salve.» Dani si affacciò alla porta. «Jake sta finendo una telefonata e mi ha chiesto di dirvi che vi riceverà tra quindici minuti.»

Paige avvertì una stretta allo stomaco, ma il suo sorriso non vacillò. «Grazie.»

Dani rimase ancora lì. «È la prima volta che lavorate con Jake? Perché se è così, ci sono delle cose che dovreste sapere.»

Eva deglutì ansiosamente. «Tipo quali?»

«Siate succinte. Jake non sopporta le chiacchiere e le perdite di tempo. Non mentite mai. Se vi chiede qualcosa e non sapete come rispondere, dite che non lo sapete. Non raccontategli balle. Non chiedetemi come fa, ma il suo rilevatore di balle è infallibile e se gliene propinate una, poi non vi crederà mai più.»

Frankie si alzò. «Nient'altro?»

«Sì. Non cercate di impressionarlo. Lo detesta. Lui si

lascia impressionare da un lavoro ben fatto, non dalle persone che cercano di impressionarlo. Appena uno ci prova, lo capisce.»

«Conosco Jake da anni» bofonchiò Eva, «e tutto a un tratto mi tremano le ginocchia e mi sembra di avere un nido di serpenti nello stomaco.»

«Sì, lui ha questo effetto sulle persone. Il che mi porta al mio ultimo consiglio...» Dani abbozzò un sorriso un po' sbilenco. «Non innamoratevi di lui.»

Paige aveva sentito abbastanza. «Grazie, Dani. Tra quindici minuti saremo là.» Non appena Dani si allontanò, Eva cominciò a rosicchiarsi le unghie.

«Questo è Jake, giusto?» Si raddrizzò la camicetta rosa e si applicò rapidamente del lucidalabbra. «Voglio dire, abbiamo bevuto birra e mangiato gli spaghetti al pomodoro di Maria con lui migliaia di volte.»

«Non pensarci.» Ma era più facile dirlo che farlo. Per distrarsi, Paige mise di nuovo mano alle proprie note. «Trattalo come un qualunque cliente. È lavoro.»

Ma il privato era là che ribolliva sotto la superficie.

Durante il loro primo incontro lei aveva sentito la presenza di una tale quantità di correnti sotterranee che, se avesse avuto una cintura di sicurezza, l'avrebbe allacciata.

Certo, se lui non avesse visto la collana, mantenere la facciata professionale sarebbe stato molto più facile.

Avrebbe dovuto smettere di portarla da anni, invece, per ragioni che non riusciva a spiegarsi, le aveva dato un posto vicino al suo cuore.

Era stato brutto constatare di non essere in grado di relegarla in fondo a un cassetto, insieme agli altri gioielli che non portava mai.

E ora lui sapeva. Il suo segreto non era più tale.

Non avrebbe potuto sentirsi più a disagio nemmeno se qualcuno avesse piazzato una foto di lei nuda su uno dei cartelloni luminosi di Times Square.

Allo scoccare dei quindici minuti, Paige si alzò e, guardando Eva e Frankie, disse: «Pronte?». Era ridicolo, ma, quando Jake le vide e le invitò a entrare nel suo ufficio con un cenno della mano, le andò il cuore in gola.

Lui era al telefono, i piedi sulla scrivania. «Sì, be', voi non mi pagate per essere sempre d'accordo, o per dirvi quello che volete sentire.» Spostò lo sguardo su di loro e indicò la zona salotto in un angolo della stanza. «Mi pagate per dire la verità ed è quello che ho fatto. La mossa successiva spetta a voi.» Chiuse la comunicazione e buttò giù i piedi.

Paige esitò, incerta se sedersi, o aspettare che si avvicinasse. Le sue gambe sembravano di gomma. Stare con Jake in uno spazio ristretto aveva quell'effetto su di lei. L'asse del suo mondo si spostava, come investita da una forza superiore, molto più grande di loro.

E questo era un Jake diverso. Tutto potenza trattenuta e malcelata impazienza, i capelli arruffati e un velo di barba sulla mascella. Dani aveva detto che non c'erano regole per l'abbigliamento, ma lui aveva l'aria di non essere nemmeno andato a letto.

Lei sapeva che lavorava spesso di notte.

Da quando aveva aperto la *Urban Genie*, capitava anche a lei.

Lui si mosse attraverso l'ufficio come una pantera nel suo territorio di caccia, talmente sicuro di sé da farle correre un brivido lungo la schiena.

Come aveva trovato il coraggio di dirgli che lo amava?

Forse all'epoca, prima di diventare un genio della cyber security, era stato più avvicinabile.

Jake si rivolse a Eva. «Vi siete sistemate?»

«Meglio che a casa» disse allegramente Eva. «Grazie

per averci permesso di usare il tuo splendido ufficio, anche se adesso hai un problema, perché dovrai chiamare la polizia per costringerci a sloggiare.»

Lui sorrise. «Ho intenzione di farvi pagare l'affitto. Avete tutto quello che vi serve?»

«Qualche cliente in più non sarebbe male.» Frankie posò sul tavolo una cartella. «Tuttavia sembra che abbiamo finalmente imboccato la strada giusta e dobbiamo ringraziare te per questo.»

«Non fatelo.» Solo a questo punto, lui spostò lo sguardo su Paige. «Ho chiesto a Dani di unirsi a noi. In questo modo, se per caso fossi fuori e voi aveste delle domande, potrà agire da anello di contatto.»

Dani entrò nell'ufficio e prese posto accanto a Jake.

«Scusa, capo» disse in tono trafelato. «Sono stata trattenuta. Di nuovo Brad. Quell'uomo non si arrende. Hai intenzione di parlargli?»

«Forse.» Jake si girò verso Paige. «Okay, comincia. Raccontaci tutto.»

«Abbiamo ridotto le possibili location a tre. Noi consigliamo questa.» Paige fece apparire un'immagine pigiando un tasto del computer. «Ha una vista favolosa del Chrysler Building e può comodamente ospitare il numero di persone che hai menzionato. Inoltre, metà dello spazio è coperto, così se il tempo non fosse clemente, l'evento non sarebbe rovinato. All'interno e all'esterno, è un posto magico. Ho già organizzato degli eventi qui e il loro personale è professionale, affidabile e flessibile.»

Dani si piegò in avanti per guardare ed emise un piccolo fischio. «Wow. Scintillante. Cosa devo fare per procurarmi un invito?»

«Tu fai parte della squadra. Sei automaticamente invitata.» Jake studiò la fotografia. «Sbaglio, o questa terrazza l'ha disegnata Matt?»

«È uno dei suoi primi progetti. Adesso, è una delle location più *in* di tutta Manhattan. È disponibile solo perché hanno avuto una cancellazione.»

«E perché, quando si tratta di negoziare, Paige è pressoché imbattibile» aggiunse Eva. «Ma questo lei non lo dirà mai.»

Jake si appoggiò allo schienale della poltrona. «Qual è la vostra visione dell'evento?»

Paige si rilassò. Questa parte era facile. «Tu lavori nella comunicazione, hai successo perché riesci sempre a trovare nuovi modi di diffondere dati, migliorando l'esperienza del consumatore finale. Il nostro design rifletterà questa filosofia.» Fece scorrere delle altre immagini. «Vogliamo che la gente possa muoversi e socializzare con facilità. L'acustica è buona. Come ho già detto, metà dello spazio è coperto e questo ci permetterà di usare qualunque tipo di tecnologia anche in caso di pioggia.»

Dani annuì. «Bene, è importante. Perché acqua e computer non vanno molto d'accordo.»

«Ci occuperemo di tutti gli aspetti della logistica e del management. Eva sarà responsabile dei cibi e delle bevande.» Paige la guardò ed Eva iniziò a parlare.

«Per questo progetto mi servirò di *Delizie del Palato*, una compagnia che fa base a SoHo. Li conosco perché, un paio di anni fa, si erano offerti di collaborare con la *Star Events*, ma Cynthia li ha bloccati. Lei dava da lavorare solo ai suoi amici. Secondo me, sarebbero perfetti per il tuo evento.»

Jake le pose alcune domande specifiche e Paige provò un moto di orgoglio nel vedere che Eva rispondeva a tono, risolvendo i suoi dubbi senza esitazione.

Anche Jake sembrò impressionato. «Okay, mi pare che il cibo sia coperto. I dettagli li lascio a te, Eva. Che altro manca?»

Paige intervenne di nuovo. «Frankie si occuperà delle decorazioni e degli addobbi floreali. È un evento all'aperto, quindi, come ti ho detto nel nostro precedente incontro, l'illuminazione è fondamentale.»

Frankie si aggiustò gli occhiali sul naso. «Noi collaboriamo con dei professionisti del settore, gente che ha curato anche concerti pop e produzioni di Broadway. Inoltre, posso contare su una squadra di ottimi designer floreali. La terrazza è già elegante e ben illuminata. Il nostro intervento farà sì che questa diventi la festa di cui la gente parlerà per i prossimi sei mesi.»

Paige sapeva che Frankie detestava le presentazioni, tuttavia se la cavò bene, sottolineando i punti cruciali in modo che Jake potesse farsi un'opinione.

Poi toccò ancora una volta a lei. «Allestiremo anche delle stazioni audio-video e organizzeremo il servizio taxi. Ho bisogno di sapere se qualcuno degli invitati avrà bisogno di essere sistemato in albergo.»

«No. Li rimpinzerò di deliziosi manicaretti bagnati con lo champagne su una delle terrazze più esclusive di Manhattan» borbottò lui. «Se vogliono esserci, devono fare anche loro un piccolo sforzo. Qualcos'altro?»

«Doni per le persone?»

«Sì, ma a questo ci penserà Dani, che sa cosa fare.»

Paige era abituata a clienti che si preoccupavano di ogni minimo particolare e cambiavano idea di continuo. «Non c'è niente che vorresti cambiare? Non hai delle richieste speciali?»

«No. Quando assumo qualcuno per fare un lavoro, lo lascio libero di muoversi come meglio crede. Però dovrò vedere il posto. Mi aiuterà a capire quali tecnologie installare.» Jake lanciò un'occhiata al cellulare. «Adesso ho un appuntamento e più tardi una cena di lavoro. Domani alle nove va bene per te?»

«Nove di sera?»

«Ovvio. L'evento si terrà di notte. Ho bisogno di vedere la terrazza con il buio.»

Paige arrossì, sentendosi stupida. «Sì, certo. Dovrò sentire il manager, per assicurarmi che non abbiano in programma qualche festa privata.»

«Ce l'hanno. Lo so perché sono stato invitato. Non ci sarei andato, perché è richiesto lo smoking, ma potremmo affacciarci per dare un'occhiata in giro.»

«Potremmo? Ci andrai con Dani.»

«No.» Lui si alzò. «Con te.»

«Io?» Paige avvertì un ronzio alle orecchie. «Perché io?»

«Perché sei l'organizzatrice dell'evento» disse lui in tono gentile. «Se si presentassero delle questioni, voglio discuterne con l'uomo al comando e l'uomo al comando sei tu.»

«Ma io non sono stata invitata.»

«Il cartoncino diceva *più uno*. Tu sei il mio più uno.» Jake si girò verso Dani. «Chiama e conferma. Poi prenota una macchina che vada a prendere Paige a casa e la porti sul posto. Domani ho un incontro a Boston, per cui ci incontreremo là, Paige.» Il suo cellulare squillò e lui rispose mentre partiva in direzione della porta con Dani alle calcagna.

Paige aspettò che uscissero, poi buttò fuori un lungo sospiro. «Wow, che paura.» Non ricordava di essere mai stata così nervosa a un colloquio di lavoro. Forse perché non ne aveva mai fatto uno così importante, dal quale poteva dipendere il futuro della compagnia che aveva fondato e quello personale delle sue migliori amiche. E poi c'era Jake. Ci teneva molto a fare bella figura con lui e aveva la sensazione di esserci riuscita. «Ottimo lavoro, ragazze.»

Eva si aprì in un sorriso smagliante. «Lui si è *innamorato* delle tue idee. Adesso speriamo che si innamori anche del posto. Certo che sei fortunata. Andare a una festa con lo scapolo più sexy di tutta New York. Jake fasciato da uno smoking tagliato su misura e Manhattan addobbata di luci. Potrebbe succedere qualunque cosa.»

Frankie ripose la cartella nella borsa. «Sei una tale romantica. Dovrebbero inventare una medicina per curarti.»

«Essere romantici non è una malattia e, se lo fosse, rifiuterei la cura.»

«Questo non sarà un appuntamento romantico.» Paige richiuse il portatile. «E io so già cosa accadrà. Esamineremo la location, lui farà dei commenti, probabilmente sarcastici, io prenderò nota e poi andremo via.»

Tutto lì.

In mezzo a una folla di persone non ci sarebbe stato spazio per momenti di imbarazzo.

«Anche Cenerentola pensava di andare a un normalissimo ballo e guarda cosa le è successo.»

«È successo che ha perso una scarpa perché non ha avuto l'intelligenza di portarsi dietro un paio di mocassini di riserva.» Frankie si alzò a sua volta. «Il che dimostra quello che ho sempre pensato: la ragazza era un po' stupida.»

«Io me li porto sempre. Anche i plantari in gel e i cerotti per le vesciche.» Paige si avviò verso la porta, pensando alla mole di lavoro che avrebbero dovuto sbrigare. «Hai tutto sotto controllo, Frankie?»

«Sì. Più tardi ho un incontro con i tecnici delle luci e subito dopo chiamerò *Gemme e Germogli*. Sto lavorando sulla tavolozza dei colori e domani mattina farò un salto al mercato dei fiori, per vedere cosa c'è a disposizione in questo periodo. Il che significa che mi dovrò alzare alle cinque. Più o meno quando tu lascerai la tua festa.»

«Non è una festa. È lavoro. Probabilmente ci resteremo meno di un'ora. A mezzanotte sarò già a casa in pigiama.»

«Oppure nel letto di Jake, completamente nuda.» Eva fece ondeggiare le sopracciglia e Frankie roteò gli occhi.

«È un cliente. Non si può fare sesso con i clienti. Sono le regole della compagnia.»

«Ehi, la compagnia è nostra, quindi le regole le fissiamo noi. Se volessimo servire paste alla crema e champagne alle riunioni di lavoro, nessuno ce lo può impedire.»

«Ci ritroveremmo grasse e al verde nel giro di due mesi al massimo.» Frankie aprì la porta. «Le regole le stabilisce Paige. E il codice di abbigliamento, per quanto flessibile, non prevede di portare le mutandine attorno alle caviglie.»

. 8 .

*La sicurezza è come il trucco. Cambia il tuo aspetto
e non c'è bisogno che gli altri sappiano cosa c'è sotto.*
Paige

Jake si infilò lo smoking a bordo della macchina lungo il tragitto dall'aeroporto senza smettere di parlare al telefono.

«L'importante è velocizzare il flusso di dati e mettersi nei panni del consumatore finale.» Si abbottonò la camicia e si passò il papillon attorno al collo, aspettando fino all'ultimo prima di agganciarlo. Odiava le cravatte al punto da possederne soltanto due. Questa e una di Tom Ford, regalo di una sua ex che aveva tentato di ingentilirlo.

Le strade erano congestionate e di conseguenza, quando il suo autista si fermò davanti al palazzo, era già in ritardo.

Entrò di slancio nell'atrio, superò il controllo di sicurezza e vide Paige che camminava avanti e indietro davanti agli ascensori, i tacchi a spillo che picchiettavano sui marmi del pavimento. Si era messa un semplice abito da sera nero che le dava un'aria elegante e al tempo stesso professionale. Una donna in carriera, pronta per il lavoro.

Poi notò le scarpe. Erano rosse come il suo rossetto, con dei tacchi alti come i grattacieli di Manhattan.

Merda.
La facevano sembrare molto sexy.

Una delle guardie di sicurezza la pensava chiaramente allo stesso modo e Jake entrò nel suo campo visivo, rovinandogli il divertimento. Gli sarebbe piaciuto rovinargli anche qualcos'altro. Tipo la capacità di camminare diritto, o di arrivare alla vecchiaia con tutti i denti intatti.

«Paige?»

Lei si voltò. «Sei arrivato!» Il calore e la spontaneità del suo saluto lo colsero alla sprovvista. Paige abbassava raramente la guardia in sua presenza e, ogni volta che lo faceva, rendeva vulnerabile anche lui. Per un momento, non si ricordò più per quale motivo non dovesse agire seguendo i propri impulsi. La macchina era ancora lì fuori. Aveva i vetri oscurati e tra l'abitacolo e il posto di guida c'era un divisorio. Avrebbe potuto sbatterla sul sedile posteriore, toglierle di dosso tutto quello che aveva tranne le scarpe e gustare ogni centimetro del suo corpo.

Perché no? Sarebbe stato bellissimo.

Ma poi lei gli sorrise, con quel sorriso franco e aperto che la contraddistingueva.

E lui si ricordò perché non poteva.

Un'avventura con Paige non sarebbe mai stata semplice.

Indipendentemente da quanto sensuale, intensa e soddisfacente potesse rivelarsi, a un certo punto, come tutte le avventure, sarebbe finita. Jake aveva imparato molto presto che l'amore era fuggevole e imprevedibile. Veniva quando uno meno se l'aspettava e, con la stessa rapidità, poteva andarsene. Pertanto, preferiva gestirlo mantenendo un sano distacco emotivo, il che spiegava perché Paige sarebbe sempre stata off-limits per lui. Rappresentava un rischio che non si sentiva di correre.

E poi c'era la promessa che aveva fatto a suo fratello...

«Sono in ritardo. Il traffico» disse con una certa freddezza. «Mi dispiace.»

«Per il traffico? Quello non puoi controllarlo nemmeno tu. Comunque non ha importanza.» Il sorriso di Paige perse un po' di luminosità. «Sei un cliente e i clienti hanno anche il diritto di arrivare in ritardo. Pronto?»

Cliente. Giusto, era un suo cliente.

Si rilassò leggermente.

Non doveva fare altro che metterla nel file riservato al lavoro. E dimenticarsi delle sue scarpe rosse.

«Jake?»

«Mmh?» Si accorse che gli aveva posto una domanda. «Sì?»

«Ti ho chiesto se sei pronto.»

«Per cosa?» Pronto a trovare un angolo buio e deserto del palazzo, alzarle la gonna e scoparla fino a farla gridare di piacere?

Diavolo, sì. Era tanto che aspettava di poterlo fare.

«Dobbiamo salire all'ultimo piano. La festa?» Lei parlò lentamente, come se fosse alle prese con un turista coreano che non conosceva una parola di inglese. «Sembri un po' distratto.»

Distratto era un modo per descriverlo. Mostruosamente eccitato sarebbe stato più appropriato.

«La festa. Certo. Andiamo.» La superò con due rapidi passi, escludendola dal proprio campo visivo. Prendendo le scale avrebbe fatto un favore a entrambi, ma salire al cinquantaquattresimo piano con indosso uno smoking non era un'opzione praticabile, per cui optò per l'ascensore veloce.

Le porte si aprirono e Paige entrò, offrendogli una splendida visuale della sua schiena.

Lui ammirò la linea diritta della sua spina dorsale e

quella leggermente spiovente delle sue spalle.

Avrebbe voluto abbassarle le spalline del vestito ed esplorare tutto quello che nascondeva.

Avrebbe voluto spingerla in un angolo dell'ascensore e approfittare al massimo di quei cinquantaquattro piani.

Fu solo quando incrociò il suo sguardo che notò che le pareti della cabina erano coperte di specchi.

Vide il lampo di emozione che solcò i suoi grandi occhi azzurri, la confusione, ma anche il barlume di qualcosa che finse di non riconoscere.

Lei rimase in silenzio, il petto che si alzava e abbassava come se respirare le richiedesse uno sforzo cosciente.

«Jake?» La sua voce conteneva una domanda alla quale lui non aveva alcuna intenzione di rispondere.

Entrò nell'ascensore e le porte si chiusero.

Il caldo era soffocante, lo spazio più angusto di quanto avesse immaginato. Ma forse era la presenza di Paige a farlo sembrare così piccolo. Era anche questa una forma di tortura, dividere un ascensore con una donna che desideravi, ma non potevi avere.

Alzò due dita per slacciarsi il colletto della camicia, ma si rese conto che era già aperto.

Non c'era niente che potesse fare per rinfrescarsi.

Probabilmente avrebbe dovuto dire qualcosa, ma gli si era ingarbugliata la lingua.

«Bello il tuo vestito.» Era il complimento più scontato che avesse mai rivolto a una donna, ma non gli era venuto niente di meglio. «Linguine.»

«Prego?»

«Le spalline. Sono più larghe degli spaghetti. Assomigliano alle linguine.»

Lei sorrise, divertita. «Dal momento che sei cresciuto tra linguine e spaghetti, non mi metterò certo a discutere con te sull'argomento. Non finisci di vestirti?»

Per un attimo gli venne il dubbio che lo avesse visualizzato nudo anche lei, ma poi capì che si riferiva al farfallino.

Si mosse per allacciarlo, ma lei lo precedette.

«Lascia, faccio io. Sono brava. Me lo ha insegnato papà.» Paige fece un passo in avanti e, anche se per un secondo le loro dita si toccarono, i suoi occhi rimasero fissi sul papillon.

A dispetto dei tacchi alti, la sovrastava di una testa. Abbassando lo sguardo, poteva vedere le sue folte ciglia arcuate, la soffice piega delle sue labbra, le rotondità delle sue spalle nude. Per concentrarsi meglio, stava trattenendo il respiro e lui chiuse gli occhi, disorientato dal desiderio.

Lo stava vestendo, non il contrario. Non avrebbe dovuto sembrare così intimo.

C'era di nuovo quel profumo, di prati assolati cosparsi di fiori selvatici, e stavolta non c'era modo di sfuggirgli. La mente di Jake raccolse la delicata fragranza e partì al galoppo, usandola per creare scenari tanto vividi, quanto conturbanti. Di lei nuda sotto la doccia, l'acqua che fluiva sul suo corpo perfetto, accarezzando tutte le parti che lui non aveva il permesso di toccare. Visualizzò minuscole goccioline e opalescenti bolle di bagnoschiuma attaccate alla sua pelle cremosa.

Nel tentativo di liberarsi di quelle immagini, riaprì gli occhi e fissò i pulsanti che si illuminavano, ed esortò in silenzio l'ascensore a salire più rapidamente, cercando di ignorare la gentile pressione delle dita di Paige sulla gola. Non aveva mai pensato prima di fare sesso con una donna in un ascensore. Per come la vedeva, se una cosa era bella andava fatta il meglio possibile, e il sesso dentro a una capsula mobile sarebbe stato un po' come mangiare un'aragosta camminando.

Perché aveva proposto di venire a ispezionare la terrazza?

Avrebbe potuto esaminarla in tutti i dettagli sullo schermo del computer.

Avrebbe potuto...

«Ecco fatto.» Lei fece un passo indietro, distogliendolo dai suoi pensieri erotici. «Così va meglio.»

Non per lui.

Nel tentativo di aumentare la distanza tra loro, si appoggiò alla parete della cabina. Se ci fosse stata un'uscita di emergenza, l'avrebbe presa.

«Com'è stata la tua giornata?»

«Impegnativa.» Lei si controllò il rossetto nello specchio. «Frankie stava parlando con uno dei tuoi designer e le è venuta l'idea di fare una composizione floreale in codice binario. Incredibile, vero? Molto originale.»

«Codice binario.» Lui guardò la pulsantiera che si illuminava... 35, 40, 45... *e sbrigati*. «Mi piace.» Non gli importava se i fiori si fossero messi a cantare e ballare, voleva solo uscire da quel dannato cubicolo.

Le porte si aprirono, liberandolo dal suo tormento e dovette compiere uno sforzo per cederle il passo.

Ora che non poteva vederlo, si passò una mano sulla fronte e si aggiustò la giacca.

Dopo aver verificato la loro identità, gli addetti alla sicurezza li lasciarono passare e vennero accolti dalla loro ospite.

Alysson Peters era presidente e amministratore delegato di una startup tecnologica di successo. Jake era stato un precoce, e generoso, investitore, il che gli valse un saluto entusiastico.

«Non credevo che saresti venuto!» Alysson lo abbracciò. «Grazie, sono molto contenta di vederti.»

«Non potevo certo mancare.» Jake la baciò su entrambe le guance, ignorando l'espressione interrogativa che si dipinse sul volto di Paige. «Dov'è il bar, Aly?»

«Dovevo immaginarlo, che questa sarebbe stata la tua *prima* domanda. Sei un cattivo ragazzo, Jake Romano. Il che spiega perché ti adoro.» Divertita, gli diede uno schiaffetto sul braccio. «La gente si metterà in fila per stringerti la mano, ma, dal momento che tu sei in cima alla catena alimentare, puoi permetterti di ignorare quelli che non ti interessano. E poi vedo che sei venuto accompagnato.» Sorrise a Paige. «Non ci presenti?»

«Paige Walker.» Paige si fece avanti e le tese la mano.

«Paige è l'amministratore delegato di una nuova startup, *Urban Genie*, una compagnia che organizza eventi e servizi alla persona.» Jake fornì quelle informazioni in tono casuale, mentre passava l'ambiente allo scanner con gli occhi. «Se mai volessi un evento favoloso e un'esecuzione impeccabile, dalle uno squillo. Sempre che riesca a inserirti nella sua agenda, che è molto piena. D'altro canto, è sempre così con i migliori.»

«Davvero? In questo caso...» Alysson allungò la mano. «Ha un biglietto da visita?»

Paige glielo porse e, dopo una breve occhiata, l'altra donna lo ripose in un'invisibile tasca del suo abito verde.

«Credo che ci sentiremo. Divertitevi!» Si allontanò per accogliere un altro gruppo di invitati.

«Grazie per l'introduzione» disse Paige in tono leggermente affannoso, «ma forse sarebbe stato meglio non dire che avrei fatto fatica a inserirla nella mia agenda. Adesso non chiamerà.»

«Certo che chiamerà. Prima regola della natura umana... le persone vogliono quello che non possono avere. Più sei richiesto, più ti cercano.» Lui prese al volo due calici di champagne dal vassoio di un cameriere di passaggio e gliene porse uno.

Lei lo accettò solo perché non aveva alternative. «Sto lavorando.»

«Stanotte lavori per me e io ti ordino di bere champagne.»

Lei abbozzò un piccolo sorriso e alzò il bicchiere. «A cosa brindiamo?»

All'oblio indotto dall'alcol?

«Al tuo eccitante futuro. Presto non avrai nemmeno il tempo per bere.»

«Me lo auguro. Vuoi che ti faccia vedere il posto e ti spieghi come penso di usarlo per il tuo evento?»

«Sì.» Lui la pilotò al centro della sala, cercando la folla per proteggersi dai suoi stessi pensieri. La parete di cristallo che separava la pista da ballo e il bar dalla terrazza era aperta e le persone sciamavano liberamente fra le aiuole piene di fiori e piante, godendo il panorama di Manhattan sotto le stelle. La città brillava e affascinava, seduceva l'occhio e stregava il cervello.

«Guarda che vista.» Lei si spostò in una sezione della terrazza dove non c'era nessuno e lui non poté fare altro che seguirla.

«Sono nato e cresciuto a New York. La conosco.»

«Però ogni volta che la guardi, ti appare diversa. Per me questo posto rappresenta l'essenza di New York. È vibrante, eccitante, spettacolare...» Lei alzò il viso al cielo e chiuse gli occhi.

«Credevo che la sognatrice del gruppo fosse Eva, non tu.»

«Tutti hanno dei sogni.» Lei riaprì gli occhi e sorrise. «Tu no?»

In questo preciso momento i sogni di Jake erano tutti a luci rosse.

Si girò verso la terrazza, osservando la raffinata fontana centrale, il gorgoglio dell'acqua che copriva i rumori del traffico dalle strade sottostanti.

Si domandò se era mai capitato che qualcuno si tuffasse nella vasca di pietra per raffreddare i bollenti spiriti.

«È molto bello.» Fece scivolare lo sguardo sulla folla, evitando accuratamente Paige. «Tu sai per quale motivo, quando partecipa a eventi di questo tipo, la maggioranza delle donne si veste di nero?»

«Be', gli abiti da sera neri sono un classico. Senza tempo.»

«No.» Lui si portò alle labbra il bicchiere e bevve. «Si vestono di nero perché è sicuro. Sanno di potersi mimetizzare. Hanno paura di prendersi dei rischi.»

«Forse. Però Jake...» lei suonava divertita, «... sono vestita di nero anch'io.»

Lui sapeva cosa aveva addosso. Se gli avessero dato un foglio di carta e una matita, avrebbe potuto disegnare il suo vestito nei minimi dettagli. *E la donna che c'era dentro.*

«È diverso. Stai lavorando. Non puoi rubare la scena alle invitate.» Lui eseguì una rapida piroetta e si appoggiò alla ringhiera, fissando la città.

Paige lo imitò. «Da ragazza sognavo di essere qui, a New York, di vivere questa vita, di essere parte di tutto questo.» I ricordi le inumidirono gli occhi. «Se c'era una serie TV ambientata a New York, la guardavo a prescindere, anche se non mi piaceva. Mi immaginavo come doveva essere salire sulla cima dell'Empire State Building, andare in barca a remi sul laghetto di Central Park, attraversare a piedi il Ponte di Brooklyn. Ci sono giorni in cui ancora non mi capacito di essere qui. Esco di casa per andare a correre, sfilo accanto alle magnolie e ai carretti degli ambulanti, poi vedo in lontananza uno scorcio di Manhattan e penso: "Wow, *vivo* qui". Sono una ragazza di provincia, ma ho il privilegio di vivere in questa incredibile città.» Si interruppe, lasciandosi sfuggire una risatina imbarazzata. «Probabilmente ti sembrerò pazza, ma per molto tempo ho pensato che non sarebbe mai stato possibile. Che il mio fosse destinato a restare soltanto un sogno.»

Per molto tempo, almeno un paio d'anni, nessuno di loro aveva pensato che fosse possibile.

La morte aveva bussato alla sua porta per ben due volte, a causa di complicazioni sorte dopo l'intervento a cuore aperto.

Jake non menzionò quegli episodi. L'intimità tra due persone si basava su un passato condiviso e lui non voleva stringere i fili che li legavano uno all'altra, non voleva fare niente per attirarla a sé.

Aveva cercato di dimenticarla, ma adesso lei era lì, a mezzo metro da lui, strizzata dentro il suo abito nero. Con un piccolo movimento avrebbe potuto seppellire il volto nei suoi capelli e da lì alla sua bocca il passo sarebbe stato molto breve.

«Senti mai la mancanza di casa?» Tenne gli occhi fissi davanti a sé e le mani sulla ringhiera. «Di Puffin Island?»

«No. Intendiamoci, amo l'isola, però è così *piccola*. Non solo per le sue dimensioni, anche per il ritmo. Lì la vita procede al rallentatore, il che spiega perché, soprattutto nella bella stagione, sia piena di turisti e visitatori, ma non fa al caso mio. Crescendo, avevo l'impressione che il mondo stesse andando avanti da un'altra parte, oltre il braccio di mare che ci separava dalla terraferma. Mi sentivo esclusa da una grande festa che potevo solo guardare da lontano. Mi rendo conto che può suonare stupido, ma mi sembrava di venire privata di qualcosa.»

«Per me non è stupido.» Lui conosceva molto bene la sensazione di essere tagliato fuori, escluso dal divertimento.

L'aveva sperimentata sulla propria pelle. Solo il braccio di mare era stato diverso.

«Ma tu sei nato a Brooklyn. Sei un vero newyorchese.»

«Sì.» Durante gli anni giovanili, quando si era sentito insicuro e privo di radici come un cane randagio che nessuno aveva voluto salvare, la città era stata l'unica costante della sua vita. Le case in cui aveva dormito erano cambiate, le persone che conosceva erano cambiate, ma New York era rimasta sempre la stessa.

La sua culla.

Paige fissò il Chrysler Building, la sua famosa guglia di vetro e acciaio che risplendeva sullo sfondo buio del cielo come il cappello ingioiellato di un mago. «Nominami un'altra città dove è possibile vedere qualcosa di così meraviglioso. Sembra uscito da una fiaba.»

Lui non poteva che essere d'accordo. «William Van Alen, l'architetto, ha assemblato segretamente la guglia nei condotti di ventilazione e l'ha messa in posizione in soli novanta minuti. Per superare in altezza il 40 di Wall Street che era in costruzione nello stesso periodo. Pensa come deve essere sapere che stai costruendo l'edificio più alto del mondo, e poi alzare lo sguardo e vederlo lì davanti a te!»

Lei sorrise. «È magico. Il mio edificio preferito di New York.»

Lui sapeva di persone che erano andate a New York solo per poter dire di averlo fatto. Erano rimaste un po', ma poi si erano trasferite perché avevano bisogno di spazio, di un cortile con giardino, di un appartamento dove non erano costretti a usare il forno come scarpiera, o a scendere venti rampe di scale per raggiungere la lavatrice. Niente concerti di clacson, niente sirene, niente sbuffi di vapore in strada, aria pulita, ritmi rilassati... c'erano milioni di motivi per andarsene.

Lui vedeva solo quelli per restare e Paige era uguale.

Alzò il bicchiere nella sua direzione. «A te, ragazza di città.»

«A te, ragazzo di città» Lei spinse il bicchiere contro il suo e brindarono. «Secondo te, New York è uomo oppure donna?»

Quella domanda gli strappò un sorriso. «Donna. Una moltitudine di umori diversi, il modo in cui gioca con le emozioni delle persone... non può che essere donna, non trovi?» chiese in tono scherzoso.

«Non so.» Lei inclinò la testa, un'espressione pensosa sul volto. «Potrebbe anche essere un uomo. Un miliardario elusivo, sempre pronto a ostentare la sua ricchezza, ma con un lato oscuro di cui nessuno sa niente. Pensi di conoscerlo, ma è sempre capace di sorprenderti.»

«È sicuramente una donna. Cambia aspetto di continuo, a ogni angolo di strada. Ha un intero guardaroba di abiti diversi da indossare.»

La folla era aumentata di numero e la musica che proveniva dalla pista da ballo si perdeva nella notte sospinta dalla brezza.

Sulla destra, la sagoma inconfondibile dell'Empire State Building e dietro, le luminarie di Broadway. I led lampeggiavano e danzavano, fedeli allo slogan della città che non dormiva mai.

Paige gli toccò il braccio. «Ti va di ballare?»

Lui girò la testa e la guardò.

Voleva fare delle cose con lei, ma ballare non era tra queste.

Per ballare avrebbe dovuto stringerla, e tenendola sarebbe entrato in contatto con il suo corpo e questo era un lusso che non poteva concedersi. «Non ballo.»

Il sorriso si spense. «Certo. Hai ragione.» Lei finì il suo drink e posò il bicchiere. «È talmente bello qui che per un momento mi sono dimenticata che stiamo lavorando. Okay, diamoci da fare. Ispezioniamo il posto. Ti illustrerò le mie idee e poi tu potrai fare quello che vuoi con il resto della serata.» Alzò i tacchi e si allontanò, elegante, dignitosa, totalmente donna.

Ma non la sua donna.

Mai la sua.

Jake la seguì con lo sguardo, indugiando sulle sinuose ondulazioni dei suoi fianchi.

Avrebbe ispezionato il posto, avrebbe detto le cose giuste al momento giusto, poi sarebbe tornato a casa e avrebbe ballato con una bottiglia di whisky.

Cosa *diavolo* le era passato per la testa?

Lo aveva invitato a ballare, come se questo fosse un appuntamento.

Le aveva forse dato di volta il cervello?

Per un attimo, davanti alle luci di Manhattan, si era dimenticata di mantenere le distanze. Aveva smesso di pensare a Jake come un cliente e lo aveva visto come un uomo.

Storse le labbra, spazientita. Quale donna sana di mente avrebbe mai potuto dimenticare che Jake Romano era un uomo? Nemmeno lo smoking riusciva a celare la sua prorompente carica virile. Lei era stata cosciente di ogni singola parte del suo corpo dal momento in cui aveva messo piede nell'atrio del palazzo. Jake non si mescolava all'ambiente come facevano gli altri... se ne appropriava. Mentre gli parlava, scambiando con lui frasi che per una volta non erano sembrate un conflitto disarmato, era inavvertitamente scivolata dal professionale al personale.

Lo aveva messo in imbarazzo e si era vergognata di se stessa.

Di nuovo.

Tutto quello che poteva fare adesso era concludere la serata il più rapidamente possibile.

Facendo finta di niente, si stampò in faccia la più professionale delle espressioni e gli mostrò ogni angolo della terrazza, spiegandogli in che modo aveva intenzione di usarla.

Lui ascoltò attentamente, pose alcune domande e aggiunse delle idee, tutte molto buone.

Quando finirono di parlare, erano circondati da una ventina di persone che, cercando di darsi un contegno, stazionavano attorno nella speranza di catturare un briciolo dell'attenzione di Jake.

Era sempre la stessa storia. Alcuni, lei lo sapeva per esperienza, erano convinti di aver inventato una tecnologia della quale volevano discutere con lui. Altri erano in cerca di consigli per gli affari, o magari di un investimento. Le donne, invece, quasi tutte, speravano in qualcosa di più personale e Paige non voleva essere presente nel caso lui avesse deciso di premiarne una concedendole l'onore di portarla via.

«Vedo che sei richiesto, quindi adesso ti lascio. Ci aggiorniamo domani in ufficio.» Gli lanciò quello che si augurava sembrasse un sorriso perfettamente normale e si avviò verso l'uscita.

I piedi le stavano dicendo che le scarpe che si era messa facevano schifo e che non vedevano l'ora di essere di nuovo dentro i suoi comodi mocassini. Alcune calzature non potevano essere salvate nemmeno dai plantari in gel.

Le aveva scelte basandosi sull'altezza dei tacchi. Intimidita dalla prospettiva di trascorrere la serata in compagnia di Jake, aveva pensato che dodici centimetri in più le avrebbero dato la sicurezza di cui aveva bisogno.

Invece le avevano procurato delle vesciche.

Almeno i suoi piedi erano contenti che lui avesse rifiutato di ballare.

Appena a casa si sarebbe concessa un lungo bagno caldo. Con un bicchiere di vino e un buon libro a portata di mano. Oppure con un CD di hard-rock nello stereo. Qualcosa che le riempisse la mente, impedendole di pensare troppo a Jake.

Paige arrivò davanti all'ascensore, ma prima che avesse modo di pigiare il pulsante di chiamata, una grossa mano maschile le passò sopra la spalla, premendolo per lei.

Persa nell'agitazione dei propri pensieri, non si era accorta che l'aveva seguita, ma quella mano l'avrebbe riconosciuta ovunque.

«Che fai?»

«Me ne vado anch'io.» Non l'aveva toccata, ma la sua voce da sola bastò a farle venire la pelle d'oca dappertutto.

Era profondamente ingiusto, persino crudele, provare certe cose per un uomo che non era interessato a lei.

«C'era una piccola folla che reclamava la tua presenza.»

«Sono con te.»

Sì, magari. «Questo non era un appuntamento.» Lei si compiacque del tono casuale con cui lo aveva detto. «Era lavoro. E comunque, da quando in qua la presenza di una donna ti ha mai impedito di dare la caccia a un'altra?»

«Non ho mai tradito una donna» disse lui a voce bassa, venti centimetri dietro il suo orecchio. «E mi assicuro che le mie accompagnatrici arrivino a casa sane e salve.»

Lo stupido cuore di Paige, la parte di lei che non si era mai comportata come descritto nei libri di anatomia, perse un colpo. «Adesso le accompagni anche a casa? Attento, questo sembra quasi un impegno.»

«Le loro case, non la mia.» In quelle parole vibrava un sorriso. «È solo cortesia, non una promessa.»

Lei desiderò che l'ascensore accelerasse. «Hai mai dato il tuo indirizzo a una donna?»

«No, però ogni tanto qualcuna si presenta in ufficio.»

«Visto che in pratica ci vivi, probabilmente pensano che sia il posto migliore per intercettarti.»

«I ragazzi del personale fanno buona guardia.» L'ascensore finalmente arrivò e, mentre le porte si aprivano, lui aggiunse: «Il mio autista ci aspetta davanti al palazzo. Ti do un passaggio».

I piedi le gridarono di accettare senza esitare un secondo. La natura ribelle la spinse a scuotere la testa. «Posso prendere la metro.»

Jake la seguì all'interno dell'ascensore. «Sì, puoi, ma non lo farai.» Si appoggiò alla parete a specchi, togliendosi il papillon con pochi, abili gesti delle dita. «So che tieni alla tua indipendenza. Comprendo le tue ragioni ed è una qualità che ammiro, però una volta ogni tanto sarebbe bello se tu dicessi sì senza discutere.»

Le porte si richiusero con un soffio pneumatico, imprigionandoli.

«Io dico continuamente sì.»

Il lampo che balenò negli occhi di Jake esprimeva scetticismo. «Fammi un esempio di una cosa a cui hai detto sì.»

Ora come ora, Paige avrebbe detto volentieri sì al sesso. Quando c'era lui di mezzo, avrebbe detto sì praticamente a tutto. Risvegliandosi nel letto d'ospedale dopo l'intervento, si era ripromessa di cogliere sempre l'attimo fuggente e in questo preciso momento le sarebbe piaciuto cogliere lui. Ma si era già resa ridicola una volta e non aveva nessuna voglia di ripetere l'esperienza. «Dico sì alla cucina di Eva, agli aperitivi sulla nostra terrazza, alle serate di film anche se Matt non ci lascia mai vedere le commedie romantiche. Dico sì a una corsa nel Giardino Botanico e a una bella ciambella calda direttamente dal carretto. Devo andare avanti?»

Lui era mostruosamente bello, talmente attraente che solo a guardarlo le si bruciavano i circuiti del cervello.

Si era lasciato il papillon attorno al collo infischiandosene del proprio aspetto. Dal colletto sbottonato della camicia spuntava un ciuffetto di sottili peli neri. La mascella, accuratamente rasata ogni mattina, era scurita da un sottile velo di barba.

Se le era mai capitato di vedere un uomo più sexy, non se lo ricordava.

Lui la fissava con quello sguardo diretto, fastidiosamente intimo che le faceva venire il dubbio che potesse leggerle nella mente. Paige era un'esperta nell'arte di nascondere i propri sentimenti. Lo faceva per proteggere se stessa e le persone che le volevano bene, ma, per qualche motivo, con Jake era molto difficile.

Lui vedeva oltre l'apparenza delle cose. Prestava attenzione.

Stava per fare una battuta spiritosa, quando all'improvviso l'ascensore ebbe un sobbalzo e si bloccò. Già in precario equilibrio sui tacchi vertiginosi, Paige si sbilanciò in avanti e gli cadde addosso, andando a sbattere sulla solida parete di muscoli del suo torace. Per un attimo, fu consapevole solo della plasticità dei suoi bicipiti sotto le dita, del soffio caldo del suo respiro sul viso. Il desiderio divampò subito, partendo dal ventre per diffondersi alle altre parti del corpo.

La bocca di Jake era là, *proprio là*... le sarebbe bastato girare un po' la testa...

Lui la sostenne posandole una mano sul fianco e aggrottò la fronte guardando il pannello dei comandi. «Hai toccato qualcosa?»

«No» disse lei a denti stretti. Erano anni che non si avvicinava a meno di mezzo metro da lui, eppure stargli addosso le sembrava la cosa più naturale del mondo, come se i loro corpi fossero stati costruiti per incastrarsi uno nell'altro. «Non ho toccato niente. Si è fermato da solo.»

«Deve essere stata la mia personalità elettrica.»

Lei si tirò indietro, irritata dalla potenza dell'attrazione che provava nei suoi confronti. Perché non poteva sentire certe cose per uno che la ricambiasse? Non c'era giustizia al mondo. «Allora usala per tirarci fuori di qui. Premi di nuovo il pulsante del piano terra.» Ora che la prima vampata di desiderio era scemata di intensità, venne percorsa da un brivido di apprensione. Gli spazi angusti non le piacevano. Non le erano mai piaciuti.

Sarebbe andato tutto a posto, si disse. Probabilmente era una cosa da nulla.

Il pulsante del pianoterra era già illuminato, ma lui lo pigiò ugualmente.

Si sentì un click, ma l'ascensore rimase fermo.

Paige avvertì un senso di costrizione al petto. Inconsciamente, si asciugò le mani sulla gonna. Stava già sudando. Gli ascensori erano un ottimo mezzo per spostarsi da un piano all'altro, a patto che si muovessero, ma restare intrappolati all'interno di una cassa di metallo con pochissima aria a disposizione? Era il peggiore dei suoi incubi. Ogni volta che le avevano fatto una risonanza magnetica aveva avuto la sensazione di essere seppellita viva.

«Forse gli organizzatori dell'evento hanno deciso di tenerci qui finché non pagheremo lo champagne che abbiamo consumato.» Era un tentativo di alleggerire un'atmosfera che diventava di secondo in secondo sempre più pesante, come se le pareti dell'ascensore si stessero chiudendo su di loro per stritolarli.

«Forse.» Lui studiò il pannello di controllo, poi si mise una mano tasca e tirò un fuori un oggetto allungato con da una parte un manico.

«Quello è un cacciavite? Ti porti dietro un cacciavite? Perché?»

«Non è la prima volta che mi capita di dover uscire da una situazione scomoda. Tienimi la giacca.» Lui se la sfilò e, dopo avergliela passata, si arrotolò le maniche della camicia.

«Qual è stata la tua ultima situazione scomoda? Lei era sposata?»

Lui si mise al lavoro sorridendo. «Non tocco mai le donne sposate. Troppo complicato. Alza la mano...»

«Perché?»

«Paige...» disse lui in tono paziente, «... questa è un'altra di quelle occasioni dove sarebbe bello se tu dicessi sì e basta. Senza fare milioni di domande, senza discutere di ogni minima cosa.»

Lei sollevò la mano, pregando che non si accorgesse che tremava.

Lui le fece cadere sul palmo un paio di viti. «Adesso posso guardare meglio.»

«Cosa? Cosa stai facendo?» Lei si augurava solo che funzionasse. «Hai intenzione di smontare e riprogrammare la centralina di controllo? Dentro c'è un computer del quale ti servirai per entrare nel sito dell'FBI e chiamare i soccorsi?» Sarebbe stato fantastico. Non vedeva l'ora che qualcuno li venisse a prendere. Perché continuava ad avere la sensazione che le pareti si stessero restringendo. Le viti serrate nel pugno, si cinse con le braccia e cercò di respirare normalmente.

Il battito cardiaco era accelerato e il panico era là da qualche parte, in agguato, molto vicino.

Piccole gocce di sudore le imperlarono la fronte. Era la sua immaginazione, o lo spazio all'interno dell'ascensore si era ridotto?

Jake si raddrizzò. «Puoi...» Si interruppe non appena la vide in faccia. «Che succede?»

«Niente.» Lei parlò a denti stretti per impedire che battessero. «Solo tiraci fuori di qui.»

«Ci sto lavorando.» Lui rimise il cacciavite in tasca. «Perché fai sempre finta di stare bene quando non è vero? Perché non ammetti che hai paura?»

«Non ho paura. Preferirei evitare di passare la notte chiusa dentro un ascensore, tutto qui.»

«Non precipiterà al suolo, se è questo che ti preoccupa. Non farti prendere dal panico.»

«Non sono preoccupata, quindi non rischio di avere attacchi di panico.» Due menzogne in una decina di parole. Probabilmente era un record. Paige continuò a concentrarsi sulla respirazione, come aveva fatto milioni di volte da bambina.

Fingi di stare bene. Fingi di stare bene.

Il panico crebbe.

«Fa' qualcosa, Jake.»

Lui era chino sul pannello di controllo, quindi Paige non riusciva a vedere cosa stava facendo, ma dopo qualche secondo lo sentì masticare un'imprecazione. «Ci ho provato, ma sfortunatamente questa è una delle rare occasioni in cui i miei molti talenti non sono di alcuna utilità.» Posò il palmo della mano sul pulsante di emergenza e dopo qualche secondo una voce disincarnata echeggiò nell'ambiente, chiedendo quale fosse il problema.

«Siamo bloccati nell'ascensore e un'estrazione rapida sarebbe molto apprezzata.» Jake diede il nome della strada e del palazzo.

Ancora concentrata sulla respirazione, lei gli lanciò un'occhiata incredula. *Estrazione rapida?* Provò ad articolare le parole, lui se ne accorse e scrollò le spalle.

«Ho pensato che suonasse meglio di: "Fateci uscire da qui, cazzo!".» Si riavvicinò alla griglia dell'interfono. «Come posso chiamarla?»

«Channing.»

«E dove si trova, Channing?»

«A Houston, signore. In Texas.»

Paige rimase a bocca aperta. «Houston...? E come fa a intervenire sul nostro ascensore a quattro ore di aereo da New York?»

Jake la zittì alzando una mano. «Che tempo fa lì da voi, Channing? Scommetto che state soffocando sotto a una cappa di afa?»

«Proprio così, signore.»

«Anche noi, pensi un po'. Sono in compagnia di una signora che comincia a trovare tutta questa esperienza alquanto sgradevole, quindi bisogna che lei applichi il protocollo di emergenza e ci faccia uscire da qui il più rapidamente possibile. Il che significa nell'arco dei prossimi dieci minuti.» Una patina di ironia spalmata su una lama di durissimo acciaio.

«Avviserò la squadra di manutenzione e il dipartimento dei vigili del fuoco. Resti dov'è, signore.» Ci fu una pausa. «Anche lei, madame.»

Come se avessero un altro posto dove andare.

Paige cercò il sostegno della parete. Il cuore batteva sempre più forte, al punto da farle male al petto.

«Dammi le viti...» Jake allungò la mano e lei la fissò con espressione assente, cercando di dare un senso alle parole attraverso il panico.

Nessun problema. Sarebbe andato tutto a posto. Presto qualcuno sarebbe arrivato a tirarli fuori.

Per recuperare le viti, Jake fu costretto ad alzarle le dita a una a una, aprendo il pugno convulsamente serrato. Quando vide i segni che le avevano lasciato nel palmo, sollevò lo sguardo sul suo viso. «Paige?»

«Sto bene.» Lei lo ripeté come un mantra. «Molto bene. Non preoccuparti per me.»

Jake si infilò le viti in tasca e la cinse con le braccia. «Non ti piacciono gli spazi chiusi» mormorò. «Come ho fatto a dimenticarlo? Va tutto bene, tesoro. Ci sono io. Ti tirerò fuori, promesso.»

Le parole, la tranquilla fermezza del tono avrebbero dovuto fermare la marea montante della paura, ma non fu così.

«Come?» Lei abbandonò ogni tentativo di fingere che stava bene. «Quel tizio è a Houston. Noi siamo qui.»

Il respiro era sempre corto. Sentiva il petto chiuso, pesante.

«La squadra di manutenzione che ha contattato opera a New York.» Lui le passò una mano sui capelli. «Rilassati, piccola.»

«Mi hai chiamato "piccola"? Seriamente?» Lei si toccò il petto, esortandolo a espandersi. «In condizioni normali, ti prenderei a schiaffi.»

«In condizioni normali, non ti avrei chiamata "piccola".» Lui se la attirò contro, stringendola con entrambe le braccia. «Non sono tuo fratello e non sono i tuoi genitori. Non devi fare la faccia felice con me. Sono in grado di gestire la verità.»

Lei cedette un po', lasciandosi sorreggere dalla potenza muscolare del suo corpo.

«Il cuore...» Non si sopportava, quando era così debole. «Non riesco... mi sembra che...»

«Non è il cuore, Paige.» Lui sollevò la mano, accarezzandole gentilmente il viso. «Il tuo cuore sta bene, tesoro.»

Lei cercò di respirare. «Ma...» Inalò una boccata di calore maschile e chiuse gli occhi. «No... mi sento... sono...»

«Il tuo cuore sta bene» ripeté fermamente lui. «Paige, guardami...»

Lei non poteva.

Fissava i bottoni della sua camicia, il respiro affrettato e affannoso, poi sentì le sue dita che cercavano di alzarle il mento. Il suo tocco era un conforto e al tempo stesso una tortura.

«Ti senti così perché soffri di claustrofobia. Me lo sarei dovuto ricordare. Respira lentamente. Sì, così, brava.» Con una mano continuava ad accarezzarle il viso, con l'altra se la teneva vicino, a stretto contatto con il suo corpo. Lei poteva sentire il calore della sua pelle attraverso il cotone della camicia, quello della sua mano sulla spina dorsale. Avrebbe dovuto sentirsi al sicuro, protetta, ma neppure l'abbraccio di Jake poteva disperdere il panico. Montava come le acque di un fiume in piena, penetrava dappertutto, travolgendola.

Le sembrava di avere due sacchetti vuoti al posto dei polmoni e un peso immane sul petto. Quasi senza rendersene conto, artigliò la camicia di Jake e strinse fino a sbiancarsi le nocche.

Voleva dirgli che non riusciva a respirare, ma non aveva aria nemmeno per parlare.

Attraverso la nebbia del panico, lo sentì bofonchiare un'imprecazione e la mano che le aveva messo sulla schiena si staccò.

Stava per avvinghiarsi al suo collo, implorandolo di non lasciarla, quando si rese conto che non aveva intenzione di farlo. Aveva semplicemente cambiato posizione per attirarla ancora più vicino. Le affondò una mano nei capelli, a lato del viso, sfiorandole delicatamente la guancia con il pollice.

«Guardami, Paige. Tesoro, guardami...» La voce era suadente, gli occhi grigi seri e magnetici mentre sostenevano il suo sguardo terrorizzato. Il viso le era familiare, ma al tempo stesso, in qualche modo, sconosciuto, i ruvidi lineamenti maschili contratti da una determinazione che non gli aveva mai visto. Oppure era il panico che distorceva la sua visione, obnubilando anche l'ultima facoltà che le era rimasta.

Trattenne il respiro, la bocca a pochi centimetri dalla sua, poi lui chinò la testa e se ne impadronì in un lento, sicuro, dolcissimo bacio.

Lo shock fu tale da farla trasalire, ma Jake la tenne ferma, saldamente bloccata contro di sé.

Cosa stava facendo?

Non aveva fiato per baciarlo.

Non era in grado di...

Il desiderio si accese, sovrastò la paura e lei emise un gemito strozzato, respirò e gustò la sua essenza maschile direttamente dalle sue labbra sensuali. Tenendole in posizione la testa, lui esplorò la sua bocca da ogni angolazione con una serie di lenti, lunghi baci che spostarono l'origine dei suoi tremiti dal panico all'eccitazione. Le labbra di Paige si schiusero in uno spontaneo gesto di resa. Si era chiesta migliaia di volte come dovesse essere farsi baciare da Jake, ora lo sapeva. Era come bere un bicchiere di champagne tutto d'un fiato, come andare sulle montagne russe con gli occhi chiusi, come tuffarsi da venti metri di altezza nell'acqua profonda. Barcollò, stordita, ma lui la tenne prigioniera, ancorandola saldamente alla forza del suo corpo. E proprio mentre lei pensava di aver sentito tutto quello che c'era da sentire, i baci cambiarono, passando in una frazione di secondo dalla morbidezza alla brutalità, dalla seduzione gentile alla sessualità selvaggia. Non aveva mai sperimentato niente di simile all'intimità erotica di venire baciata in quel modo da Jake. Era incredibile, primitivo, sconvolgente. Le risvegliò qualcosa dentro, qualcosa che fino a quel momento era rimasto dormiente.

L'eccitazione esplose come un immenso fuoco d'artificio, con una rapidità e una violenza che la scioccarono. All'improvviso, stava scoprendo una parte di se stessa di cui aveva ignorato l'esistenza. Una parte più viva di tutte le altre.

La giacca scivolò via dalle sue dita inerti, afflosciandosi sul pavimento.

Nel tentativo di approfondire il contatto, si alzò in punta di piedi e inarcò la schiena, e così facendo divenne consapevole dell'effetto che stava avendo su di lui, sentì il rigido gonfiore della sua erezione attraverso la stoffa dei suoi pantaloni.

Fremiti di delizioso piacere si propagarono lungo le sue terminazioni nervose, anticipazione e promessa di qualcosa di molto più grande che sarebbe stato quasi impossibile sopportare. Si immobilizzò, vacillando sull'orlo di un baratro, poi le mani di lui calarono sui suoi vestiti, accarezzando e tastando, trovando punti di accesso, stuzzicando ferocemente le punte inturgidite dei capezzoli. Lei ebbe l'impressione di perdere conoscenza. La logica le diceva che doveva esserci un limite anche all'eccitazione, ma non lo aveva ancora raggiunto.

Senza sapere come, si ritrovò schiacciata tra l'inesorabile durezza della parete della cabina e l'inesorabile potenza del suo corpo virile. Lui le mormorò qualcosa all'orecchio, le spiegò senza alcuna reticenza cosa voleva farle e come esattamente aveva intenzione di farlo e lei abbassò una mano sulla sua spalla, affondando le dita nei suoi muscoli. Avrebbe voluto prendersi un momento per saggiarne la forza, ma lui ricominciò a baciarla e lei voleva baciarlo da così tanto tempo che non poteva sprecare un solo secondo di quel dono inatteso. A un certo punto, sentì che le alzava la gonna e percepì la carezza della sua mano sulla pelle nuda della coscia.

Così vicino, così vicino...

La invase con la lingua, conquistò la sua bocca con tale sapiente maestria da farle provare un moto di pietà per tutte le donne che non avevano mai avuto la fortuna di essere baciate da Jake. Sentì quel bacio fin nelle profondità del suo essere e lo ricambiò con uno slancio passionale che la spinse ad afferrargli i capelli, a spingergli verso il basso la testa, terrorizzata nel caso cambiasse idea, nel caso decidesse di fermarsi. Aveva sognato questa situazione un'infinità di volte ed era stato frustrante, perché sentiva di non riuscire a cogliere la totalità dell'esperienza. Jake aveva sempre avuto una qualità elusiva, una durezza, una prepotenza, entrambe in qualche modo legate alla sfera della sessualità, che le avevano dato la netta sensazione che stare con lui sarebbe stato molto diverso dalle poche esperienze che aveva avuto fino ad allora.

Be', *era* diverso.

Poteva respirarlo e si gloriò della sua brutalità, lasciandosi divorare dalla sua bocca, che si accaniva su di lei come un affamato su un pezzo di pane dopo mesi di digiuno forzato. Nei loro baci era presente una punta di disperazione, probabilmente il risultato della loro storia personale, della loro lunga, intima conoscenza reciproca. Forse proprio per questo, quella che stava vivendo era l'esperienza più conturbante e rivoluzionaria di tutta la sua vita. Si era immaginata la bocca di Jake sulla propria, le mani di lui sul proprio corpo, milioni di volte, ma neppure la più erotica delle sue fantasie era riuscita ad avvicinarsi alla realtà.

Desiderò che non finisse mai.

E non dava segno di voler finire. Lui la baciava come se non fosse più in grado di fermarsi. Dopo averle accarezzato ripetutamente il seno, spinse una mano in basso, sulle curve tornite di una coscia e la tirò verso l'alto, in pratica costringendola ad avvinghiargli i fianchi con la gamba. La scarpa scivolò via dal piede, cadendo a terra con un tonfo leggero. Lui era ancora incollato alla sua bocca, ma adesso non c'erano limiti alle sue carezze e le sue dita superarono agevolmente la barriera di pizzo delle mutandine.

Paige si sentiva già pronta a esplodere.

Da qualche parte in lontananza si udì un prolungato cigolio metallico accompagnato da un suono di voci indistinte. Jake si tirò indietro emettendo una specie di rantolo e, con un singolo movimento, le rassettò i vestiti.

Il fatto che fosse in grado di muoversi dimostrava che era molto più presente di lei.

Paige rimase là, disorientata, cercando di riacquistare un minimo di equilibrio, poi le voci si ripeterono, stavolta più vicine.

«Ehi, come va là dentro? State bene?»

No, lei non stava bene.

Tranne che...

Si accigliò, realizzando che quello che sentiva non era più panico.

«Sì, tutto a posto.» La voce di Jake era ruvida come i suoi baci. La guardava dritto negli occhi e la sua mano, la stessa che pochi istanti prima l'aveva fatta quasi impazzire di piacere, le spinse gentilmente una ciocca di capelli dietro l'orecchio. «Com'è la situazione? Quante speranze abbiamo di uscire di qui prima di domani mattina?»

«Ci stiamo lavorando.»

Un minuto prima Paige avrebbe dato qualunque cosa per scappare, adesso sarebbe stata felice di morire lì, all'interno di quella cassa di ferro, a patto di essere vicina a Jake. Aveva le labbra gonfie e si sentiva formicolare dappertutto. Si sentiva anche incompleta, come se lui l'avesse smontata e si fosse dimenticato di rimetterla insieme. Le sembrava di essere uno dei tanti modellini mezzi costruiti di Frankie.

Jake si chinò per recuperare la sua scarpa e la giacca, e lei studiò il suo profilo, gli angoli perfetti della sua struttura ossea, domandandosi cosa gli passasse per la testa, cercando dei segni che confermassero che non era l'unica a essere sconvolta.

Qualunque cosa fosse successa dopo, la storiella che lui non provava niente per lei non reggeva più.

Ci fu uno scatto, uno sfregamento di metallo contro metallo, poi i visi di due uomini fecero capolino dalla fessura che avevano aperto tra le porte dell'ascensore.

«Non ci avete messo molto.» Jake si infilò la giacca e sollevò la testa per guardarli. Calmo. In controllo. «Avete portato una scala?» La sua voce sembrava normale. Completamente diversa da quella che, pochi istanti prima, l'aveva sciocccata sussurrandole all'orecchio tutto quello che aveva voglia di farle.

In qualche modo, appoggiandosi alla parete, lei si rimise la scarpa e Jake la sospinse verso la scala. «Riesci a salire?» Il tono era inespressivo, ma lei sentì solo il calore della sua mano sulla schiena.

«Sì.» Cominciò ad arrampicarsi, cosciente del fatto che, da sotto, lui aveva una perfetta visione della parte del suo corpo che aveva titillato e carezzato.

Quello che accadde dopo lasciò una vaga impressione nella sua mente. Ricordava di aver riso e scherzato con gli operai della ditta di manutenzione, rassicurato un gruppetto di invitati circa le sue condizioni e alla fine, senza sapere bene come, aveva trovato persino il coraggio di seguire Jake dentro un altro ascensore, stavolta in compagnia di una mezza dozzina di persone, che li portò sani e salvi al foyer.

Jake discusse cortesemente con un tizio ansioso di conoscere il suo parere su un nuovo software uscito da poco sul mercato.

Non la guardò.

Non si guardarono.

Davanti al palazzo c'era il suo autista, che si affrettò ad aprire lo sportello per Paige.

E adesso?

Avrebbe ripreso a baciarla dentro la macchina, oppure l'avrebbe accompagnata a casa?

Il cuore le batteva per l'anticipazione, ma, invece di seguirla all'interno dell'abitacolo, lui si chinò sul vano dello sportello. «Gavin ti porterà a casa. Cerca di dormire un po'.»

Tutto qui? Non aveva nient'altro da dire? «Tu non vieni?»

«Preferisco camminare.» Il tono era neutrale. «È una bella serata. L'aria fresca mi farà bene.»

In altre parole non voleva salire in macchina con lei.

Avevano praticamente dato fuoco all'ascensore e lui si comportava come se nulla fosse accaduto.

Possibile?

Rimase seduta lì, sbalordita, cercando di dare un senso a quello che stava accadendo. Attraverso la nuvola di pensieri che le ingombrava la testa, sentì la portiera della macchina che si chiudeva e le poche parole che lui rivolse all'autista.

«Scortala fino alla porta di casa, Gavin... e aspetta che entri prima di andartene. Voglio essere sicuro che arrivi a destinazione sana e salva.»

Paige aveva lo sguardo fisso in avanti. Non si sentiva né sana né tantomeno salva.

Stava malissimo!

Cosa era successo?

Si era immaginata quei torridi baci nell'ascensore? La rovente sensualità delle sue carezze?

Si portò le dita alla bocca. Le labbra erano ancora gonfie, la pelle delle guance irritata dal potere abrasivo della sua barba.

Non si era immaginata niente.

Lui aveva davvero intenzione di fingere che fosse così?

Jake baciava un sacco di donne... lo sapevano tutti.

Tranne lei.

Lei, non l'aveva baciata mai.

Cosa sarebbe successo adesso?

. 9 .

Se non sopporti il caldo,
togliti uno strato di vestiti.

Eva

Quando arrivò a casa venti minuti più tardi, trovò Eva che danzava per l'appartamento in pigiama, con gli auricolari nelle orecchie e i capelli avvolti nella carta argentata. «Allora, com'è andata? È stato romantico?»

«Non era un appuntamento... abbiamo visionato la location per l'evento.» Paige buttò le chiavi sul tavolino dell'ingresso. Era ancora sconvolta, ma per un attimo vedere la sua amica così ebbe il sopravvento sul resto. «Sembri atterrata da un altro pianeta. Cosa è successo ai tuoi capelli?»

«Mmh?» Eva fece ondeggiare i fianchi e la testa a un ritmo che soltanto lei poteva sentire e Paige le tolse uno degli auricolari.

«Finché non impari a leggere le labbra è meglio che questi non li usi, quando parli con qualcuno.»

Eva se li abbassò sul collo. «Mi sto coccolando. Impacco di olio di cocco ai capelli. Miracoloso. Dovresti provarlo. Dopo, i tuoi capelli hanno la consistenza della seta. Nel mio caso, di seta arruffata.»

«Ci vorrebbe più di un miracolo per risolvere i miei problemi.» Stanca e confusa, Paige si liberò delle scarpe, entrò bagno, si sfilò il vestito ed entrò nella doccia.

Quando alla fine riemerse, Eva aveva preparato un tè e si era acciambellata sul letto di Paige.

«Ti ascolto. Che problemi hai?»

Paige accese la lampada sul comodino.

Come era successo? Chi aveva cominciato? Non si ricordava nemmeno quello. Un momento era stata lì sull'orlo di un attacco di panico, quello dopo avevano iniziato a baciarsi come due affamati di sesso.

Provò un moto di orrore.

Era contrario a ogni etica professionale!

«Questo evento...» Nella sua voce si era insinuata un'improvvisa urgenza. «Dovrà essere la cosa migliore che abbiamo mai fatto.»

«Naturalmente. Sarà fantastico. Tu non hai mai organizzato niente che *non* fosse fantastico. Cosa è successo? Siediti qui e parlami.» Eva batté una mano sul materasso, gli occhi gentili. «A Jake non è piaciuto il posto?»

«Be'...» Paige si rese conto che non lo sapeva. «Non gliel'ho chiesto.»

«Come, non glielo hai chiesto? Eravate andati là per questo. Ripeto la domanda: è successo qualcosa?»

«No. È stato bello. Stupendo.» *Romantico.* Oh, cavolo, era stato incredibilmente romantico. Con le luci di Manhattan che brillavano davanti a loro come diamanti nelle vetrine di *Tiffany.*

«Bene.» Eva avvolse le dita attorno alla tazza. «Toglimi una curiosità, il tizio che ti ha baciata, ti ha baciata all'inizio della serata, oppure alla fine?»

«Cosa ti fa pensare che qualcuno mi abbia baciata?»

«La pelle arrossata attorno alla bocca è un piccolo indizio, come anche il fatto che sulle tue labbra non c'è traccia di rossetto e tu sei senza rossetto solo quando dormi.» Eva bevve un sorso di tè e continuò: «Sono la prima a riconoscere che i numeri non sono il mio forte, ma parlo fluentemente il linguaggio del corpo e il linguaggio dell'amore, e tu mostri tutti i segni di una che è stata seriamente, deliziosamente baciata da un uomo che sapeva il fatto suo. Raccontami tutto».

Cosa c'era da dire? «È tardi... dovremmo dormire.»

«Sappiamo entrambe che dopo questo bacio non riusciresti a prendere sonno e io resterò sveglia finché non mi avrai detto tutto quello che c'è da sapere, quindi tanto vale che soddisfi la mia curiosità. In ogni caso, questo impacco puzzolente deve stare sui miei capelli per altri quindici minuti, altrimenti non farà effetto e a me non piace sprecare i soldi.» Posò la tazza e diede una spintarella a Paige con la spalla. «Va' avanti. Chi era? Lo rivedrai? E come hai fatto a liberarti di Jake?»

Avrebbe potuto inventarsi una storia, ma Eva la conosceva troppo bene.

«*Era* Jake.»

Eva si strozzò nel tè di cui aveva appena bevuto un'altra sorsata. «Hai baciato Jake? Il *nostro* Jake?»

«È stato lui a baciare me. Ci siamo baciati simultaneamente. Non lo so. C'è stato un momento di confusione. L'ascensore si è bloccato. Eravamo intrappolati.»

«Intrappolati.» Capendo al volo la situazione, Eva le coprì la mano con la sua. «Tu non sopporti gli spazi chiusi. Deve essere stato terribile.»

«È stato terribile. Finché Jake non mi ha baciata.»

«Questo è *molto* romantico.»

«No. Io...» Paige aggrottò la fronte. «Non so cos'è stato, Ev. Era... era...»

«*Cosa?* Gentile? Fraterno? Confortante? Lui ti ha baciata come se...»

«Come se fossi morta e volesse riportarmi in vita.»

Eva la fissò. «Oh, cavolo. Questo è il tipo di bacio che ho sempre sognato. Il tipo di bacio che due possono scambiarsi quando viene annunciata la fine del mondo e allora decidono che, visto che stanno per crepare lo stesso, tanto vale crepare baciandosi. Non ti avevo detto che baciare Jake dovrebbe essere sulla lista degli ultimi desideri di ogni donna? Riesco sempre a capire se un uomo è un buon baciatore e scommetto che Jake è un esperto.»

Paige ripensò ai quei momenti. «Non so perché.»

«Be', tanto per cominciare ha fatto un sacco di pratica, ma io penso che alcuni uomini nascano con il DNA dei grandi baciatori e qualcosa mi dice che Jake appartiene alla categoria. È uno che presta attenzione.»

«Volevo dire che non so perché mi ha baciata.»

«Oh.» Eva batté le ciglia. «Probabilmente perché gli è venuta voglia di farlo. Cosa è successo dopo? Devo sapere com'è finita. Ti prego, non tenermi in sospeso... soffro di vertigini.»

«Non è finita.»

«Deve esserci stata una fine. Lui ti ha guardata dritto negli occhi e ha detto: "Questo è solo l'inizio, Paige"?»

«No. Ha detto: "Gavin ti porterà a casa. Cerca di dormire un po'".»

Eva inarcò le sopracciglia, sorpresa. «Tutto qui? È rimasto zitto per l'intero tragitto? Non ti ha accarezzata con lo sguardo e, prendendoti la mano, ha detto: "Riprenderemo il discorso domani", con quella voce sensuale che ti fa venir voglia di saltargli addosso e denudarlo fino al midollo?»

«Ero sola nella macchina. Lui è tornato a casa a piedi.» E questa era la parte che non riusciva a spiegarsi.

La porta della camera da letto si aprì e Frankie entrò. «Ti ho sentita rientrare. Volevo assicurarmi che fosse andato tutto bene.»

«Jake l'ha baciata. Ti sei persa i dettagli.» Eva si tolse una goccia di olio di cocco dalla guancia e aggiunse:

«Non capisco perché è tornato a casa da solo».

«Siamo in due.» Paige si lasciò andare sui cuscini. «Non ho idea di cosa sia successo. Continuavo ad aspettare che lui dicesse qualcosa, invece non ha aperto bocca. Abbiamo praticamente dato fuoco al palazzo e lui faceva finta di nulla.»

Frankie la guardò, confusa. «Avete dato fuoco al palazzo?»

«Con quel bacio. E per forza che lui non ha detto nulla. È un uomo.» Eva si mosse sul letto, spargendo profumo di cocco nell'aria. «Lavoro. Sesso. Birra. Sport. Grossi motori che fanno un sacco di rumore. Qualunque mezzo di locomozione capace di superare i duecento chilometri all'ora. Il loro mondo è questo. Le emozioni sono quella cosa appiccicosa e pericolosa che ogni tanto si addensa all'orizzonte e loro sperano passi in fretta come un temporale estivo.»

Frankie le raggiunse sul letto. «Questa è una generalizzazione sessista.»

«È la verità. Tu mi prendi sempre in giro, ma io conosco gli uomini meglio di quanto non pensi.» Eva posò la tazza vuota sul comodino. «Se una cosa non serve a trapanare dei buchi nel muro, se non possono farci del sesso, usarla per ubriacarsi o guardarla sullo schermo gigante, perdono interesse. Il cervello maschile è programmato in questo modo.»

Paige pensò che esagerava. «Matt non è così.»

«Certo che è così! È solo più furbo, perché si è scelto un lavoro che gli permette di usare trapani a percussione e motoseghe. Voglio dire, potrebbe delegare, ma in più di un'occasione l'ho visto tagliare il cemento armato con il flex e affettare tronchi d'albero per ricavarne sedili da giardino. È obbligato a farlo? No, ma demolire vecchie strutture e tagliare alberi è la parte divertente del lavoro, e lui se la tiene per sé. Suvvia, svegliati.» Eva allargò le braccia e roteò gli occhi, esasperata. «Capisco che è tuo fratello, però è un uomo delle caverne, Paige, con tanto di schermo per proiettare i film, Xbox, pesi che io non riesco nemmeno a staccare dal pavimento. Ogni settimana gioca a poker con gli amici. Le serate del poker sono la scusa che gli uomini si sono inventati per parlare di cose di cui non parlerebbero mai davanti alle donne. Il caso è ampiamente dimostrato. L'accusa riposa.»

Paige cercò di adattarsi a questa nuova immagine di suo fratello. «Scusa, qual era il caso?»

Frankie scoppiò a ridere. «Non fare mai l'avvocato, Ev. Nel tempo che impiegheresti ad arrivare in fondo alla tua arringa, la giuria si dimenticherebbe l'inizio.»

«Stavo solo dicendo che quello che Paige ha fatto con Jake non rientra chiaramente in nessuna di queste categorie. Per forza che lui era confuso.»

«Non sembrava confuso. Sembrava...» Lei ci ripensò. «Aveva un'aria normale.» E lei non avrebbe voluto che fosse così. «Quella confusa ero io. Lo sono ancora. Cosa succede adesso? Potrei incontrarlo in ufficio. Lo *incontrerò* in ufficio. Devo menzionarlo, oppure no?»

«Chi ha cominciato? Chi ha fatto la prima mossa? Lui o tu?»

«Non so. Eravamo bloccati in ascensore, io ero stressata, mi agitavo, lui mi ha abbracciata e... è accaduto.»

«Quindi è stato lui. L'iniziativa è partita da lui. Wow. Avrei voluto essere lì per assistere alla scena. Sembra uno di quei film con Cary Grant che... va be', non importa. Questo è un bene, perché non potrà dire che hai tentato di sedurlo. Cosa dovresti fare? Mmh... dammi il tempo di pensarci.»

Frankie emise un suono spazientito. «Taglia la testa al toro e chiediglielo!»

«Direttamente a lui?»

«Sì! Entra nel suo ufficio e digli: "Ehi, perché diavolo mi hai baciata?". Si chiama comunicazione!»

Paige la fissò.

«Frankie potrebbe avere ragione.» Eva scivolò giù dal letto. «Devo lavarmi questa roba dai capelli, altrimenti domani svegliandomi troverò una poltiglia di cocco sul cuscino. Mettiti a dormire e fa' sogni sconci.»

«Forse il termine che cercavi è sogni d'oro.»

«No. Quelli sono noiosi. I sogni sconci sono molto più interessanti. E non stare sveglia ad arrovellarti, altrimenti domani avrai l'aria stanca e non vuoi dare a Jake la soddisfazione di sapere che hai passato una notte insonne.»

«Il consiglio arriva dalla famosa scuola di relazioni di Eva?»

«Forse, ma ovviamente è solo teoria. Non faccio una sessione pratica da un sacco di tempo, anche se ci sto lavorando. Domani ho un appuntamento.»

«Davvero?» Grata per la distrazione, Paige cercò di confinare Jake alla periferia della sua mente. «Con chi? Spero non con il tizio che ti ha abbordata al supermercato?»

«No.» Eva arrossì. «Un altro. Un poliziotto.»

«Esci con uno *sbirro*? Come lo hai incontrato?»

«Be', cinque giorni fa sono riuscita a chiudermi fuori dall'appartamento. Lui stava passando in strada, mi ha vista mentre cercavo di entrare dalla finestra di Frankie e si è fermato per darmi una mano. In realtà, penso che si sia fermato per arrestarmi, ma quando ha capito che non avevo idea di come si faceva a forzare una finestra, mi ha aiutata. Ci siamo scambiati i numeri di telefono e oggi mi ha chiamata.»

«È sexy?»

«Non lo so. Portava l'uniforme» disse semplicemente Eva. «Tutti gli uomini in uniforme sembrano sexy.»

«Dovremmo buttare giù un piano.»

Crescendo, avevano sempre ideato dei piani alla vigilia dei loro appuntamenti. Con Paige spesso in ospedale, era stato un modo divertente di passare il tempo quando Eva e Frankie erano andate a trovarla. Si erano portate dietro i vestiti, il trucco e avevano studiato ogni dettaglio dell'appuntamento dal principio alla fine.

«Il mio piano è di dormire sette ore filate.» Frankie si alzò dal letto. «Prima cosa domani, va' da Jake e chiedigli perché ti ha infilato la lingua in bocca.»

Paige abbozzò un sorriso incerto. «Credo che esprimerò il concetto in modo leggermente diverso.»

«Come vuoi.» Frankie scrollò le spalle. «Però assicurati che capisca la domanda.»

Semiaccasciato sulla scrivania del suo ufficio, Jake stava cercando di trovare il bandolo della matassa di una complicata questione relativa al contenuto creativo di un nuovo programma. Aveva la sensazione che mancasse qualcosa, ma dopo aver giocato con alcune alternative sullo schermo giunse alla conclusione che i suoi ragazzi avevano fatto un buon lavoro. I tocchi finali avrebbero potuto aggiungerli nella fase successiva, prima di metterlo in produzione.

Ora non gli restava che spiegare ai clienti come funzionava e convincerli a comprare.

Era la parte del lavoro che gli piaceva di più.

Prese una bottiglia d'acqua dal frigorifero inserito nella scrivania e bevve. Il programma era piuttosto elaborato. Al momento, la soluzione che avevano trovato era forse troppo complessa perché i clienti potessero comprenderla, ma a questo avrebbe rimediato lui. Uno dei suoi talenti consisteva nel tradurre la tecnologia in qualcosa che anche un bambino di sei anni avrebbe potuto comprendere. E, nella sua esperienza, la maggioranza di amministratori delegati e presidenti avevano molto in comune con i bambini di sei anni. Il lancio di questo programma avrebbe aumentato il volume di affari della compagnia. Di nuovo. Sarebbero stati sommersi di richieste e di soldi. Una prospettiva decisamente gradevole. Fintanto che le entrate fluivano stabili e copiose come l'acqua in un fiume ben alimentato, lui era contento.

Aveva davanti tre computer, tutti accesi. Era concentrato su quello centrale, quando, alla periferia della sua visuale, colse un movimento.

Paige era in piedi sulla porta dell'ufficio. Gli occhi azzurri erano fissi su di lui e l'elettricità nell'aria raggiunse subito il livello di guardia.

Dopo aver riflettuto, aveva deciso di fare un favore a entrambi, evitandola per un po'. Aveva sperato che lei facesse lo stesso. Mettendoci un minimo di impegno, avrebbero potuto lasciar passare almeno due o tre giorni prima di rivedersi. Forse persino una settimana.

Apparentemente no.

Avrebbe voluto dirsi che era venuta per discutere di lavoro, ma l'espressione del suo sguardo raccontava un'altra storia.

Lui sapeva riconoscere una donna con una missione quando la vedeva e Paige era una donna con una missione.

«Ehilà.» Mantenne un tono casuale, sperando ancora di essersi sbagliato. Forse gli avrebbe chiesto qualcosa sull'evento che doveva progettare. «Come stai? Nessuna conseguenza dopo l'incidente con l'ascensore?»

«Non per via dell'ascensore, no.»

Merda.

«Bene. In questo caso...» Lui cambiò posizione sulla poltrona, desiderando di avere un pulsante di espulsione rapida. Avrebbe fatto volentieri un volo sull'Hudson pur di uscire da questa situazione. «Sono un tantino impegnato, quindi se fossi così gentile da chiudere la porta e...»

Lei chiuse la porta con se stessa all'interno.

Lui avvertì un senso di calore alla nuca.

Il suo destino era segnato.

«Stavo dicendo, in questo momento ho da fare e preferirei...»

«Allora sarò breve. Voglio parlare di quello che è successo.»

Lui provò a fare il finto tonto. «Vale a dire?»

«Del bacio.» Lei avanzò verso la scrivania e qualcosa nel dondolio dei suoi fianchi gli prosciugò la bocca.

Ricordava perfettamente il suo sapore, la forma e la consistenza del suo seno, i battiti frenetici del suo cuore sotto le dita.

«Avevi paura e ho cercato di distrarti.»

«Quale parte avrebbe dovuto distrarmi? Quella in cui mi hai messo la lingua in bocca, oppure l'altra, quando mi hai infilato le mani sotto la gonna?»

Quelle parole lo riportarono dritto lì.

Se fosse stata un'altra, l'avrebbe trascinata all'interno del bagno e l'avrebbe scopata finché nessuno di loro due sarebbe stato più in grado di camminare diritto.

Invece, rimase seduto al suo posto, sforzandosi di fare la cosa giusta, anche se lei sembrava intenzionata a torturarlo con i sensi di colpa.

L'ingiustizia della cosa lo rese irritabile.

Si staccò bruscamente dalla scrivania. «Eri andata in iperventilazione.»

«Mi hai baciata per riportare sotto controllo la mia respirazione?»

Suonava ridicolo persino a lui. «Eri terrorizzata e ho cercato di rassicurarti. È stato soltanto questo. Per favore, non farne una montagna, Paige.»

«Non *farne una montagna?*» Lei cominciò a camminare avanti e indietro davanti alla scrivania sulle lunghissime gambe che la sera prima gli aveva allacciato attorno ai fianchi.

Deglutendo, Jake spostò lo sguardo dalle gambe alla bocca. Non fu un grande aiuto, perché le sue labbra erano morbide, lucide di rossetto e lui sapeva esattamente che gusto avevano. La verità era che non c'era una singola parte di lei che non lo tentasse. Provò a fissare lo schermo del computer. «Sì, hai capito... non ingigantire le cose.»

«Quali cose?»

Lui serrò la mascella. «Le fiabe. Quello è il regno di Eva.»

«E tu che ruolo avresti, in questa fiaba, Jake? Quello del principe azzurro? Perché non ricordo di essere stata addormentata. Oppure il lupo cattivo? *Che bocca grande hai? Serve a mangiarti meglio...*»

«È stato un bacio, dannazione.» Lui si tirò in piedi, infastidito, chiuso nell'angolo. «Cosa devo dire? È vero, sì, ti ho baciata.»

«Lo so. Ero presente. Quello che non capisco è perché. E non dirmi che volevi impedirmi di iperventilare.»

Già, perché l'aveva baciata?

Perché, per un attimo, lì aveva abbassato la guardia.
«Eri isterica.»

«Non baci le donne quando diventano isteriche. Le abbracci. Dai loro delle pacche sulla spalla, dicendo: "Su, su, coraggio, adesso passa".»

«Era cominciato così.» *Perché continuava a insistere? Perché non lasciava perdere?*

«Però è andata a finire in un altro modo.»

«Me ne sono accorto.» Il ricordo del modo in cui era

andata a finire lo aveva tenuto sveglio per buona parte della notte. Aveva percorso diversi chilometri camminando nel suo appartamento. Si era fatto due docce fredde. «Analizzi sempre tutto?»

«Non tutto, questa cosa.»

«Non ne vale la pena.»

«Pensi che possiamo ignorarla?»

«Ne sono convinto.»

«Dimmi che non sei interessato e non lo menzionerò più.» Lei lasciò cadere quelle parole in un silenzio pulsante.

Lo aveva intrappolato e adesso lui si dibatteva come un pesce preso all'amo.

«Non sono interessato. Senti, eravamo due persone bloccate in un ascensore... tu stavi avendo un attacco di panico, io ti ho confortata e la situazione mi è sfuggita di mano. Avevo bevuto lo champagne, tu eri così carina e vulnerabile, la tua bocca era così rossa e invitante. Però è stato soltanto un bacio. Capita.» Lui si augurò che si accontentasse di questo, ma ovviamente non lo fece.

«Non è stato soltanto un bacio. Era...» lei aveva perso un po' di sicurezza, sembrava incerta, «... di più. L'ho sentito, Jake. È stato diverso.»

«No, ti sbagli. Io bacio sempre così.» Lui riuscì a togliere ogni traccia di emozione dalla voce. «Per me è stato un bacio come gli altri.» Lanciò la freccia mirando dritto al cuore.

Il dolore di Paige riverberò nello spazio che li separava e in quel momento lui si sentì davvero un verme.

«Stai dicendo che mi hai baciata perché mi trovavo lì. Perché si dà il caso che abbia una bocca e perché mi ero messa il rossetto rosso» disse lei in tono inespressivo. «Esatto fin qui?»

«Sì.»

Per un momento, lei lo fissò senza dire niente, poi scelse uno dei sorrisi della sua collezione. C'era il sorriso *sto bene*. Il sorriso *non ci sono rimasta male* e il sorriso *non mi importa*.

Questo era una combinazione di tutti e tre. Matt l'avrebbe definita la Faccia Coraggiosa.

«Okay... bene, apprezzo la tua sincerità.» Lei raddrizzò le spalle. «Mi dispiace di averti disturbato. Se hai delle domande riguardo all'evento, fammelo sapere. Altrimenti la *Urban Genie* andrà avanti con l'organizzazione.»

«Non ho nessuna domanda.» Tranne quella originale, che metteva in dubbio la decisione di imbarcarsi in quella folle impresa. «Mi fido di te. Sono sicuro che farai un ottimo lavoro.»

E se lo avesse fatto a debita distanza da lui, forse avrebbero avuto qualche possibilità di sopravvivere.

. 10 .

Gli uomini sono come il rossetto;
devi provarne diversi prima di trovare quello perfetto.
Paige

«Come va il lavoro?» Sprofondato sul divano nella tana di Matt, Jake stava uccidendo orde di zombie sulla Xbox mentre aspettavano l'arrivo degli altri amici per la partita di biliardo. «Sei molto impegnato?»
«Sì. Hai bevuto tu la birra che c'era nel frigo? Potrei giurare che la settimana scorsa era pieno.»
«Appunto, la settimana scorsa. Ti sei dimenticato che poi c'è stata la serata del poker?»
«Come vuoi che l'abbia dimenticato? Quella notte ho perso ben più della birra.» Matt emise un grugnito e si alzò. «Quando svuoti il frigo, potresti almeno avere la compiacenza di riempirlo, anche perché l'ultima volta che sei stato qui te ne sei andato con metà dei miei soldi.»
Era una schermaglia abituale tra loro. La ripetevano con piccole varianti da anni.
«Mi sembra di ricordare che lo svuotamento del frigo fosse un progetto congiunto e dal momento che ero stato io a riempirlo, non mi pare che tu possa lamentarti. Oggi sono venuto a mani vuote perché ho preso la moto. Comunque, se vuoi, posso fare razzia di provviste al ristorante.»

«Ruberesti a tua madre? Non hai nessuna coscienza.»

Dal momento che l'unica cosa che impediva a Jake di scoparsi Paige era proprio la coscienza, l'accusa lo infastidì. «Vuoi la birra, oppure no?»

«Be', come siamo di buonumore stasera.» Matt lo studiò. «Ti va di parlarne? O preferisci farti una scena isterica da solo?»

«Da solo va bene.» Jake distrusse un altro gruppo di zombie.

«Quindi non hai intenzione di dirmi cosa c'è che non va?»

«Non c'è niente che non va. E da quando in qua mi incoraggi a parlare dei miei problemi? Quello è il ruolo di Eva.»

Matt lo guardò. «Okay, capisco. Non vuoi parlarne. Non preoccuparti per la birra. Per stasera ne abbiamo abbastanza. Domani devo portare dei tubi da impalcatura a Paige, tornando avrò il furgone vuoto e ne approfitterò per fare rifornimento.»

«Tubi da impalcatura?»

«Stanno costruendo una struttura per il tuo evento... non te l'hanno detto?» Matt si accigliò. «Paige ha trovato un set designer. Ma non fate delle riunioni per discutere di queste cose?»

No, a meno che non fosse questione di vita o di morte. «Ne abbiamo fatta una all'inizio. Io ho detto quello che volevo. Loro hanno elaborato un progetto tenendo conto delle mie esigenze. Ogni tanto do un'occhiata alle e-mail.»

«Non hai fissato un budget?»

«Il budget è illimitato.»

Matt trasalì. «Hai dato a Eva un budget illimitato? Aprirà un conto da *Bloomingdale's* e ti dissanguerà. Pensavo che fossi un uomo d'affari.»

«Il budget lo gestisce Paige. Voglio che sia un trionfo.

Sarà un ottimo investimento, ne sono sicuro.» Anche un buon modo per far sì che Paige organizzasse un evento indimenticabile, in grado di attirare l'attenzione della crema di Manhattan. Almeno quello per lei poteva farlo.

«Mi vuoi far credere che non sai cosa stanno facendo?»

«Quando uno compra un cane, poi lascia che sia lui ad abbaiare.»

«Stai dando del cane a mia sorella?»

«No.» Jake si accanì ferocemente sugli zombi. «Semplicemente, sono uno che delega. Non mi importa cosa c'è nel cibo, a patto che gli invitati mangino bene e siano contenti. Non mi importa quali funghi serviranno, come ho spiegato a Eva quando ha cercato di farmi scegliere tra due varietà delle quali non ricordo nemmeno il nome. L'esperta di catering è lei. Che faccia il suo lavoro.»

«E Paige supervisiona l'intero progetto. Sta lavorando venti ore al giorno per te, quindi ogni tanto dille qualche parola di incoraggiamento.»

Jake tenne gli occhi fissi sullo schermo e incenerì uno zombie particolarmente pericoloso. Dopo l'ultima volta che si erano parlati, si era tenuto accuratamente alla larga da lei.

«Come sta?»

«E lo chiedi a me? Pensavo che si fosse installata in uno dei tuoi uffici.»

«Certo, però lei ha del lavoro da fare, io anche e non lavoriamo alla stessa cosa.» Jake massacrò tutto quello che si muoveva sullo schermo.

Matt inarcò le sopracciglia. «C'è qualche problema?»

«No. Perché dovrebbe esserci un problema?»

«Perché sei teso e hai ucciso legioni di zombi.»

«Lo scopo del gioco è proprio questo: uccidere zombi.»

Jake mollò la console, odiandosi perché si sentiva in colpa. Non aveva niente di cui vergognarsi. Stava facendo questa cosa per lei. Stava passando attraverso l'inferno della frustrazione sessuale per lei. «Quindi, l'ultima volta che hai visto Paige, non ti è sembrata arrabbiata?»

«Arrabbiata?» Matt strinse gli occhi in un'espressione interrogativa. «Che motivo avrebbe per essere arrabbiata? È successo qualcosa?»

Sì, si era incollato alla sua bocca come un assetato a una bottiglia d'acqua nel deserto del Sahara e le aveva infilato le mani nelle mutandine. «Mi informavo per gentilezza.» Gli si era scaldata la nuca. «Sta lavorando davvero tanto.»

«Pensavo che non l'avessi vista.»

«È per questo che so che sta lavorando tanto. Non la vedo mai.» A parte la volta nell'ascensore, quando aveva visto, e gustato, decisamente troppo di lei.

«Non ti sei neanche affacciato al suo ufficio per darle un'occhiata?» Matt suonava più divertito che irritato, ma Jake trovava quell'intera situazione piacevole come camminare sulla ghiaia a piedi nudi.

«Sono stato occupato. Ho una compagnia da mandare avanti.» E affacciandosi nell'ufficio di Paige avrebbe rischiato di venire via con un occhio nero. Non l'avrebbe biasimata, se lo avesse preso a pugni. L'aveva trattata come un vero bastardo. I rimorsi di coscienza bruciavano come acido sulla pelle. «Che altro vuoi da me? Ho invitato tutte le persone importanti che conosco. Il resto dipende da lei.»

«Ehi, è stato un gesto molto generoso da parte tua, Jake.» Il tono di Matt si era immediatamente ammorbidito. «Sei stato un buon amico per lei.»

Lo stomaco di Jake si contrasse.

Era stato il peggiore degli amici.

«Il tempo per darle un'occhiata avrei potuto trovarlo, immagino, ma in questo periodo non sono stato molto in ufficio.» Si era inventato mille ragioni per non esserci. Era volato a Los Angeles per parlare con un cliente invece di farlo venire a New York. Era andato in macchina a Washington per discutere di sicurezza informatica con un pezzo grosso di un'agenzia governativa e, sulla via del ritorno, aveva fatto una deviazione.

Non vedeva Paige da otto giorni.

Ciò nonostante, non riusciva a smettere di pensare a lei, come non era riuscito a tenere a posto le mani nell'ascensore.

La scena di quei baci continuava a passare sullo schermo della sua mente.

Matt gli posò una mano sulla spalla. «Non sentirti male. Apprezzo quello che stai facendo per lei. Sono in debito con te.»

I sensi di colpa di Jake si acuirono. Era il suo migliore amico. Non aveva mai ingannato uno dei suoi amici prima. Non era una bella sensazione. «Non mi devi niente, ma, se proprio senti il bisogno di ripagarmi, puoi sempre lasciarmi vincere a biliardo.»

Matt sogghignò. «Non riusciresti a battermi nemmeno se fossi ubriaco fradicio.»

«È una sfida?» In quel preciso momento, l'idea di attaccarsi a una bottiglia di whisky gli sembrava decisamente allettante. «Vogliamo provare?»

«È stato l'appuntamento più disastroso, più imbarazzante della mia vita. Dio sia lodato per l'emergenza che lo ha costretto ad andarsene.»

Frankie era china su un vaso, intenta a curare una pianta che aveva le foglie ingiallite. «Non dirò *te lo avevo detto*.»

«Bene.» Eva si sfilò le scarpe e crollò su uno dei cuscini. «Perché mi sento particolarmente cattiva e potrei decapitarti insieme a una delle tue rose.»

Paige accese le candele. Era la prima volta che salivano in terrazza da una settimana a questa parte. Avevano lavorato fino a tardi, spesso, di ritorno dall'ufficio, erano andate direttamente a letto per poi ricominciare il mattino seguente.

Se non altro, impegnarsi nel lavoro aveva attutito il dolore che le si era installato nel petto dopo l'incontro con Jake. Era stata troppo esausta per sentire qualunque cosa.

Si lasciò cadere sui cuscini accanto a Eva. «Raccontaci tutto.»

«Non voglio parlarne.» Eva rabbrividì. «È stato talmente brutto che la sola idea di ricordarlo mi fa stare male.»

Frankie versò nel vaso uno speciale preparato nutritivo. «Dicci almeno dove ti ha portata.» Si fermò perché Matt era emerso sulla terrazza seguito da Jake.

Eva e Frankie lanciarono delle occhiate ansiose nella sua direzione.

Sapevano della conversazione che si era svolta nel suo ufficio e anche che da allora lei non aveva più rivisto Jake. La stava evitando e Paige trovava la cosa oltremodo imbarazzante.

Perché era venuto lì adesso? E con Matt? Pensava di avere bisogno di essere difeso?

Frankie si tirò in piedi, protettiva come una guardia del corpo. «Credevo che fosse la serata del poker?»

«Del biliardo, ma due dei ragazzi sono stati costretti a disdire per via del lavoro. Allora abbiamo pensato di venire qui a berci una birra con vista. Sempre se non disturbiamo.»

Sì, pensò disperatamente Paige. *Disturbate.* Era stanca e si era pregustata una serata di relax in compagnia delle sue amiche. L'intrusione di Jake proprio non ci voleva. Stargli vicino era tutto meno che rilassante. Per la seconda volta in vita sua, si era umiliata davanti a lui. Nemmeno tutti i fiori, le candele profumate e il vino bianco freddo del mondo avrebbero potuto cancellare quella realtà.

Matt posò la bottiglia di birra sulle assi del patio. «Abbiamo interrotto una riunione informale della *Urban Genie*?»

«No. Eva ci stava raccontando gli ultimi sviluppi della sua vita sentimentale.» Paige sperava che quello fosse sufficiente a metterli in fuga.

Invece, Matt si sedette. Dal momento che tecnicamente la terrazza era sua, lei non poteva nemmeno protestare.

«Hai una vita sentimentale, Ev? Aggiornaci.»

«Non ci vorrà molto, perché è stato molto breve. E assai poco dolce. Meglio stenderci sopra un velo pietoso. È stato il punto più basso della mia storia personale.» Eva si accasciò sul cuscino. «Ditemi che non sono l'unica ad aver avuto un appuntamento imbarazzante. Paige? Qual è stato il tuo più tragico incidente con un uomo?»

Si stavano accumulando. E coinvolgevano tutti Jake.

Lui si era fermato tra le ombre ai margini della terrazza e, anche se non riusciva a distinguere il suo viso, lei sapeva che la stava guardando.

Per anni aveva sperato che la baciasse e, ora che lo aveva fatto, desiderava che non fosse successo, perché ogni singolo dettaglio erotico si era impresso a fuoco nella sua mente.

«Parlaci di questo appuntamento, Ev.» Fortunatamente Matt la tolse dal centro dell'attenzione.

«Mi ha portata in un fight club e io *detesto* tutte le forme di violenza.» Eva ripiegò le gambe sotto di sé, sprizzando indignazione da tutti i pori. «Come gli è venuto in mente? Come ha potuto pensare che fosse il posto giusto per un appuntamento da sogno?»

Paige saettò un'occhiata in direzione di Jake e distolse subito lo sguardo.

Una parte di lei era arrabbiata. Perché l'aveva baciata? Se era vero che l'aveva fatto per distrarla, avrebbe dovuto usare qualche altro metodo. Sapendo quello che aveva provato per lui da ragazza, si sarebbe *dovuto* inventare un sistema diverso, anche solo per delicatezza nei suoi confronti.

Come si sarebbe evoluto il loro rapporto? Era possibile riportare indietro le lancette dall'intimità all'amicizia? Doveva assolutamente dimenticare le sensazioni che aveva sperimentato sotto l'avido assalto della sua bocca e le carezze erotiche delle sue dita.

Se baciava sempre così, c'era da stupirsi che metà delle donne di New York non fossero andate a fuoco.

«Appuntamento da sogno?» Matt ripeté quelle parole con un sogghigno divertito. «Ehi, Jake, qual è la tua idea di un appuntamento da sogno?»

«Una notte di sesso bollente, sfrenato, preferibilmente con tre gemelle svedesi che sono in città solo per un giorno.»

Paige serrò la presa sul bicchiere ed Eva si affrettò a cambiare argomento.

«Matt, se dovessi uscire con me, dove mi porteresti? Per favore, non dire anche tu in un fight club.»

«Non uscirei mai con te, Ev.»

Eva si inalberò. «Perché no?»

«Perché ti conosco da quando avevi quattro anni.»

«Stai dicendo che non sono carina?»

«Sei molto carina.» Matt impugnò il collo della sua bottiglia di birra. «Però sarebbe come uscire con mia sorella.»

«E Frankie?»

Ci fu una breve esitazione, poi Matt si portò la bottiglia alle labbra. «Lo stesso.»

Qualcosa nel suo tono, nella sua postura diede a Paige la sensazione che non fosse lo stesso, ma si guardò bene dal dirlo.

Suo fratello aveva diritto di fare quello che voleva e lei aveva già abbastanza problemi di suo.

Delusa, Eva spostò lo sguardo su Jake. «Tu usciresti con una di noi, Jake?»

«Certo che no» disse immediatamente Matt con aria divertita. «Tanto per cominciare, vi conosce anche lui da un sacco di tempo e poi sa che io lo pesterei come una bistecca se si azzardasse a sfiorarvi con un dito.»

Paige smise di respirare.

I suoi occhi incontrarono quelli di Jake nella penombra e capì che lui stava pensando a quello che era successo nell'ascensore, quando aveva fatto ben più che sfiorarla con un dito.

«Visto che non usciamo con nessuno e se Jake riuscisse a staccarsi dalle sue gemelle svedesi, uno di questi weekend dovremmo andare a fare un picnic a Central Park, noi cinque insieme.» Matt continuò a parlare, ignaro della tensione tra loro due. «Potremmo camminare, mangiare i deliziosi manicaretti preparati da Eva, ascoltare jazz, perfino fare un giro in barca sul lago...»

Frankie gli lanciò un rapido sorriso. «È una bella idea.»

«Io non posso.» Il tono di Jake non lasciava adito a dubbi e Matt si accigliò.

«Non ho ancora fissato una data, quindi come diavolo fai a sapere che non puoi?»

«In questo periodo sono molto impegnato.»

Paige si sentì calare addosso un velo di tristezza.

Sapeva esattamente perché Jake non poteva e la cosa la faceva stare male e anche arrabbiare un po'.

Era stato *lui* a baciarla, non il contrario.

Questa situazione l'aveva creata lui.

Il futuro che aveva davanti era disseminato di situazioni simili a questa... sgradevoli, imbarazzanti, patetiche.

Aveva bisogno di incontrare qualcuno. Avrebbe dovuto portare qui un ragazzo molto sexy e ridere e scherzare con lui, in modo che Jake vedesse che era felice.

Doveva smettere di pensare a lui.

Doveva smettere di pensare a quello che era successo dentro quel dannatissimo ascensore.

La conversazione proseguiva, alimentata soprattutto da Frankie e Matt.

«Che hai fatto oggi, Matt? Se non sbaglio dovevi incontrare un nuovo cliente.»

«Ho presentato un progetto a un tizio dell'Upper East Side che ha più soldi che gusto.»

Frankie si pulì le dita dal terriccio. «Hai chiuso il contratto?»

«Non ho ancora deciso. Domani lo incontrerò di nuovo. Andremo a visitare dei siti. Voglio passare un po' di tempo con lui per capire quante rotture di scatole potrebbe darmi.»

Paige si domandò come doveva essere poter selezionare i clienti. «Quando uno arriva al punto in cui sente di poter dire no? A me sembra impossibile.»

«Ti succederà. Un giorno, guardando la tua agenda, ti renderai conto che stai facendo giochi di equilibrismo e capirai di non poterti spingere oltre un certo limite. Poi qualcuno ti chiederà di fare una cosa che non ti sembra giusta e capirai che la tua reputazione è importante, che vuoi fare cose che abbiano un significato. Così, comincerai a scegliere i lavori in base a questo.»

Frankie lo fissò. «Tu rifiuti dei lavori?»

«A volte. Quando l'intuito mi dice che un cliente non sarà mai soddisfatto. Se devo passare più tempo a disfare che a fare, non mi interessa.»

Il cellulare di Paige iniziò a squillare e lei si alzò per recuperare la borsa, ma nel momento in cui lo prese in mano ammutolì.

«Niente numero.» Controllò la lista delle chiamate perse. «Chissà chi...»

In quella, partì la suoneria di Eva e lei rispose subito. «Sì? Pronto?» Ci fu una pausa. «Matilda? Sei tu? Ti abbiamo chiamata milioni di volte! Perché non hai...» Si interruppe e spalancò la bocca. «Stai *scherzando?!*»

«Cosa?» Paige si sedette accanto a Eva, preoccupata. «Cosa è successo? Dove è stata? Dille che possiamo darle da lavorare. Ci inventeremo qualcosa.» Era divisa tra il sollievo che Matilda avesse finalmente chiamato e i sensi di colpa per non essere riuscita a impedire che Cynthia la licenziasse.

«Aspetta... ssh, non riesco a sentire...» Eva le voltò la schiena, scostandosi un po', e Frankie roteò gli occhi.

«Ci sono volte che potrei strozzarla. E tu?»

Paige voleva notizie di Matilda. Si mosse per entrare nel campo visivo di Eva e articolò un: *Come sta?*, ma lei scosse la testa e si tappò l'altro orecchio per sentire meglio.

«Abbiamo saputo che Chase Adams ha preteso il tuo licenziamento.» Rimase in ascolto. «Lui *cosa*? Ma chi può fare una cosa simile?»

«Un bastardo imbecille, ecco chi» mugolò Frankie. «Perché fa delle domande così scontate?»

Jake inarcò le sopracciglia. «Chase è un ottimo uomo d'affari, non un imbecille.»

«Ha fatto licenziare Matilda. Il che significa che è un imbecille. *E* un bastardo.»

«Ssh...» Eva agitò la mano per farli tacere. «Ripeti l'ultima parte, Matilda, dal momento in cui ti è caduto il cellulare nella vasca...»

Paige sorrise. Questo era tipico di Matilda.

Frankie scosse la testa, esasperata. «Chi si porta il telefonino in bagno? E poi si meraviglia perché le capitano così tanti incidenti...»

Paige stava guardando Eva. Non diceva niente, si limitava ad ascoltare, ma i suoi occhi si stavano riempiendo di lacrime.

«Matilda...» le si era strozzata la voce, «... io... non so cosa dire.» Le lacrime le rotolarono sulle guance e Paige avvertì una stretta al cuore.

Evidentemente era ancora peggio di quanto avesse temuto. Molto peggio.

Allungò la mano. «Passamela. Le voglio parlare. Dammi il telefono, Ev.» Era determinata a rimettere le cose a posto. Avrebbe dato un lavoro a Matilda, anche a costo di cenare con una minestra in scatola per il resto dei suoi giorni. «*Ev!*»

«Che diamine, aspetta!» Ev mantenne la presa sul cellulare, asciugandosi il viso con la mano libera mentre ascoltava. «Certo. Sì, proprio così. Abbiamo aperto la nostra compagnia. L'abbiamo chiamata *Urban Genie*. Avevamo intenzione di offrirti un lavoro... lo so! Incredibile. Va bene, ci vediamo presto. Sarà così strano. Ci parlerai ancora?»

Frankie emise una sorta di ringhio. «Sarà strano quando le spezzerò le dita per portarle via quel dannato telefono. E perché Matilda non dovrebbe parlarci? È stata Cynthia a licenziarla, non noi.»

Eva troncò la comunicazione. «Be'! Chi se lo sarebbe mai aspettato? Pazzesco.»

«Conto fino a tre» disse Frankie in tono minaccioso. «Poi sei morta. Non avrai altri avvertimenti.»

«Perché hai chiuso?» Paige era frustrata. «Perché non le hai detto che abbiamo un lavoro per lei?»

«Perché non ne ha bisogno.» Eva aveva lo sguardo fisso nel vuoto. «Sta bene.»

«Ha trovato un altro lavoro? Dove? Come? Cosa fa?»

«Le hanno pubblicato il libro.»

Lo spirito di Paige si risollevò immediatamente. «Ma è meraviglioso! Sono così contenta per lei. Però, essendo un'autrice sconosciuta, non credo che ne ricaverà abbastanza da potersi permettere di non lavorare più. Avrà ancora bisogno di...»

«Non ha bisogno di niente.» Eva si asciugò di nuovo gli occhi. «Voi ridete di me, ma questa è la prova provata che i lieto fine avvengono anche nella vita reale, come nei film e nei romanzi.»

«Va bene, una casa editrice le ha fatto firmare un contratto, ma...»

«C'è dell'altro.» Eva tirò su col naso. «È la storia più romantica che abbia mai sentito. Dopo l'incidente con lo champagne, Cynthia l'ha mandata via. È per questo che non riuscivamo a trovarla. Disperata, lei si è cambiata e si è diretta verso l'ascensore, dove ha trovato... indovinate chi? Chase Adams. Però non sapeva chi fosse...»

«Solo Matilda poteva non riconoscere Chase Adams.»

«Non ho finito.»

«Allora finisci, prima che moriamo di vecchiaia.»

«Questa storia è più bella di una fiaba. Voglio gustarmela un po' alla volta, quindi non fatemi fretta. Dunque, lei non sapeva chi fosse, ma tra loro si è sviluppata un'alchimia incredibile e alla fine ha accettato di andare a casa sua.»

«È andata a casa di un tizio che aveva incontrato in ascensore?» Frankie non credeva alle proprie orecchie. «È quasi peggio di te. Per favore, dimmi che a un certo punto ha scoperto chi era e gli ha dato un pugno sul naso.»

«Si sono innamorati.» Eva aveva di nuovo gli occhi lucidi. «Scusate, ma sono così felice. Questo dimostra che quando una cosa è giusta, è giusta. Non hai bisogno di passare anni con un uomo per capirlo.»

«Cosa? Aspetta un secondo.» Paige era confusa. «Stai dicendo che ha incontrato Chase Adams, si è innamorata e...»

«... e adesso vivranno felici e contenti fino alla fine dei loro giorni.»

Frankie era incredula. «Sapeva che è stato lui a chiedere a Cynthia di licenziarla?»

«Non è vero niente.» Il sorriso beota di Eva si spense. «E a lui non importava un fico secco dello champagne. Non ci avrebbe neanche fatto caso... finché Matilda non gli ha detto che Cynthia l'aveva licenziata. A quel punto, si è infuriato e per rappresaglia ha cancellato il contratto con la *Star Events*.»

Ammutolita dalla sorpresa, Paige assorbì la verità. «Questo significa che... Cynthia ha mentito. Un'altra volta?»

Matt andò in cerca degli occhi di Jake. «Noi ve lo avevamo detto che Chase non avrebbe mai potuto fare una cosa simile. Non è il suo stile.»

«Ma... perché Cynthia avrebbe dovuto raccontarmi una balla?» Non appena lo disse, Paige capì. «Perché non voleva assumersi la responsabilità della sua decisione. Perché è una vigliacca.»

«Però, sia pure indirettamente, noi abbiamo perso il lavoro a causa di Chase.» Frankie emise una breve risata. «C'è una certa simmetria in questa cosa. Probabilmente dovremmo essere arrabbiate con lui.»

«No, dovremmo ringraziarlo.» Paige si alzò. «Se non avessimo perso il lavoro, adesso la *Urban Genie* non esisterebbe. E sono al settimo cielo dalla gioia per Matilda. Dov'è stata tutto questo tempo?»

«Tappata nella villa al mare di Chase negli Hamptons, facendo sesso sulla spiaggia e scrivendo il suo nuovo romanzo. Dopo il tuffo nella vasca, il suo cellulare non funzionava più e ovviamente, quando ha chiamato la *Star Events* per mettersi in contatto con noi, non hanno voluto darle i nostri dati personali. Chase le ha comprato un enorme diamante da *Tiffany*. E li vedremo abbastanza presto perché verranno all'evento di Jake.»

Paige lanciò un'occhiata a Jake. «Non l'avevi menzionato.»

Lui scrollò le spalle. «Chase Adams era nella lista degli invitati. Non sapevo che avesse accettato e non ho idea di chi sia questa Matilda.»

Matt posò la birra. «Devi essere eccitata, Paige. Questo sarà il vostro primo grande evento.»

Eccitata? Avrebbe voluto morire. In quel momento riusciva a pensare solo che ci sarebbe stato anche Jake e tutto sarebbe stato terribilmente imbarazzante.

«Certo che è eccitata. Siamo tutte eccitate!» Eva saltò in piedi, riempiendo il silenzio con la sua voce vibrante. «E rivedere Matilda sarà meraviglioso.»

Questo era vero. Consapevole che tutti la stavano guardando, Paige annuì. «Sì, meraviglioso.»

Doveva andare avanti e scordarsi quello che era successo.

Doveva trattare Jake come un normale cliente. Niente di più.

Sarebbe stata cortese, professionale ed efficiente.

E si sarebbe tenuta alla larga dagli ascensori.

. 11 .

> *Se la vita ti manda dei limoni,*
> *fatti dare l'indirizzo del mittente.*
>
> Eva

Paige fece un giro sulla terrazza del palazzo di Lower Manhattan, controllando che fosse tutto in ordine.

Era difficile da credere, ma settimane di duro lavoro stavano per giungere a compimento.

La squadra ingaggiata da Frankie, dopo aver testato le luci, stava dando i tocchi finali alla struttura che avevano montato. Frankie, con addosso un paio di jeans e i fieri capelli rossi raccolti in una pratica coda di cavallo, dirigeva le operazioni con piglio da guerriera. Aveva attrezzato una stazione di lavoro composta da due lunghi tavoli dove le composizioni floreali venivano estratte dai loro involucri di cellophane e preparate.

Paige doveva ammettere che quello che avevano disegnato insieme era davvero speciale.

Sull'altro lato della terrazza, Eva arringava una piccola folla, spiegando esattamente al personale del posto e ai dipendenti di *Delizie del Palato* che cosa ciascuno di loro avrebbe dovuto fare.

Gli ascensori erano stati trasformati in bozzoli futuristici, pronti a trasportare gli invitati nel futuro. Uscendone, le persone si trovavano davanti due tunnel sapientemente illuminati e, dopo averli percorsi, entravano nel nuovo mondo della cyber technology.

Non c'era una singola possibilità che Paige non avesse preso in considerazione. Qualunque accidente si fosse abbattuto su di loro, avrebbe saputo porvi rimedio.

Jake diceva che era impossibile controllare tutto, ma lei questa cosa ce l'aveva in pugno.

Oltre al piano A, aveva un piano B e C.

Era prevista pioggia, ma, secondo gli ultimi bollettini, il temporale sarebbe arrivato dopo la conclusione dell'evento. In ogni caso, loro erano preparate. Avrebbero chiuso le porte di vetro e portato tutti al coperto.

«È l'ultima volta che faccio dei canapè rotondi» disse Eva in tono lamentoso, raggiungendola. «Quando chiudo gli occhi, vedo dei cerchi e temo che continuerò a vederli anche nel sonno.»

«Hanno un aspetto molto appetitoso. Sei fantastica, Ev.»

Frankie si avvicinò e bastava guardarla per capire che era stanca. «Negli ultimi due giorni non ho fatto che salire e scendere da quella scaffalatura. Ho i muscoli che bruciano, ma i miei amici fanatici della palestra dicono che è un bene.»

«È tutto perfetto. Ora mancano solo gli ospiti.» Paige allungò la mano, togliendole un baffo di terra dalla guancia. «Sarà anche il caso di cambiarci, perché in questo momento lo staff della *Urban Genie* ha un'aria, ehm, troppo... urbana. Dobbiamo apparire fresche e rilassate. Come se avessimo messo in piedi questa cosa mentre ci limavamo le unghie.»

Paige si avviò con i nervi a fior di pelle verso lo stanzino che avevano riservato al loro uso privato.

Lei ed Eva si misero due identiche gonne nere al ginocchio e le scarpe con i tacchi, mentre Frankie, che odiava le gonne, aveva optato per un paio di eleganti pantaloni da sera neri. Ciascuna aveva una camicia di colore diverso con la scritta *Urban Genie* ricamata in argento sul taschino.

Quella di Paige era nera, quella di Eva blu notte e quella di Frankie verde carico, un colore che metteva in risalto la sua chioma fiammeggiante.

Paige guardò le sue amiche e si commosse.

«Sono così orgogliosa di voi. Di *noi*. Vi rendete conto di cosa stiamo facendo? Voi avete lavorato in un modo incredibile e la nostra compagnia sarà un grande successo. Grazie per aver detto sì a questa avventura, a dispetto dei rischi.»

Frankie arrossì. «Abbiamo detto sì perché ci fidiamo di te. Sei la persona più determinata e concentrata che conosco. Hai grinta da vendere e io ti ammiro per questo. Se c'è qualcuno che può farlo funzionare, quella sei tu.»

«Vi fidate perché siamo amiche.»

«Più che amiche. Tu, Eva, e Matt... perfino Jake. Siete famiglia. La famiglia che mi sarebbe piaciuto avere.»

Per Frankie, era un discorso insolitamente emotivo. Eva le prese la mano, impadronendosi anche di quella di Paige.

«Sarà incredibile, lo sento. Adesso andiamo di là e stendiamoli tutti.»

«In senso figurato, mi auguro» borbottò Frankie, «perché non vorrei iniziare la mia carriera di imprenditrice con una denuncia per aggressione e lesioni personali.» Tuttavia, diede una stretta alle loro mani prima di girarsi verso la porta.

Paige si domandò se era l'unica ad avere le ginocchia che tremavano.

Non sapeva se era più nervosa per l'esordio della *Urban Genie* oppure a causa della presenza di Jake.

Voleva disperatamente che andasse tutto bene.

Non appena uscirono dallo stanzino vennero sommerse dai preparativi dell'ultimo secondo. Gli invitati cominciarono ad arrivare, prima a piccoli gruppi distanziati, poi in un flusso costante che nel giro di una ventina di minuti riempì la terrazza di voci, risate ed esclamazioni di meraviglia. Tutti avevano le teste girate all'insù e ammiravano le luci e le decorazioni floreali. Le labbra si muovevano in conversazione e le mani andavano continuamente in cerca di qualcosa da mangiare.

La zona interattiva dove era possibile provare le varie tecnologie si dimostrò molto popolare, con piccoli capannelli di persone in attesa del loro turno.

Paige si muoveva da una parte all'altra, controllando e ricontrollando tutto.

Aveva dimenticato quanto amava questa parte del lavoro. Il momento in cui giorni, settimane di impegno, discussioni, arrabbiature e preoccupazioni diventavano una realtà tangibile, di cui gli altri potevano godere. Amava circolare tra la gente... per cogliere un sorriso o un commento, per individuare i problemi prima che si manifestassero.

Amava la confusione e la responsabilità.

E stavolta la responsabilità era tutta sulle sue spalle.

Era una sensazione sorprendentemente gradevole.

Trovò una donna a cui si era rotto un tacco e le portò un paio di scarpe che tenevano pronte per casi come questo. Nere a mezzo tacco, neutre e quindi adattabili a qualunque vestito. Quando un uomo rovesciò del vino rosso sulla camicia dell'amico con cui stava chiacchierando, soccorse anche lui, portandogli una camicia pulita. Nel magazzino che aveva allestito dietro le quinte c'era un po' di tutto: scarpe e camicie di ogni numero e taglia, disinfettante e cerotti, papillon e collant di ricambio, ma soprattutto il suo cellulare, con il quale avrebbe potuto chiamare la persona giusta per risolvere qualunque tipo di problema.

Il tempo era ancora buono e una leggera brezza estiva aveva rinfrescato l'aria dopo una giornata di sole intenso. Di tanto in tanto sulla linea dell'orizzonte si scorgevano dei lampi, ma erano lontani e Paige non si preoccupò.

La pista da ballo era un fascio di colori in movimento. Argento, rosso, blu e verde si mescolavano al nero degli smoking e al bianco delle camicie.

Jake, al centro della scena, accoglieva cordialmente gli invitati. Non avrebbe avuto bisogno di muoversi, perché, appena arrivavano, le persone andavano a cercarlo, ma lui si muoveva lo stesso, circolava, parlava con tutti e, di tanto in tanto, portava qualcuno da lei. Le sue presentazioni erano sempre divertenti e molto lusinghiere.

Era facile prevedere che, dopo quella sera, la *Urban Genie* sarebbe stata molto occupata. Le avevano chiesto di organizzare eventi di ogni tipo, da lanci di prodotti a compleanni, bar mitzvah e feste per bambini.

«*Urban Genie.*» Un uomo sulla cinquantina dall'aria severa studiò la scritta ricamata sul taschino della sua camicia e annuì. «Jake mi ha detto che siete la compagnia di eventi più ricercata di Manhattan. Ha un biglietto da visita?»

Paige glielo porse e, mentre lui lo riponeva nel portafoglio, si avvicinò Eva, che le sussurrò all'orecchio: «Paige. Guarda là. Vicino alla fontana. È Matilda. Sembra una *principessa*».

Paige si voltò e vide Matilda in un abito da sera color crema, mano nella mano con un uomo molto alto e dalle spalle ampie.

«Lui la ama» disse con un filo di voce. «Si capisce da come la guarda.»

Eva sospirò. «Io voglio la stessa cosa. Non so quando accadrà, ma ho deciso: non mi accontenterò di niente di meno.»

Frankie, che si trovava nei paraggi e l'aveva sentita, non si lasciò sfuggire l'occasione di dire la sua, prima di svanire di nuovo tra la folla. «Allora preparati a restare single.»

Eva le lanciò un'occhiata esasperata. «Qual è il *suo* problema? Non riesce a vedere un lieto fine neanche quando ci va a sbattere contro!»

Paige pensò alla madre di Frankie. «Credo che quando uno non lo sperimenta tutti i giorni da piccolo, sia difficile crederci.»

«D'accordo, però adesso è qui, davanti al nostro naso. Oh, no! C'è una crisi al banco del buffet. Di' a Matilda che la raggiungerò dopo.» Eva schizzò via e Paige attraversò il terrazzo per salutare Matilda.

Pensò a quante cose erano cambiate nelle loro vite dall'ultima volta che si erano viste.

Chase Adams aveva un'aria fredda e distante, ma, appena Matilda li presentò, il suo atteggiamento cambiò.

«Matilda parla molto bene di te» disse, stringendole la mano. «Dice che sei una compagna di lavoro ideale.»

Paige arrossì. «Matilda è troppo generosa.»

«Sono così felice di vederti!» Matilda l'abbracciò di slancio, rovesciando il calice di champagne, che cadde nella fontana.

Chase lo recuperò senza fare commenti. «Ho saputo che avete perso il lavoro per causa mia.» Posò il bicchiere fuori dal raggio di azione di Matilda. «Non mi scuserò per aver rescisso il contratto, perché il modo in cui hanno trattato Matilda era inaccettabile, però mi dispiace che ci siate andate di mezzo voi.» Il suo sguardo era diretto e Paige apprezzò la sua franchezza.

«In realtà, ci hai fatto un favore. Se non ci avessero licenziate, non ci saremmo mai imbarcate in questa avventura. E hai ragione circa il modo in cui hanno trattato Matilda, è inaccettabile.» Il pensiero di come doveva essere stato per lei la faceva stare ancora male, anche se non avrebbe potuto fare niente per evitarlo. «Quella notte l'ho cercata, ma...»

«Lo so.» Lui sorrise, diventando di colpo più umano e avvicinabile. «Mi ha raccontato tutto. Anche sulla *Urban Genie*. Come vanno le cose? È un settore dove c'è molta concorrenza.»

Paige decise che la sincerità meritava sincerità. «L'inizio è stato terribile, ma noi speriamo che, dopo oggi, la situazione migliori.»

Matilda lo tirò per la mano. «Chase...»

Lui si girò dalla sua parte, immediatamente attento. «Tesoro...»

«Ti va di fare una cosa per me?»

«Certo, lo sai già» mormorò lui con voce dolce, intima. «Di che si tratta?»

«Dirai ai tuoi amici di servirsi della *Urban Genie*? Paige è fantastica.»

Paige si domandò come avrebbe reagito, un uomo del calibro di Chase, sentendosi dire come doveva gestire i suoi affari, ma lui si mostrò più divertito che altro.

«Naturalmente. Lo avrei fatto comunque.» Si voltò di nuovo verso Paige, soppesandola con lo sguardo. «Siete in grado di gestire un evento di grandi dimensioni, nel caso arrivasse?»

«Sì» rispose lei senza esitazioni. «Abbiamo già una lista di fornitori di fiducia e io ho molti contatti. Possiamo far fronte a qualunque evenienza.»

«Bene. Allora sono certo che sarete impegnatissime.»

Matilda gli gettò le braccia al collo. «Sei il migliore!»

Chase le diede un bacio sui capelli. «Vuoi un altro po' di champagne?»

«Ne avevo un calice pieno un minuto fa. Non so dove sia finito...» Matilda si guardò attorno, confusa, e Chase rise.

«Nella fontana. Non preoccuparti. Jake Romano non andrà in rovina per questo. E, parlando di Jake, devo assolutamente presentartelo. Lieto di averti conosciuta.» Rivolse un cenno a Paige. «Se ti serve qualcosa, chiamami quando vuoi.»

Lui e Matilda si allontanarono e, due secondi dopo, Paige si ritrovò stretta fra Eva e Frankie.

«Allora?» chiese Frankie, asciutta. «Può andare bene per lei?»

Paige, che li stava ancora seguendo con lo sguardo e provava un po' di invidia nei loro confronti, annuì. «Sì.»

«Quella è la vera faccia dell'amore» disse Eva in tono sognante. «Ammettilo, Frankie, guardandoli si scioglie perfino la pietra che hai al posto del cuore.»

«Non sono in vena di *scioglimenti*» ribatté Frankie, piatta. «E lui è meglio che stia attento, perché se la fa soffrire se la dovrà vedere con me.»

Eva la guardò, visibilmente contrariata. «Non la farà soffrire. Hai visto come la guardava? E il modo in cui ha recuperato quel calice di champagne, senza dirle niente? La *adora*. Ha rotto con la *Star Events* per vendicarsi di come l'avevano trattata. Che altro deve fare, uno, per convincerti? Io sono già pazza di lui.»

«Tu sei pazza di tutti.» Ma la voce di Frankie si era ammorbidita. «E va bene, sì, lo riconosco: sono carini. Mi piace soprattutto il fatto che lui sembri incantato dalla sua goffaggine.»

«E lei può finalmente portare i tacchi, perché lui

sfiora i due metri. Sono felicissima che sia tornata a New York. Significa che potremo vederla spesso.» Eva attraversò la terrazza a passo di danza e Frankie scosse la testa rassegnata.

«Pensa che la vita sia una fiaba.»

«Non è così.» Paige osservò Eva che entrava in azione, distribuendo con identica solerzia cibo e sorrisi raggianti. «È capace di trarre il meglio da ogni momento. Crede nell'amore, però sa che esiste il male, che succedono cose molto brutte. La morte della nonna è stato un colpo terribile per lei, ma ciò nonostante ha continuato ad alzarsi alle sette di mattina per andare al lavoro. Anche quando è giù, si sforza di trovare il lato positivo in tutto quello che succede. È vero, è una sognatrice, ma è anche fieramente leale e la sua lealtà è una cosa vera. Quando Eva ama, è per sempre. Il che significa che noi due siamo molto fortunate.»

Frankie buttò fuori un sospiro e disse: «Hai ragione. Io credo nell'amicizia, soprattutto al femminile».

«Anch'io. Le amiche sono il meglio che c'è. Grazie.» D'impulso, Paige la abbracciò. «Grazie per aver fatto questa cosa con me, per aver accettato di correre il rischio. So che per te era molto grande. Ti voglio bene.»

«Ehi... piantala» bofonchiò Frankie in un tono burbero che non le impedì di ricambiare la stretta prima di staccarsi da lei. «Non diventarmi emotiva anche tu. Eva basta e avanza. La gente comincia ad andarsene. Vado a fare il mio dovere. *Arrivederci* è la mia parola preferita, dopo una serata come questa.»

Paige rimase là ancora un momento, riflettendo sull'imprevedibilità della vita.

Chi avrebbe mai immaginato che quel licenziamento in tronco potesse diventare la cosa migliore che era mai successa a Matilda?

E che loro tre, lei, Eva e Frankie, se la sarebbero cavata così bene dopo aver perso il lavoro?

La *Urban Genie* esisteva solo perché a un certo punto il destino le aveva messo un bastone tra le ruote.

Era stato un cambiamento forzato, ma si era rivelato molto positivo.

Invece di opporre resistenza, avrebbe dovuto abbracciarlo.

Cosa aveva detto Jake?

A volte bisogna lasciare che la vita accada.

Forse avrebbe dovuto provarci più spesso.

Avrebbe dovuto cominciare a uscire con gli uomini e sperare di trovarne uno capace di farle spuntare sul viso lo stesso sorriso che aveva Matilda quando guardava Chase.

Forse un giorno, facendo il bilancio della sua vita, avrebbe capito che *non* mettersi con Jake era stata la cosa migliore che potesse capitarle, perché se fosse stata con lui non avrebbe incontrato...

Chi?

Esisteva sulla faccia del pianeta un altro capace di farla sentire come si sentiva accanto a Jake?

Si avvicinò al bordo della terrazza e, posando la mano sulla ringhiera, contemplò la città che amava.

Le luci di Manhattan scintillavano come una miriade di stelle sulla volta inchiostrata del cielo e adesso che finalmente gli ultimi invitati si stavano avviando verso gli ascensori si diede il permesso di assaporare il momento.

«Tempo di rilassarsi e festeggiare un po', penso.» La voce di Jake risuonò all'improvviso dietro le sue spalle e, girandosi, se lo trovò davanti con in mano due calici di champagne. Gliene porse uno e brindò: «Alla *Urban Genie*».

«Quando lavoro non bevo mai.» E, fintanto che c'era Jake, era lavoro.

Non sarebbe stata tanto stupida da abbassare la guardia un'altra volta.

«Non è rimasto nessuno. Non stai più lavorando. Il tuo compito è finito.»

«Io smonto di servizio quando tutto è in ordine.» Il giorno dopo avrebbero analizzato tutto quello che avevano fatto e che era successo, smontando ogni sezione dell'evento in modo da individuare i punti deboli e farne tesoro per la prossima volta.

«Non credo che un calice di champagne possa impedirti di supervisionare quest'ultimo passaggio. Congratulazioni.» Lui fece tintinnare il bicchiere contro il suo. «Spettacolare. Hai già qualche risultato, in termini di nuove proposte?»

«Diversi. Il primo è una festa per una gravidanza, sabato prossimo. Il tempo è poco, ma è una buona occasione.»

Lui non sembrava molto convinto. «Una gravidanza è una buona occasione?»

«Sì, soprattutto perché la donna che la organizza è amministratore delegato di una compagnia che importa alta moda francese e italiana. Comunque, per come la vedo io, tutti i lavori sono buoni.»

«Chase Adams è rimasto colpito. Domani, comincerà a far circolare la voce che la *Urban Genie* è la migliore compagnia di eventi e servizi di Manhattan. Preparati a essere molto indaffarata.»

«Sono pronta.»

Le lodi di Jake le scaldarono il cuore.

Erano una accanto all'altro e quando, portandosi alle labbra il bicchiere, lui le sfiorò il braccio con la manica della giacca, venne scossa da un brivido.

Jake si girò a guardarla e per un attimo le sembrò di scorgere una scintilla nei suoi occhi, ma poi lui riportò lo sguardo in avanti e lei fece lo stesso, rossa come un pomodoro. Lo aveva fatto di nuovo. Si immaginava cose che non esistevano.

Doveva piantarla.

Subito.

Non si sarebbe più resa ridicola. Non avrebbe più messo in imbarazzo *lui*.

Si voltò di nuovo dalla sua parte, ma Jake aveva lo sguardo fisso sul grattacielo di fronte e un'espressione neutra sul viso.

«Grazie» disse a voce bassa.

«Per cosa?»

«Per averci chiesto di fare questa cosa. Per averci dato carta bianca e un budget illimitato. Per esserti fidato di noi. Per aver invitato i personaggi più influenti della città. Per aver fatto di *Urban Genie* una realtà.» Mentre lo diceva, si rese pienamente conto di quanto gli doveva. «Non mi piace accettare aiuto da...»

«Lo so, ma qui è accaduta una cosa diversa. Questa è opera tua, Paige.»

«Senza di te non sarei stata in grado di farlo. Ti sono grata. Se non l'avessi suggerito, se quella sera sulla terrazza di Matt non mi avessi provocata, non mi sarei mai imbarcata in questa impresa.» Lei tirò un profondo respiro. Forse questo era un buon momento per dire quello che aveva da dire. E forse dirlo ad alta voce avrebbe aiutato entrambi. «C'è un'altra cosa...» Lo vide tendersi e si sentì in colpa, perché era brutto che lui si mettesse sulla difensiva con lei. Era proprio tempo di chiarire. «Ti devo delle scuse.»

«Per cosa?»

«Per aver letto male la situazione l'altra notte. Per aver creato dell'inutile tensione tra noi. Ero...» Lei esitò, cercando di trovare le parole giuste. «Credo si possa dire che stavo impersonando Eva. Mi ero ficcata in testa delle idee che non avevano corrispondenza con la realtà. Stavo per avere un attacco di panico e tu hai provato a distrarmi. Ora capisco. Non voglio che tu senta il bisogno di evitarmi, o di girarmi attorno in punta di piedi. Io...»

«No, non scusarti.» Lui afferrò il corrimano, stringendolo fino a sbiancarsi le nocche.

«Voglio solo mettere le cose in chiaro. È stato un bacio. Non significava niente. Un uomo e una donna bloccati dentro un ascensore, e la donna si sentiva molto fragile.» *Basta così, Paige. Adesso chiudi il becco.* «So di non essere il tuo tipo. So che non provi certi sentimenti nei miei confronti. Sono la tua sorellina. Me ne rendo conto e...»

«Oh, porca... *seriamente*?» Lui la interruppe con una specie di ringhio e finalmente si girò a guardarla. «Dopo quello che è successo l'altra notte pensi davvero che ti veda come una sorella minore? Pensi che avrei potuto baciarti in quel modo, se ti considerassi una sorella?»

Lei lo fissò, il cuore che le batteva veloce nel petto. «Ero convinta... avevi detto... pensavo che mi vedessi così.»

«Sì, be', ci ho provato.» Lui emise una risatina forzata e svuotò quel che restava del suo champagne. «Dio sa se ci ho provato. Mi sono inventato di tutto, tranne chiedere a Matt una foto di te bambina da attaccare al muro, ma niente funziona. Vuoi sapere perché? Perché provo dei sentimenti, tu non sei piccola e non sei la mia dannatissima sorella.»

Lo shock la colpì con la potenza di un fulmine.

La terrazza si era svuotata. Erano rimasti soltanto loro due e le luci di Manhattan. I suoi grattacieli, muti, giganteschi testimoni del momento, avvolti in un'oscurità rotta solo da qualche finestra illuminata.

Le nubi temporalesche si stavano addensando sulla

città, creando ombre minacciose nel cielo.

Nella ventata che li investì c'era odore di pioggia.

Paige non ci fece caso. Se il cielo le fosse crollato sulla testa, non avrebbe battuto ciglio.

La sua bocca era talmente secca che dovette compiere uno sforzo per articolare le parole. «Ma se è questo che provi... se... hai dei sentimenti, perché continui a dire...» Si impappinò, confusa. «Perché non hai mai fatto niente al riguardo?»

«Tu che pensi?» Nella voce di Jake si era insinuata una nota di cinica amarezza che mal si adattava alla natura della conversazione. I pezzi non combaciavano. Paige non riusciva a pensare. Il suo cervello non funzionava più.

«Per via di Matt?»

«In parte. Mi prenderebbe a pugni e non lo biasimerei.» Lui si guardò le mani, fissandole come se non gli appartenessero. Come se avesse paura di quello che avrebbero potuto fare.

«Perché non sei interessato alle relazioni... o meglio, complicazioni, come le definisci tu?»

«Esatto.»

«Ma il sesso non deve necessariamente trasformarsi in una relazione. Può essere soltanto sesso. L'hai detto tu stesso.»

«Non con te.» Lo disse con asprezza, in tono che non ammetteva repliche, e lei fece un passo indietro, scioccata. Spesso litigavano, si stuzzicavano a vicenda, ma non aveva mai sentito una simile durezza nella sua voce.

«Perché? In che modo sono diversa?»

«Non posso scoparti e sparire dalla circolazione, Paige. Non esiste.»

«A causa della nostra amicizia? Perché temi che poi diventerebbe imbarazzante?»

«Anche questo, sì.»

«Anche? Che altro?» Lei lo fissava, sbalordita.

Lui rimase in silenzio.

«Jake? Che altro?»

Lui masticò un'imprecazione. «Perché ti voglio bene. Perché non voglio farti soffrire. Il tuo cuore è stato già danneggiato abbastanza. Non ha bisogno di altre botte.»

Le prime gocce di pioggia cominciarono a cadere.

Paige non se ne accorse.

La sua mente ribolliva di domande. Dove? Cosa? Perché? *Quanto?* «Quindi tu... aspetta...» Fece uno sforzo nel tentativo di dare un senso a quella rivelazione. «Stai dicendo che mi hai protetta? No. Non può essere vero. Tu sei l'unico che *non* mi protegge. Quando tutti gli altri mi avvolgono nella bambagia, tu mi getti le cose in faccia come se stessimo facendo un incontro di boxe.» Non la proteggeva. Impossibile. Non Jake.

Attese una parola di assenso, la conferma che non aveva mai cercato di proteggerla.

Lui non aprì bocca.

Lei avvertì un dolore alla fronte e si massaggiò il punto con le dita. Il temporale si stava avvicinando... poteva sentirlo, e non soltanto nel cielo sopra di loro.

«Io so che per non essere protetta devo venire da te.» Si sforzò di mantenere la concentrazione, di esaminare le informazioni che aveva in modo oggettivo, ma alla fine scosse la testa. «Anche quando ci hanno licenziate, Matt è stato comprensivo, tu brutale. Ero sull'orlo delle lacrime, ma poi tu mi hai fatta imbestialire e...» Si interruppe, folgorata da un lampo di comprensione. Sentì il sangue che le defluiva dal viso. «L'hai fatto apposta. Mi hai fatta arrabbiare di proposito.»

«Quando sei arrabbiata, reagisci meglio» disse lui, piatto. «E in quel momento dovevi reagire.»

Non cercava neanche di negare.

L'aveva provocata. L'aveva galvanizzata ad agire.

«Tu metti in dubbio tutte le idee che mi vengono.» Lei si sentiva stordita. «Quando dico che una cosa è bianca, tu dici che è nera.»

Lui rimase in silenzio, senza neanche prendersi la briga di contraddirla. Lei scosse di nuovo la testa, incredula.

«Mi fai arrabbiare di proposito, perché quando mi arrabbio con te non...» *Era stata completamente cieca.* Si impose di respirare, adattandosi a quella nuova prospettiva sulla sua vita. Il primo tuono esplose sopra i grattacieli dietro la sue spalle, ma lo ignorò. «Da quando? Per quanto tempo, Jake?»

«Per quanto tempo, cosa?» Lui si staccò il papillon dal collo con un gesto spazientito. Distolse lo sguardo. Aveva l'aria di uno che avrebbe voluto essere da un'altra parte, mille miglia lontano da quel posto.

«Da quanto tempo mi vuoi bene? Da quanto tempo mi stai proteggendo?» Lei incespicò sulle parole, e sul pensiero che c'era dietro.

Lui si passò le dita tra i capelli. «Sin da quando sono entrato in quella dannatissima camera d'ospedale e ti ho vista seduta sul letto con la tua maglietta di Topolino e un sorriso enorme in faccia. Eri così coraggiosa. La persona più coraggiosamente terrorizzata che avessi mai visto. E ti sforzavi di non darlo a vedere. Io ti ho sempre protetta, Paige. Tranne l'altra notte, quando ho abbassato la guardia.»

Invece l'aveva protetta anche in quei momenti. Era stata sul punto di crollare e lui era intervenuto.

«Quindi pensavi che fossi coraggiosa, ma non forte. Non abbastanza forte da potermela cavare da sola. Non capisco. Credevo che non fossi interessato... che non volessi questa cosa, ma adesso scopro...» Era davvero faticoso, comprendere l'intero processo. «Per tutto questo tempo mi hai voluto bene. E ancora me ne vuoi.»

La pioggia cadeva stabilmente adesso, bagnandole i capelli e la camicia.

«Paige...»

«Il bacio dell'altra sera...»

«È stato uno sbaglio.»

«Però era reale. Non aveva niente a che vedere con le mie scarpe, o il colore del mio rossetto. Tutti questi giorni, mesi, anni mi sono ripetuta che non ti importava di me. Ero confusa, perché l'istinto mi diceva una cosa che non trovava riscontro nella realtà. Ero arrivata al punto di convincermi di essere una povera illusa, invece... avevo ragione. Non mi sbagliavo.»

«Forse no.»

«Allora perché lasciarmelo pensare?»

«Era più facile.»

«Più facile di cosa? Di dirmi la verità? Notizia dell'ultima ora... che peraltro già sai... non sopporto, detesto, di essere protetta. Voglio vivere la mia vita. Tu sei quello che mi ha sempre esortata a prendermi dei rischi.»

«Sì, be', questo dimostra che non devi darmi retta. E adesso rientriamo, prima che ti venga una polmonite.»

Lui si staccò dalla ringhiera, ma lei gli prese il braccio.

«Rientrerò quando deciderò che è il caso di farlo.» La pioggia le stava inzuppando i vestiti, ma non aveva nessuna intenzione di muoversi. «E adesso cosa facciamo?»

«Niente. Lo so, non vuoi essere protetta, ma per me è difficile, Paige, perché mi viene istintivo. Non sono l'uomo di cui hai bisogno, non lo sono stato mai. Non vogliamo le stesse cose. Sotto c'è una macchina che aspetta di portarti a casa insieme a Eva e Frankie. Vedi di usarla.» Senza darle la possibilità di replicare, Jake girò sui tacchi e si avviò verso gli ascensori, lasciandola in piedi sulla terrazza lucida di pioggia, davanti a un altro cambiamento epocale della sua vita.

L'ennesimo colpo di scena. L'ennesima svolta inattesa. E davanti, l'ignoto.

. 12 .

*La vita è troppo breve per stare lì
ad aspettare che l'uomo faccia la prima mossa.*
Paige

Jake si strappò di dosso la giacca e la scaraventò sul divano.

Perché diavolo si era lasciato tirare dentro quella conversazione? Come gli era venuto in mente? Per un momento, forse meno di cinque secondi, aveva abbassato la guardia e tanto era bastato affinché Paige, con i suoi occhioni azzurri e la sua disarmante sincerità, passasse sotto le sue difese.

Oltre le vetrate dell'appartamento, un grande lampo disegnò uno spettacolare artiglio di luce nel cielo, ma lui continuò a vedere Paige che si scusava per aver *letto male* una situazione che in realtà aveva letto benissimo.

Avrebbe dovuto troncare il discorso seduta stante. Invece, un misterioso istinto suicida lo aveva indotto a dire qualcosa di vero e poi era stato troppo tardi per fermare la valanga.

Sentì bussare alla porta e mormorò un'imprecazione, perché poteva voler dire soltanto una cosa.

Andò ad aprire pronto a scusarsi.

Paige era là, i capelli che grondavano acqua da tutte le parti, le ciglia imperlate di goccioline luccicanti.

Jake la fissò come se fosse una droga che non doveva assolutamente toccare, diviso tra l'impulso di sbatterle la porta in faccia e la voglia di tirarla dentro. Prima che avesse tempo di prendere una decisione, lei entrò nell'appartamento.

Merda.

Con il cervello e i riflessi che funzionavano al rallentatore, lui richiuse la porta e si voltò.

Non sapeva bene quale fosse la fonte dell'attrazione che provava nei suoi confronti, però era chiaro che doveva trovare un modo di farla uscire.

Se non ci fosse riuscito, sarebbe stato costretto ad andarsene.

Condividere lo stesso spazio non era una buona idea.

Soprattutto quando lei era di umore bellicoso, cosa che la rendeva ancora più sexy. Uno sguardo alla linea del suo mento e alle nubi tempestose nei suoi occhi azzurri gli fece capire che era furibonda.

In questo stato, poteva diventare pericolosa, capace di fare cose delle quali più tardi si sarebbe pentita.

Aveva ancora addosso i tacchi a spillo e la camicia della *Urban Genie*, il che significava che veniva direttamente dalla festa.

Avrebbe dovuto mettere il catenaccio e attivare il sistema di allarme. «Come hai superato il portiere?»

«Gli ho sorriso.»

Avrebbe potuto farlo licenziare, ma aveva anche lui grande rispetto del potere del sorriso di Paige.

Sorriso che adesso era del tutto assente.

«Non è la notte giusta per andarsene in giro per la città. Dovresti essere a casa.»

«Ho delle cose da dire.»

Cose che lui era sicuro di non voler ascoltare. «Paige, è tardi e...»

«Da quando in qua questo è un problema per te? Tu

sei un nottambulo, mi pare. E io anche.»

In quel preciso momento sarebbe stato disposto ad andare in letargo, se fosse stato l'unico modo per farla uscire dal suo appartamento. «Sei bagnata fradicia.»

«Appunto, meglio qui all'asciutto che fuori sotto la pioggia.» Lei scaricò la borsa sulla sedia più vicina e si sfilò le scarpe. «Sai cos'è che mi manda su tutte le furie?»

Lui aprì la bocca per dirlo, salvo poi rendersi conto che lei non era in attesa di una risposta.

Quello era un monologo e a lui veniva chiesto solo di ascoltare in religioso silenzio. Ragion per cui, richiuse la bocca e decise di aspettare che passasse la tempesta. Quella dentro l'appartamento, non l'altra. Con fare guardingo, la osservò avvicinarsi alla vetrata che dava verso il centro di Manhattan.

«Essere protetta.» Lei si voltò. «Essere protetta mi fa letteralmente imbestialire. Credevo che lo sapessi.»

I vestiti bagnati si erano incollati alle curve del suo corpo e lui si domandò come facesse a sembrare più sexy così, scalza, che con i tacchi a spillo.

Dietro le sue spalle, oltre il vetro, il cielo era illuminato dai lampi che proiettavano uno strano alone luminescente sulla città.

Lo scenario ideale per lo stato d'animo di Paige e l'atmosfera elettrica all'interno dell'appartamento.

«Sono stata protetta per tutta la vita. A scuola, durante l'ora di ginnastica, l'insegnante mi chiedeva di continuo come mi sentivo. Se appena mi veniva un po' di fiatone, mi diceva di sedermi, di non fare quell'esercizio...» Cominciò a camminare avanti e indietro, i piedi nudi che si posavano silenziosamente sul pavimento di legno. «Facevano delle riunioni su di me e, quando arrivava un nuovo professore, veniva subito informato. Questa è Paige... ha un problema al cuore. Tienila d'occhio. Sta' attento. Non farla stancare. Se ti sembra un po' pallida, se vedi che respira male, chiama questo numero. Erano tutte regole, protocolli e sorveglianza, sorveglianza costante, mentre io volevo solo essere normale. Volevo cacciarmi nei guai arrampicandomi sugli alberi, ma non potevo. I miei genitori erano sempre preoccupati per me e io cercavo di proteggerli a mia volta, facendo finta di stare bene anche quando non era vero. E poi sono venute quelle lunghe settimane in ospedale. Le mie amiche andavano in giro in cerca del vestito giusto per il ballo della maturità, io aspettavo di farmi aprire il petto. Non mi sentivo più una persona. Ero uno stato clinico. E la cosa peggiore era non aver alcun controllo su niente.»

Jake la osservava in silenzio.

Lo faceva stare male, pensarla sola e spaventata. Gli veniva voglia di avvolgerla in una bolla protettiva, come aveva fatto la sua famiglia.

«Adesso sono adulta, il cuore non mi dà più problemi, ma i miei genitori continuano a preoccuparsi.» Gli lanciò un'occhiata. «Io lo accetto, non mi ribello, perché capisco che, anche a cinquant'anni, sarò sempre la loro bambina. Li chiamo e dico che sto benissimo. Se mi capita qualcosa di brutto, glielo tengo nascosto, perché hanno passato la vita a preoccuparsi per me e adesso hanno il diritto di passare del tempo insieme senza che io soffochi la loro felicità. Non ho bisogno di essere protetta. Voglio vivere la mia vita.» Il modo in cui lo guardò gli fece capire che quest'ultima frase era diretta a lui.

«Paige...»

«Sei stato tu a incoraggiarmi a correre dei rischi, ma non spetta a te decidere quali vanno bene e quali no. Quella è una valutazione che posso fare soltanto io, Jake. Mettitelo bene in testa.»

«Non dovresti essere qui.»

«Perché? Perché rischio di farmi male? Farsi male, soffrire fa parte della vita. Non è possibile vivere una vita piena e non soffrire mai. L'importante è vivere con coraggio. Me l'hai insegnato tu. La sera che sei entrato nella mia stanza fingendoti un dottore, la sera che mi hai regalato quel cuoricino d'argento. Ma forse te lo sei dimenticato?»

«Non ho dimenticato.» Non si era dimenticato niente.

«Mi hai fatta sentire normale. Eri la prima persona che non mi trattava come se potessi rompermi da un momento all'altro. Mi facevi ridere. Mi mettevi di buonumore. E io ti pensavo di continuo, il che era un bel cambiamento per una che fino ad allora aveva pensato solo ai medici, agli ospedali, al suo stupido cuore malato. Tu mi hai fatta sentire di nuovo una persona.» Paige emise un suono a metà strada fra una risata e un singhiozzo. «Mi hai fatto capire l'importanza di vivere nel presente, momento per momento, invece di preservarsi per un immaginario futuro. Grazie a te, decisi che non volevo più essere protetta come un prezioso servizio da tè, che viene tirato fuori solo una volta all'anno nelle occasioni speciali.»

Jake rimase in silenzio, guardandola mentre camminava avanti e indietro e si sfogava, le emozioni che fluivano come un fiume in piena.

«La notte dopo l'intervento, sola nel letto con la ferita pulsante, giurai a me stessa che avrei vissuto con coraggio. Sapevo che ti amavo ed ero convinta che anche tu mi amassi. Altrimenti perché saresti venuto a trovarmi così tante volte, per parlare e ascoltare, per portarmi dei regali e farmi ridere? Quando venni dimessa, passai una settimana a casa di Matt, perché i medici volevano avermi vicina in caso di complicazioni. Tu sei venuto a trovarmi anche lì... ricordi?»

«Sì.» Avrebbe potuto dire mille cose diverse, ma in quel momento gli uscì soltanto quel monosillabo.

«Il mio primo atto di coraggio, il primo passo nella mia nuova vita fu di dirti quello che provavo per te. Dissi che ti amavo ed ero talmente sicura di me stessa che mi spogliai prima di dirtelo. Mi sono offerta completamente e tu mi hai respinta...» La voce di Paige si incrinò e lui si passò la mano sulla faccia, incerto fra andare da lei e mantenere le distanze.

«Paige, ti prego...»

«Non sei stato crudele... anzi, eri gentile, ma in qualche modo questo lo rese mille volte peggio. Se l'umiliazione potesse uccidere, sarei morta quel giorno. Non mi capacitavo di aver preso una simile cantonata. Non riuscivo a credere di aver commesso un errore così grossolano, mettendo in imbarazzo entrambi. E dopo, il nostro rapporto cambiò, ovviamente. Perdemmo qualcosa. Qualcosa di speciale. Ho desiderato milioni di volte di non essermi esposta in quel modo, perché avevo perso più della mia dignità e dei miei sogni, avevo perso il mio migliore amico.» Andò in cerca del suo sguardo e il luccicore che lui scorse nei suoi occhi gli fece quasi più male delle sue parole.

«Io non...»

«Cominciammo a litigare, cosa che non avevamo mai fatto. A volte, avevo l'impressione che tu stessi cercando di farmi impazzire, e non lo capivo. Forse, se non fossi stato amico di mio fratello sarebbe stato più facile, perché i nostri percorsi si sarebbero divisi, invece eri sempre là, un monito costante di quello che può succedere quando si commettono errori di valutazione in amore. L'unica cosa buona era che perlomeno non mi proteggevi. O così pensavo. Dici che sono la persona più coraggiosa che conosci, ma poi insisti a proteggermi.» Lei si fermò per riprendere fiato, il respiro corto e accelerato. «Adesso ti farò una domanda e ho bisogno della tua sincerità. Ai tempi dell'ospedale, quando venivi a trovarmi sera dopo sera e stavamo ore a parlare di tutto... qualcosa la sentivi, vero? Ho trascorso anni a torturarmi dando la colpa alla mia immaginazione adolescenziale, invece tu avevi dei sentimenti. Non mi sbagliavo.»

«Non vedo che senso...»

«Dimmelo!»

Lui aveva pensato che la serata non potesse peggiorare ancora, ma adesso lo vedeva succedere davanti ai suoi occhi.

«È meglio che te ne vai, Paige. Non dovresti essere qui. Non dovremmo avere questa conversazione.»

«Decido io dove andare e cosa dire, e noi avremmo dovuto avere questa conversazione molto tempo fa. L'avremmo avuta, se tu non avessi cercato di proteggermi. Perché era questo che stavi facendo, no?»

«Avevi diciotto anni.»

«Adesso non sono più una teenager. Abbiamo sprecato un sacco di tempo, Jake.» Lei avanzò nella sua direzione, un proposito nello sguardo, le dita subito sui bottoni della sua camicia.

Oh, merda.

«E questo cosa sarebbe? Il giorno dello "scopiamoci un amico"?» La respinse, cercando di sioccarla per indurla a ritrarsi, ma lei non batté ciglio.

«Perché no?»

«Non è una buona idea.»

«È un'idea meravigliosa. Il giorno in cui mi hai respinta ho smesso di prendermi del rischi sentimentali, Jake. Me ne sono resa conto solo di recente, ma da allora sono diventata guardinga. Ho avuto alcune relazioni, ma non mi sono mai data completamente. Dopo quello che era successo con te, mi proteggevo.»

«Probabilmente è un bene.» Lui si umettò le labbra, turbato nel constatare che l'idea di Paige con un altro uomo gli dava un fastidio terribile.

«Non è un bene. Non voglio arrivare alla fine dei mei giorni e dire: "Be', perlomeno sono stata attenta". Non è così che voglio vivere. Sei stato tu a insegnarmelo.»

«Forse non dovresti più starmi a sentire.»

«Sono giunta alla stessa conclusione. È per questo che sono qui.»

«E ora che hai detto quello che avevi da dire, te ne puoi andare.»

«Chi stai proteggendo adesso, me, o te stesso?» Lei coprì la distanza che li separava. «Credevo che amassi i rischi.»

Non con lei.

Non iniziava mai qualcosa con una donna senza aver valutato tutte le possibili conseguenze. Una delle sue ex aveva osservato, piuttosto acidamente, che aveva la mentalità della guardia del corpo... prima di entrare in una stanza, controllava tutte le uscite. Era la guardia del corpo di se stesso. E tutti i suoi istinti gli stavano gridando che era un errore.

«Tu non vuoi questa cosa, Paige.»

«Non dirmi cosa voglio. Lo so io, cosa voglio e stavolta penso di sapere anche cosa vuoi tu. L'unica domanda è se sei abbastanza uomo da ammetterlo.» Era in piedi a meno di mezzo metro da lui e gli posò una mano sulla guancia, esplorando i contorni dl suo viso con la punta delle dita. «Lo sei?»

«No. Non sono abbastanza uomo.» Lui ringhiò le parole nonostante il forte desiderio. «Non ti voglio.»

«No?» Lei sorrise e abbassò la mano, coprendolo con il palmo, muovendola lentamente sulla sua erezione. «Sei sicuro?»

Lui non era in grado di parlare. Serrò la mascella, il

corpo e i sensi che rispondevano in modo inequivocabile.

Lei si alzò in punta di piedi, la bocca a un soffio dalla sua. «Non mi hai baciata nell'ascensore per distrarmi. Mi hai baciata perché morivi dalla voglia di farlo. Perché hai perso il controllo. Finalmente.»

Il piacere era incontenibile. Ardeva di desiderio.

«Forse ti voglio.» L'ammissione gli venne strappata a stento. «Però non ho intenzione di fare niente al riguardo, Paige.»

Il sorriso di lei si allargò. «Allora lo farò io. Sentiti libero di raggiungermi quando vuoi.»

Jake voleva solo tenerla al sicuro, felice, e sapeva che, immischiandosi con lui, non avrebbe trovato né sicurezza, né felicità.

Aveva spezzato diversi cuori nel corso di questi anni e si rifiutava di aggiungere il suo alla lista.

Una relazione con lui, di qualunque tipo, non era compatibile con uno stile di vita salutare.

Precipitando nel bagliore sensuale dei suoi occhi, andò in cerca di ragioni, scuse, qualunque cosa potesse farla recedere.

«Matt...»

«Voglio bene a mio fratello, ma con chi faccio sesso non lo riguarda. Riguarda soltanto me. E forse te.» Gli infilò le dita tra i bottoni della camicia e lo tirò vicino. Chiuse i denti sul suo labbro inferiore, il respiro caldo e dolce mentre faceva guizzare la lingua sulla sua bocca.

Ciò nonostante, lui resistette, anche se dovette compiere uno sforzo vigoroso per riuscirci.

«Non voglio farti soffrire.»

«Forse sarò io a far soffrire te. Però, di nuovo, c'è sempre la possibilità che non soffra nessuno. È soltanto sesso, Jake. Una notte. Sono in grado di gestirla e tu anche, credo. Smetti di pensare.»

Si spinse in avanti e lui sentì la pressione del suo seno sul torace. «Non posso fare sesso con la sorella minore del mio migliore amico.»

«Come fai a saperlo se non ci hai mai provato?»

Una volta superata quella linea non sarebbero più potuti tornare indietro.

Lui sapeva che, qualunque cosa fosse successa, niente sarebbe stato come prima. Ci sarebbero stati imprevisti, giravolte, complicazioni, e non soltanto tra loro due. C'era anche il loro gruppo di amici da considerare, ma ormai nessuna di queste cose aveva molta importanza.

Non si ricordava più per quale motivo si stava trattenendo.

Lentamente, abbassò la testa, lo sguardo fisso nel suo.

Il tempo si arrestò, prigioniero dell'intensa, fiera alchimia che vibrava tra loro.

Era brutalmente eccitato, a tal punto da avere difficoltà a concentrarsi su qualunque altra cosa.

«Non penso di poter aspettare che tu finisca di lottare con la tua coscienza.» Lei si alzò in punta di piedi e lo baciò. Il tocco della sua bocca scatenò un'onda tellurica di sensazioni che sbriciolò quel che restava dell'autocontrollo di Jake. Se la tirò contro, i sensi saturi di passione. I vestiti bagnati le aderivano al corpo, seguendone gli avvallamenti e le curve. Lui chiuse le mani sulla sua gonna e cominciò a sollevarla, lentamente, scoprendo la pelle umida delle cosce e del ventre. Era talmente eccitato che ebbe la tentazione di saltare la parte dove la spogliava e di prenderla lì, contro il muro più vicino.

Ma questa era Paige.

Paige.

L'aveva considerata off-limits per così tanto tempo

che quella di fare attenzione con lei era diventata una caratteristica del suo DNA. Le sue mani erano legate dalle contraddizioni che si fronteggiavano dentro la sua testa. Voleva possederla subito, ma anche prendersi tempo. Voleva ingozzarsi e voleva assaporare. Strapparle di dosso i vestiti e farli scivolare via uno alla volta. L'unica cosa sulla quale non aveva dubbi era che la voleva completamente. *Voleva tutto di lei.*

Sentì le sue dita sui bottoni della camicia e nel giro di pochi istanti si ritrovò a torso nudo. Lei gli posò le mani sulle spalle e lui chiuse gli occhi, assorbendo il piacere di quel dolce contatto.

«Sei forte» sussurrò lei e lui aprì la bocca per contraddirla, perché se fosse stato forte non sarebbe stato lì a fare quello che stava facendo, ma le sue mani si abbassarono, mozzandogli il fiato in gola.

«Paige...»

«A meno che non stia per dirmi che mi vuoi, non parlare.»

Gli sfiorò la mascella e il collo con le labbra morbidamente socchiuse, iniziando una lenta discesa, esplorando sensualmente la soffice peluria e la potente muscolatura del suo torace. Non aveva fretta, indugiava e gustava prima di scendere sempre più in basso.

Lui tremava di desiderio, talmente imprigionato nella rete di sensazioni che gli aveva creato attorno da rendersi conto con un attimo di ritardo che gli aveva aperto la lampo dei pantaloni.

Cercò di parlare, di dirle che non poteva farlo, ma lei lo risucchiò nel delizioso calore della sua bocca e il gemito che gli sgorgò dalla gola bloccò le parole. Le facoltà raziocinanti lo abbandonarono subito dopo, annullate dalle sapienti carezze della lingua di Paige.

Era l'esperienza più erotica della sua vita e soltanto la consapevolezza che, di quel passo, sarebbe finita subito gli diede la forza di tirarsi indietro.

Rimise in piedi Paige, riassumendo il controllo con una determinazione che le strappò un mezzo singulto.

«Ti prego, non dirmi che hai cambiato idea.»

«Hai l'impressione che l'abbia cambiata?» La prese per i fianchi e se la premette contro, togliendo spazio a ogni possibile dubbio. Lei aveva gli occhi sgranati, meravigliosamente azzurri e luminosi nelle luci soffuse dell'appartamento.

«Jake...» L'urgenza che le vibrava nella voce era tutto quello che aveva bisogno di sentire.

Le avvolse una guancia con la mano, restando incantato dal velluto della sua pelle. «Devi avere pazienza.»

«No, non voglio più aspettare. Ho già aspettato abbastanza.»

«Ne varrà la pena. Fidati.» Si impadronì della sua bocca. Tutte le ragioni per non farlo erano svanite. Continuando a baciarla, le affondò le mani nei capelli, cancellando le goccioline d'acqua che erano rimaste impigliate nelle folte ciocche. I pensieri si acquietarono, il mondo arretrò e i sensi si acuirono, registrando sfumature e consistenze mai percepite prima. Cioccolato fondente e seta, fiori tropicali e poggia estiva.

Lei tremava come una foglia, accarezzandogli delicatamente i capelli mentre si scioglieva nel suo bacio. Non ci fu il minimo imbarazzo, la minima esitazione. Come se qualcuno avesse attentamente coreografato ogni mossa. Lui se la strinse contro e sentì le sue mani che gli scivolavano sulla schiena, serrandolo come se avesse paura che potesse svanire nel nulla.

Tirandosi un po' indietro, lei si portò una delle sue mani sul seno e lui ne apprezzò la soda pienezza attraverso il sottile cotone della camicetta.

La spogliò senza staccare lo sguardo dal suo viso, liberandola dagli indumenti bagnati finché tra loro non rimase che il fresco dell'aria e il calore dell'anticipazione.

Sulle guance di Paige erano apparse due chiazze rosate.

Improvvisamente insicura, lei alzò le braccia, incrociandole sul petto. «La cicatrice ti dà fastidio? La stai fissando.»

«Solo perché non mi ero mai concesso il permesso di guardare e ho perso un sacco di tempo.» Lui reclinò la fronte sulla sua. «Sei bellissima, *tesoro*.»

«L'hai detto in italiano. Non lo fai mai.»

«Adesso sì.» La baciò, gentilmente, sulla clavicola, per poi scendere verso la punta eretta di un capezzolo. Mentre ci girava attorno con la lingua, lei gemette e gli affondò di nuovo le mani nei capelli. Lui lo prese in bocca, stuzzicandolo e mordicchiandolo prima di dedicarsi all'altro. Il vortice di desiderio era diventato talmente potente che, se non l'avesse tenuta, sarebbe caduta. Eppure non era abbastanza. Voleva di più. Voleva tutto. Tutto di lei.

Lei emise un lungo gemito di assenso e a quel punto fu la fine.

Le loro bocche si scontrarono, avide, affamate.

Lui la sollevò e si avviò verso la camera da letto, scavalcando i vestiti che avevano sparpagliato sul pavimento. La adagiò delicatamente sul materasso e si stese sopra di lei, gloriandosi del modo in cui si inarcò per accoglierlo.

Paige.

Lei gli mise le braccia al collo e, con una muta preghiera negli occhi, sussurrò: «Adesso. Per favore».

«Presto.» Lui disegnò una linea di baci sul suo corpo, scoprendo a ogni passaggio dettagli che non conosceva. Il piacere si era concentrato con sempre maggior forza nel suo basso ventre, ma si impose di aspettare ancora e continuò a esplorarla. Le aprì le gambe e tracciò l'interno delle sue cosce con la lingua.

Lei spinse impazientemente i fianchi in avanti, ma lui la tenne in posizione e si prese tempo per capire che cosa le strappava un singulto e cosa un gemito, cosa la faceva impazzire. Assorbì ogni fremito, ogni sospiro, ogni suono, creandosi una mappa mentale della sua sensualità.

Alla fine, quando cominciò a implorarlo, quando trattenersi oltre sarebbe stato fisicamente impossibile, si allungò di nuovo sopra di lei e prese un preservativo del cassetto del comodino.

Lei glielo tolse dalle mani, trafficando febbrilmente con l'involucro di plastica, e lui, impietosito, la aiutò.

Lei ricadde sul cuscino con le guance arrossate, i capelli che si sparpagliavano disordinatamente attorno alla testa.

«Guardami.» Lui si fermò a un passo dall'intimità finale, non per torturarla ancora, bensì per non perdersi nulla di quei momenti. Aveva aspettato troppo a lungo per rovinarli con la fretta.

La penetrò con estrema lentezza, ma ciò nonostante sentì l'ansito del suo respiro mozzato e l'affondare delle sue unghie nei bicipiti.

Si fermò di nuovo, costringendosi a restare immobile in attesa che si adattasse alle sue dimensioni. Era la cosa più difficile che avesse mai dovuto fare, ma questa era Paige. La *sua* Paige. Abbassò le testa, la baciò e, quando capì che si stava rilassando, riprese a spingere, un centimetro alla volta, finché non furono perfettamente congiunti e anche il più piccolo movimento del corpo di uno veniva trasmesso all'altro.

Si fermò per la terza volta, respirandola, sentendo le carezze delle sue mani sulla pelle.

La pressione aumentava, la connessione era incredibilmente intima. In quel momento, non c'erano confini tra loro e lui capì che doveva averlo sentito anche lei, perché gli mise una mano sulla testa e lo chiamò per nome, lo sguardo fisso nel suo.

Nei suoi occhi c'erano desiderio e fiducia.

Si fidava di lui.

«Ti sto facendo male?»

«No!» Lei strusciò le labbra contro la sua bocca. «È solo che sei... be', lo sai...»

«Farò piano.» E fu di parola, anche se gli costò uno sforzo immane. Iniziò a muoversi, dapprima gentilmente, creando una deliziosa frizione che le strappò un rauco gemito di approvazione.

Allacciò le dite alle sue e le alzò le mani sopra la testa, tenendole lì mentre la invadeva anche con la lingua.

Lei avvinghiò le gambe alla sua schiena, sollevando il bacino per accoglierlo più in profondità. Lui mollò la presa sulle mani e le sentì immediatamente sul proprio corpo, le spalle, la schiena e ancora più in basso, come per incitarlo a continuare. Attraverso le nebbie del desiderio, tra gemiti e sospiri, la sentì ripetere, invocare il suo nome con voce irriconoscibile e la parte di lui che lo aveva tenuto al sicuro, che lo aveva protetto dai sentimenti, improvvisamente cedette. Il fatto di poterla toccare, odorare, *sentire*, spazzò via le barriere che aveva posto tra sé e il mondo. Esposto e vulnerabile, affondò in lei e avvertì i primi spasmi dell'orgasmo di Paige, che lo travolse, innescando il suo stesso abbandono. Mentre smorzava con le proprie labbra i suoi gemiti ansanti, seppe con assoluta certezza che, indipendentemente dal prezzo che avrebbe dovuto pagare per questo, ne era valsa la pena.

. 13 .

L'amore è come il cioccolato, sul momento ti sembra un'ottima idea, ma poi spesso te ne penti.
Frankie

«Penso che potresti avermi ucciso. Se avessi saputo che sarebbe stato così incredibilmente bello, avrei gettato al vento etica e autocontrollo molto tempo fa.» Jake aveva gli occhi chiusi e Paige fu lieta che avesse parlato per primo, perché lei non avrebbe proprio saputo cosa dire, dopo quello che era appena successo. Come aveva potuto pensare che sarebbe stato solo sesso?

Era molto di più. La vicinanza tra loro era tornata e non soltanto a causa della nuova intimità fisica. L'intimità era un'altra cosa, rispetto al sesso. Intimità era conoscere qualcuno. E Jake la conosceva.

Lui aprì gli occhi e girò la testa per guardarla, probabilmente incuriosito dal suo silenzio.

Lei capì che a questo punto non poteva esimersi dal dire qualcosa. «Avremmo dovuto farlo prima. Non è successo solo per colpa tua.» Non le era venuto in mente niente di meglio, ma bastò, perché lui abbozzò il sorriso sbilenco che aveva sempre il potere di mozzarle il fiato in gola.

«Portarmi a letto la sorellina vergine del mio migliore amico? Tesoro, correre dei rischi è una cosa, suicidarsi un'altra.»

«Ho perso la verginità quando avevo...»

«Non voglio saperlo. Sarei costretto ad andare in cerca di quel tizio per ucciderlo.» Lui richiuse gli occhi. «Se l'avessimo fatto allora, non sarei sopravvissuto per farlo oggi e pensa a quello che ci saremmo persi.»

Lei si mosse leggermente in modo da spingere lo sguardo verso la vetrata. Manhattan si stendeva davanti a loro come un tappeto trapunto di diamanti.

Sebbene si conoscessero da anni, era stata nel suo appartamento solo un'altra volta, con Matt. Il ricordo che aveva di quella visita era di essere rimasta seduta in disparte mentre loro due discutevano del progetto per valorizzare gli spazi esterni.

L'edificio, che in origine aveva ospitato una fabbrica tessile, era stato diviso in quattro grandi loft luminosi. Quello di Jake occupava l'ultimo piano e dava sul centro e sul Ponte di Brooklyn. Sia di giorno che di notte la vista era spettacolare.

Stanotte, rasentava la perfezione.

Ma forse era lei che vedeva le cose in modo diverso. Sdraiata tra le braccia di Jake, il mondo sembrava un posto più morbido, più gentile.

«Abbiamo sprecato un sacco di tempo. Forse dovrei ucciderti lo stesso.»

«Fintanto che lo fai lentamente, scegliendo un metodo che comprenda anche il sesso, non opporrò resistenza. Fa' quello che vuoi. Da' libero sfogo al tuo lato perverso. Incatenami. Torturami, ma, ti prego, il colpo di grazia dammelo con la tua incredibile bocca, perché allora sì che morirei contento.» Le fece scivolare una mano dietro la nuca e la tirò più vicino. «Credo che il mio nuovo hobby sarà toglierti il rossetto a furia di baci.»

Adesso respiravano la stessa aria e a lei piaceva moltissimo.

«Io ho la mania dei rossetti.»

«Baciarli via potrebbe diventare la mia.» Senza quasi muoversi, lui si impadronì della sua bocca in un fermo, lento bacio che le fece correre un brivido di desiderio lungo la schiena.

Dopo aver sognato questa cosa per anni, si era convinta di averla ingigantita oltre misura, invece, a conti fatti, la sua immaginazione era riuscita a produrre solo una scialba, insipida versione dell'originale.

I sogni erano fatti di quello, fili tessuti dall'arcolaio della speranza.

La decisione di vivere il momento era stata forse la migliore della sua vita, ma, se avesse potuto sceglierne uno, sarebbe stato questo.

Alla fine, dopo averla trasformata in un ammasso di gelatina tremolante, lui rotolò sulla schiena, portandola con sé.

Lei rimase sdraiata sul suo torace. «Hai una vista fantastica. Potresti vendere i biglietti. Non so come fai a convincere le donne ad andarsene.»

«Facile. Non le porto qui.»

Sorpresa, lei rialzò la testa per guardarlo. «Mai?» Ammirò le linee perfette del suo volto, gli zigomi sporgenti e il naso dritto.

«Tu sei la prima.»

Paige venne invasa da un fiotto di euforia che la stordì. «Però io sono venuta da sola. Ho bussato e, quando hai aperto, sono entrata senza aspettare di essere invitata.» Mosse le dita fra la sottile peluria che gli copriva il torace, meravigliandosi della sua morbidezza, mentre il resto di lui era così duro. «Perché non le porti qui?»

«Perché sono come te... preferisco avere il controllo della situazione. Mi piace l'idea di potermene andare in qualunque momento.»

«Mi stai accusando di essere una che vuole controllare tutto?» Con un rapido, fluido movimento, si mise seduta a cavalcioni sopra di lui, che sorrise, posandole le mani sui fianchi.

«Se è così che funziona, non ho problemi a cederti il controllo.»

Funzionava piuttosto bene anche da dove stava lei. «Come fai allora? Prendi una camera d'albergo, oppure vai da loro?»

«Non lo so, non mi ricordo. Non riesco a concentrarmi con te in questa posizione.»

Lei si piegò in avanti, sfiorandogli il petto con i capezzoli. «E adesso?» mormorò a due centimetri dalle sue labbra. «La concentrazione è migliorata?»

«Nella mia mente c'è il vuoto assoluto.» Lui le mise una mano sulla testa e la aiutò a superare quel piccolo spazio. «La pianti di parlare adesso?»

«Dipende, prima rispondi alla mia domanda.»

Lui sospirò e la lasciò andare. «A volte andiamo da qualche parte e poi le riaccompagno a casa. Non vado a letto con tutte le donne che incontro, Paige.»

«Pensavo...»

«Sì, be', pensavi male.» La voce di Jake si era arrochita. «Non è scritto da nessuna parte che un appuntamento debba per forza concludersi con il sesso.»

«A sentir te, sì.»

«Non devi credere a tutto quello che dico.»

«Se non è vero, perché lo dici?»

«Perché Eva comincia subito a evocare scenari romantici e quello è sempre divertente.» Sorrise come solo lui sapeva fare e Paige pensò che era proprio grazie a quel sorriso che aveva così tanto successo con le donne. Non aveva nemmeno bisogno di guardarsi attorno per trovarne una. Erano tutte là, in fila davanti alla sua porta, in spasmodica attesa di un cenno di approvazione da parte sua.

«Sei cattivo.»

«Oh, sì. Vuoi che ti faccia vedere quanto?» Con una spinta, la rovesciò sul materasso e le montò sopra, schiacciandola con il suo peso.

«Pensi che possano vederci da Brooklyn?»

«Be', noi due attraverso la finestra no, ma il palazzo sicuramente sì. Io sono cresciuto là.» Le sfiorò la mascella con le labbra, scendendo subito verso la piega del collo. «Passavo ore a guardare Manhattan e sognavo.»

«Quando vivevi con Maria?»

«No. Prima.»

Lei gli fece scivolare una mano sui muscoli della schiena. «Mi hai parlato di quel periodo, tanti anni fa, quando ero in ospedale in attesa dell'operazione. Ricordi?»

«Sì.» Lui fece una pausa. «Non so perché. Non ne parlo mai con nessuno. Nemmeno con Matt.»

Lei sorrise. «Dipendeva dall'ambiente. Macchine che fanno *bip-bip*, corridoi spogli, rumori attutiti... in un'atmosfera così le persone vengono invogliate a svelare i loro segreti.»

Lui si lasciò sfuggire una risata. «Probabilmente hai ragione.»

«Tu eri l'unico con cui potevo essere sincera. Tutti gli altri mettevano in piedi una grande recita per tenermi su di morale e io facevo lo stesso con loro. Era estenuante. Invece tu...» Gli allacciò le braccia al collo. «Ascoltavi. Ti sedevi sul bordo del letto e mi guardavi, aspettando che fossi io a parlare. Non credo che avrei superato quella prova senza di te.»

Lui si irrigidì. «Ne saresti venuta fuori lo stesso. Sei fatta di acciaio.»

«Stai dicendo che sono dura?»

«Non dappertutto. Alcune parti sono morbide.» Lui la spinse di lato e si girò sul fianco, un sorriso che gli aleggiava sulle labbra. «Tutte le parti importanti.»

Lei chiuse gli occhi, perché una delle sue mani le si era insinuata fra le cosce. «Sei un cattivo soggetto, Jake Romano.»

«Lo so. Era per questo che mi tenevo lontano da te.» Lui la baciò, le sue dita cominciavano a esercitare la loro magia e ben presto lei iniziò a tremare, a chiamare gemendo il suo nome. Era come se avesse rubato i disegni del suo corpo e memorizzato ogni singolo dettaglio. Conosceva ogni connessione e se ne serviva senza esitazioni o concessioni di sorta.

Era esposta, vulnerabile e lui ne approfittò pienamente, esplorando con selvaggia impazienza ogni parte di lei, portandola a livelli di eccitazione tali che non si sarebbe meravigliata se i sensori del suo ultratecnologico appartamento avessero lanciato un segnale di allarme.

La tenne in bilico sull'orlo dell'orgasmo, dominando con crescente difficoltà le oscillazioni dei suoi fianchi. La tenne lì così finché tutta la sua concentrazione non si focalizzò esclusivamente su di lui. Solo a quel punto, si mise in posizione tra le sue gambe, schiacciandola con il proprio peso. Stavolta non ci fu tempo per il giochino dell'anticipazione, tempo per domandarsi se sarebbe stata in grado di riceverlo, di adattarsi alle sue dimensioni. La prese con un'unica spinta, scegliendo con infallibile precisione il momento giusto.

La riempì e cominciò subito a muoversi con un ritmo incalzante, perfetto, che nel giro di pochi minuti portò entrambi all'orgasmo. Lei gridò, scossa da un piacere talmente violento e prolungato che per un momento perse coscienza di quanto la circondava. Era consapevole soltanto di lui, del calore del suo corpo, del suono del suo respiro, dei fremiti e degli spasmi del suo godimento.

Dopo, giacque immobile e rilassata sulle lenzuola, incapace di comprendere come aveva fatto a produrre una simile risposta.

Jake se la tirò possessivamente contro, cingendola con le braccia. «Cerca di dormire adesso.»

«Sono troppo sveglia per dormire. E poi come si fa a dormire con una vista così?»

«Insonnia a Manhattan.» C'era un sorriso nella voce di Jake. «Però è vero, questa città è piena di tentazioni che ti impediscono di dormire.»

Lui.

La ragione per la quale non voleva dormire era lui. Non voleva perdere un solo secondo del tempo che potevano trascorrere insieme. Non voleva che venisse mattina, ma presto sarebbe arrivata e lei sapeva che se ne sarebbe dovuta andare prima.

Jake non portava donne nel suo appartamento, figuriamoci se avrebbe permesso a lei di passarci la notte.

Imponendosi di muoversi, uscì dal suo abbraccio e scese dal letto.

Jake si issò su un gomito, il bicipite che si gonfiava mentre la guardava attraverso le palpebre socchiuse. «Dove vai?»

Per forza che non invitava donne lì, pensò lei, perché quale donna sana di mente avrebbe voluto lasciare un letto con lui dentro?

«A casa.» Sempre se le fosse riuscito di mettere un piede davanti all'altro in una linea il più possibile retta. Per raggiungere il passaggio che dava sul grande salotto ebbe bisogno della stessa concentrazione di un'acrobata che camminava su una corda sospesa nel vuoto. I suoi vestiti erano là, disseminati sul pavimento lungo il percorso che l'aveva portata dalla porta d'ingresso alla camera da letto. Cominciò a raccoglierli. «Grazie per la magnifica serata, Jake.»

«Aspetta... merda... fermati! Te ne vai? Ma sono le

quattro di notte.» Lui saltò fuori dal letto e la seguì, avanzando sul pavimento di legno con la fluida potenza di una pantera. «Non puoi andartene adesso. Torna a letto. È un ordine.»

Aveva il corpo di un dio greco, tutto muscoli ben allenati ed esplosiva forza virile. Completamente nudo, poi, era un concentrato di sensualità e lussuria.

Prima di cambiare idea, Paige si infilò gonna e camicia. «Mettiti addosso qualcosa, Jake. Di là, a Brooklyn potrebbe esserci qualche donna che ti spia con il telescopio.»

«Telescopio?» Il lampo che balenò nei suoi occhi grigi era malizia allo stato puro. «Ti sembra che abbia bisogno di ingrandimenti?»

«Io...» Lei pensò all'attenzione che aveva dimostrato nei suoi confronti, a come aveva aspettato per darle il tempo di adattarsi, e arrossì. «Torna a letto.»

Lui sogghignò, facendo capire chiaramente che non aveva alcuna intenzione di muoversi. «Sei carina quando arrossisci.»

«Tu no.» La guardava in un modo che la fece inciampare sulle parole e sulle scarpe. Lo conosceva da anni, ma quello era un Jake diverso, assonnato, sexy, molto pericoloso. «Tu sei irritante.»

«Ammettilo, il sesso era fantastico.»

Lei calzò rapidamente le scarpe, barcollando un po' al momento di raddrizzarsi. Ciò nonostante, disse: «Leggermente superiore alla media».

«Tesoro, ti eccito talmente che non riesci nemmeno a camminare diritta.»

«Non è vero. Cammino benissimo.»

Lui si passò una mano sulla mascella, senza prendersi la briga di nascondere il sorriso che gli aveva increspato le labbra. «Sì, ma con i piedi nelle scarpe giuste, non così.»

Lei lo fulminò con gli occhi e si tolse rabbiosamente le scarpe. «Nessuno avrà bisogno di un telescopio per vedere il tuo ego, questo è sicuro.»

«Dimmi perché te ne vuoi andare, Cenerentola.»

Il cuore le sobbalzò nel petto. «Ci sono delle regole.»

«Non esistono regole per quello che abbiamo appena fatto. È stata solo una notte... lo sappiamo entrambi.»

E Paige doveva andarsene adesso, prima di mettere in dubbio la decisione che aveva preso. Prima che lui si pentisse di quello che era successo tra loro.

E prima che a Brooklyn le sue amiche si svegliassero e cominciassero a farsi un sacco di domande imbarazzanti, anche se, conoscendole, avrebbero capito subito dove aveva trascorso la notte.

E poi c'era Matt. *Oddio, Matt.*

Come aveva potuto dimenticarsi di lui?

«Non possiamo dirlo a Matt» disse con urgenza. «Non deve sapere di questa notte.»

Jake smise di sorridere. Evidentemente, non ci aveva pensato nemmeno lui.

«È il mio migliore amico. Io non mento agli amici.»

«Non ti sto chiedendo di mentirgli. Solo di non menzionare la cosa.»

Jake rimase in silenzio e Paige avvertì il suo conflitto interiore. Lo vide riflesso nell'improvviso contrarsi delle labbra, nella postura delle spalle e si vergognò di se stessa. Era stata lei a metterlo in quella posizione.

«È tutta colpa mia» disse con un sospiro.

«Sì, perché hai dovuto forzarmi. Te ne sei accorta, no?» Le prese il viso tra le mani, posando un lieve bacio sulla sua bocca. «Perché non vuoi dirglielo, tesoro?»

Aveva usato quel vezzeggiativo altre volte, ma mai con tanto affetto.

«Lo sai. Perché è iperprotettivo. Perché ci leggerebbe dentro troppo e vorrebbe fare qualcosa. In ogni caso, cosa c'è da dirgli? È stata solo una notte di sesso.» Ora che lo diceva a voce alta, si rese conto che una parte di lei sperava disperatamente di venire contraddetta.

Le sembrava inconcepibile che un'esperienza di quel genere, assolutamente perfetta, capace di cambiare il corso della vita di una persona, potesse finire così presto, però conosceva Jake. E, poiché lo conosceva, non rimase sorpresa quando annuì.

«Va bene. Faremo come vuoi tu.»

Non aveva diritto di sentirsi delusa.

Sapeva con chi aveva a che fare e sapeva anche perché lui si comportava in quel modo.

Sua madre lo aveva abbandonato in tenera età.

Lei non riusciva nemmeno a immaginarselo. Pensò alla propria madre, alla complicità, alle risate e all'amore che contraddistinguevano il loro rapporto. Paige contava sui suoi genitori al cento per cento. Certo, a volte, a furia di starle addosso, la facevano impazzire, ma era consapevole di essere molto fortunata. Mai, in ventotto anni di vita, aveva dubitato del loro sostegno.

Jake aveva Maria, ma nemmeno lei, con il suo grande cuore italiano, aveva potuto guarire le ferite che gli erano state inferte da bambino.

Paige era entrata in questa cosa cosciente dei rischi e conosceva le regole.

Jake fece scivolare il pollice sul suo labbro inferiore e, dopo averla baciata di nuovo, disse: «Resta qui».

Tornò due minuti dopo, con addosso un paio di jeans e una camicia.

Lei ebbe un moto di sorpresa. «Che fai?»

«Ti accompagno a casa.»

«Non ho bisogno di essere accompagnata. Non mi aspetto niente. Adesso uscirò da quella porta e noi riprenderemo a fare quello che abbiamo sempre fatto, con chiunque ci venga voglia di farlo.»

Lui aggrottò la fronte. «In che senso?»

«È stata solo una notte. Ti ho detto che ero in grado di gestirla ed è davvero così. Siamo amici e fra noi non devono esserci imbarazzi. Tu sei libero di uscire con chi vuoi e io anche. Non ci sono problemi.»

Il cipiglio di Jake si accentuò. «Ti stai vedendo con qualcuno?»

La sua voce si era raffreddata di diversi gradi, ma, dopo una breve incertezza, lei capì che si era incupito perché pensava che avesse tradito il suo ragazzo.

«No! In questo momento nella mia vita non c'è nessuno. Altrimenti non avrei potuto fare quello che abbiamo fatto. Il mio era un discorso ipotetico.»

«Oh. Giusto.» La sua fronte si distese. Gli occhi grigi tornarono a scaldarsi e così anche la voce. «Mettiti le scarpe. Ti porto a casa. E non voglio sentire discussioni.»

«Non le sentirai solo se prenderemo la moto.»

Lui le lanciò un'occhiata. «Paige...»

«Sappiamo entrambi che, se dovessi fare un salto a Brooklyn a quest'ora, ci andresti in moto.»

Il sorriso fece di nuovo capolino sul suo viso, quel sorriso sbilenco e seducente che aveva il potere di farla sciogliere tutta. «È vero, a noi cattivi ragazzi piace scorrazzare in moto per la città di notte, ma questo non significa che...»

«Voglio salire sulla tua moto. Lo desidero da sempre.» Lei recuperò la borsa. «E, dal momento che tu non mi proteggi, so che dirai sì. Hai il casco per il passeggero?»

Lui rise, sparì un'altra volta e riapparve con una tuta di pelle e un paio di stivali di cuoio.

«Devi metterteli. Se vuoi venire in moto con me, ti vestirai come dico io. Niente contrattazioni.»

«Non sono della mia misura. Non posso...»

«Sono della tua misura e, prima che ti faccia venire idee strane, ti dico che appartenevano a una nipote di Maria, venuta in visita a New York dalla Sicilia. Le ho fatto da guida turistica.»

Lei si vestì e si avviarono insieme verso l'ascensore.

Lui le prese la mano. «Preferisci usare le scale?»

«No. L'ho preso per salire, quindi posso anche scendere. Si guasta spesso?»

«Mai.» Lui la sospinse all'interno della cabina. «Nella peggiore delle ipotesi, ti terrò occupata con il sesso finché non vengono a recuperarci.»

«Adesso spero quasi che si rompa.»

Lui pigiò il pulsante del pianoterra e se la tirò contro, baciandola con tale impeto che lei non capì se il vuoto allo stomaco dipendesse dal sobbalzo di partenza dell'ascensore, oppure dalla famelica avidità della sua bocca.

Quando le porte si riaprirono, la lasciò con molta riluttanza, precedendola lungo la rampa di scale che portava al garage sotterraneo.

Paige era consapevole di ogni suo movimento, dalla falcata veloce, all'agilità con la quale inforcò la moto. Si sistemò dietro di lui, scoprendo che da lì poteva vedere solo le sue spalle.

Il motore prese vita con un gorgoglio meccanico e Paige decise che c'era qualcosa di molto erotico, nelle moto. A meno che non dipendesse dal fatto che era Jake a guidarla. La virilità dell'uomo ai comandi avrebbe reso seducente qualunque mezzo di trasporto.

Lo cinse con le braccia e tirò un profondo respiro mentre la moto ruggiva nella notte, vibrando per la potenza del suo motore.

Lui la condusse abilmente attraverso un dedalo di stradine laterali, puntando deciso in direzione di Lower Manhattan.

Paige serrò le ginocchia sulle sue cosce e lo strinse più forte che poteva, acutamente consapevole della sua forza.

Respirò tutto quello che c'era, l'uomo, l'aria fresca della notte, gli odori di New York.

Attorno, le strade cominciavano ad animarsi. Le luci delle panetterie erano accese e sbuffi di vapore si levavano dalle griglie degli edifici circostanti, creando piccoli banchi di nebbia che si squarciavano al passaggio della moto.

Raggiunsero il Ponte di Brooklyn, che collegava Manhattan all'omonimo quartiere.

Paige girò la testa, guardandosi attorno mentre lo attraversavano. Le sembrava di essere sul set di un film.

Cosa c'era di più magico del Ponte di Brooklyn di notte?

Quanti amanti avevano camminato mano nella mano su quel ponte? Quante proposte e promesse erano state fatte su quell'incredibile capolavoro ingegneristico, lanciato sopra la veloce corrente dell'East River?

Con il vento in faccia, vide il chiarore perlaceo dell'alba tingere il cielo a oriente.

Era un momento perfetto.

Non aveva idea di cosa sarebbe successo a partire dall'indomani e, francamente, non le importava.

Questo momento era reale e ne avrebbe tratto il massimo. Sapere che era fuggevole serviva solo a renderlo ancora più prezioso.

Cacciò un grido di gioia, al quale Jake rispose con una risata.

La moto sfrecciò per le vie di Brooklyn, davanti a parchi immersi nel silenzio e lungo strade poco illuminate, fino a fermarsi di fronte alla palazzina di arenaria che Paige divideva con suo fratello e le sue amiche.

Casa.

Come Cenerentola di ritorno dal ballo.

Smontò dalla moto e si tolse il casco, inalando i profumi dell'estate, trattenendo a stento l'euforia che le ribolliva dentro come champagne in una bottiglia appena stappata.

«È stato meraviglioso, incredibile!»

«Forse riusciremo a fare di te una cattiva ragazza. Sei ancora in tempo.» Lui prese il casco dalle sue mani, riponendolo nell'apposito bauletto, e lei deglutì, perché questo era quanto e non aveva idea di cosa bisognasse fare per porre fine a una nottata come quella che avevano vissuto.

Arrivederci, ciao non suonava bene.

«Gli stivali e la tuta te li darò alla prima occasione.»

Lui fece un cenno di intesa con il capo. «Grazie per stasera.»

Per un attimo lei pensò che si riferisse al sesso, poi capì che stava parlando dell'evento.

Sembrava che fosse passata una vita da allora.

L'adrenalina, l'entusiasmo erano ancora lì da qualche parte, ma in quel momento erano subissati dall'eccitazione di stare con lui.

«Sono contenta che sia andato tutto bene. Domani Eva, Frankie e io ci incontreremo per discuterne e ti faremo avere il nostro rapporto.»

Era difficile comportarsi e parlare come una professionista, quando il suo corpo era ancora indolenzito dalla profonda, intima invasione di quello di lui.

I loro sguardi si incrociarono e capì che Jake stava pensando la stessa cosa.

Non era possibile che finisse così.

Avrebbe voluto che le dicesse qualcosa. Qualcosa di personale. Ma non lo fece.

Lottando contro la delusione, iniziò a voltarsi per andarsene, ma lui allungò un braccio, le mise una mano dietro la testa e attirò la sua bocca verso di sé.

Fu un bacio infuocato, una copia breve di quello che avevano condiviso prima, ma la shockò moltissimo, perché, se per caso le sue amiche o suo fratello fossero stati svegli e avessero scelto proprio quel momento per affacciarsi alla finestra, non ci sarebbe stato più alcun segreto da custodire.

Lentamente, lui si staccò dalla sua bocca. E sorrise.

Quel sorriso risuonò in ogni singola parte di lei, riducendo le sue ossa allo stato liquido.

Mantenne la mano sul suo braccio, perché era un po' stordita e aveva bisogno di sostenersi. «Perché lo hai fatto?»

«Perché ne avevo voglia.» Lui le fece scivolare due dita sulla guancia in un'ultima carezza. «Paige Walker, predico che tra qualche ora il tuo cellulare inizierà a squillare non-stop. Sarai molto impegnata.»

«Me lo auguro.»

Costringendosi a muoversi, attraversò il marciapiede e salì i gradini dell'ingresso. Mentre apriva la porta, sentì il rombo della moto che partiva e si fermò ad ascoltare, aspettando che svanisse in lontananza prima di entrare.

Ecco cos'era la felicità, pensò. Esattamente quella sensazione.

. 14 .

Se nella vita c'è qualcosa di meglio di una buona amica, sono due buone amiche.

Eva

«Questa è una colazione celebrativa.» Eva posò scodelle e cucchiai al centro della tavola. «È andata benissimo. Lo pensavano tutti. Ho distribuito una decina di biglietti da visita.»

«Anch'io.» Frankie chiuse e posò il libro che stava leggendo. «Passami lo yogurt, Ev. E, visto che ci sei, portami una diet coke. Sono talmente stanca che sto pensando di annegarmici dentro.»

Eva aprì lo sportello del frigorifero e prese lo yogurt e le more, ignorando volutamente le bibite allineate nello scomparto in basso. Mentre tornava verso il tavolo, disse: «Non la vuoi veramente. Mi rifiuto di avvelenare la mia migliore amica. Un giorno disintossicherò il tuo frigo».

Eva e Paige erano scese da Frankie perché il giorno prima Eva aveva cominciato a cucinare all'alba e la loro cucina era ancora ingombra dei resti dei suoi esperimenti.

Il sole entrava dalla finestra, colpendo i vasi di erbe aromatiche allineate sul davanzale e accanto alla porta che si apriva sul piccolo giardino. Ogni ripiano dell'appartamento di Frankie era occupato da piante e fiori.

Ce n'erano tre perfino sulla sua scrivania, accanto ai quaderni riempiti con la sua grafia ordinata e pulita.

«Se anche solo metà di quelle persone chiamassero, saremmo piene di lavoro.» Frankie si alzò per andare a prendere la sua bibita, facendo spallucce allo sguardo di disapprovazione di Eva. «E il frigo lo voglio così com'è. La mia cucina, i miei vizi, le mie decisioni. Tu bevi caffè. È la stessa cosa.»

«Il caffè è una bevanda naturale.»

Frankie si risedette al suo posto e aprì la lattina. «Non mi sono ancora ripresa dallo shock di vedere Matilda con Chase Adams.»

«Erano perfetti insieme. Cenerentola e il suo principe.» Cacciando un lungo sospiro, Eva allungò il braccio per prendere una ciotola, ma nel farlo urtò inavvertitamente il libro di Frankie, che cadde a terra.

Frankie si chinò per recuperarlo. «Non ti arrendi mai, eh?»

«No. L'amore è la fuori che ci aspetta. Anche per te, e un giorno... oh, *cavolo!*...» Eva le strappò di mano il libro, fissando la fotografia sul retro. «Questo tizio è sexy come il demonio. Guardate che occhi. Chi è? Sembra un eroe romantico. Credo di essermi innamorata.» Girò il libro e lo mollò di scatto. «Ugh. Quello è sangue?»

Scuotendo la testa, Frankie lo raccolse di nuovo. «No. Ketchup. Il tuo eroe ha avuto un incidente in cucina.»

«Il sarcasmo è molto poco attraente. Non so come fai a leggere questa roba.»

«Si chiama horror e io lo adoro. Lucas Blade sa esattamente come entrarti dentro la testa e tenerti sveglio di notte...»

«Io sarei felice di farmi tenere sveglia da lui, ma non per discutere dei suoi libri. Aspetta un attimo... Lucas Blade?» Eva si accigliò, impadronendosi del libro. «È questo qui? L'uomo della fotografia?»

«Sì. E se fai cadere il libro per la terza volta ti sbudello.»

«È lui.» Eva le ridiede il libro con aria trionfante. «Il nipote di Mitzi! Ve ne ho parlato, ricordate? Lo scrittore recluso. Lucas Blade.»

Adesso fu Frankie a fissarla. «Conosci Lucas Blade? Eva! È un *grande*.»

«Ve l'avevo detto che era famoso. Sono certa che Mitzi potrebbe combinare un incontro, se sei interessata.»

Frankie cambiò immediatamente espressione. «No, grazie. Ammiro il suo lavoro, tutto qui. Continua pure a sognare a occhi aperti, se ti piace, ma non sprecare tempo a sognare per me.» Lanciò un'occhiata a Paige. «A che ora sei tornata stanotte? Ti abbiamo aspettata fino alle due, poi ci siamo arrese.»

«Speravamo che avessi incontrato qualcuno capace di farti dimenticare Jake. Avete visto quell'uomo d'affari inglese con gli occhiali rotondi, stile John Lennon? Un figo pazzesco.» Eva si era messa una camicetta con una tonalità di verde molto brillante alla quale aveva abbinato uno scialle turchese con ricami in argento. «Gli uomini con gli occhiali hanno qualcosa. Mi fanno venir voglia di strapparglieli dal naso per poi andare molto vicino a loro, in modo da essere sicura che mi vedano. Seriamente, mi rendono pericolosa.»

«E quando non lo sei?» Frankie si strofinò gli occhi assonnati. «Devi proprio sfoggiare dei colori così vivaci a quest'ora della mattina? Sono accecanti.»

«Se i miei colori sono allegri, sono allegra anch'io.»

«Tu sei sempre allegra, anche quando è troppo presto per esserlo. Se il mondo stesse finendo, saresti allegra lo stesso. Hai mai pensato di vestirti di nero?» Frankie sbadigliò. «Nutrici, donna. È quello che sai fare meglio.»

«Vi nutro, vi nutro. Dopo gli sforzi di stanotte, Paige

ha bisogno di calorie in quantità. Questo è squisito. Assaggiatelo. Ci ho aggiunto del cocco.» Eva riempì le ciotole con il muesli di sua creazione e, porgendone una a Paige, chiese: «Allora?».

«Allora, cosa? Il cocco mi piace. Lo sai.» Paige, che aveva dormito poco più di tre ore, avrebbe dovuto essere distrutta, invece si sentiva rivitalizzata, carica di energia. La sua mente ribolliva di immagini dell'evento e di Jake. Oh, Jake.

«Non volevo sapere che ne pensi del muesli, ma avere notizie dell'uomo che ti ha tenuta fuori fino all'alba, che ti ha messo quel sorriso sulla faccia e che ti ha lasciato un succhiotto sul collo.»

«Che cosa?» Paige si portò una mano alla gola. «Dove?»

«Ti consiglio di metterti una sciarpa, altrimenti riceverai un sacco di occhiatine ammiccanti.» Eva spinse verso di lei lo yogurt e le more. «Mangia. Io mi siederò qui e morirò di invidia mentre ci racconti tutto. Voglio sapere quante calorie hai bruciato?»

«Non ho idea di quante calorie ho bruciato.»

Eva affondò il cucchiaio nel muesli. «Se mi dici le posizioni, posso calcolare le calorie. Certo, se vi siete cosparsi di cioccolato fuso e panna per poi leccarvi a vicenda, i parametri cambiano completamente. Sbrigati a raccontare, prima che arrivi Matt.»

Paige si fermò con il cucchiaio a mezz'aria. «Perché dovrebbe arrivare Matt?»

«L'ho invitato. È una colazione celebrativa.»

Merda.

«Ev, avrei preferito che...»

Sentirono bussare alla porta e Matt entrò.

Paige si irrigidì. Dirsi che non aveva motivo per sentirsi in colpa non servì a niente.

Si sentiva in colpa.

Con un gesto fulmineo, Eva si tolse lo scialle e glielo drappeggiò attorno al collo.

«Questo colore ti dona. Tienilo pure. Te lo presto. E-hilà, Matt.» Il tono era perfettamente casuale. «Oggi sei eccezionalmente bello. Pantaloni kaki e camicia bianca. Ti sei vestito per fare colpo, il che significa che hai lasciato a casa la motosega perché hai appuntamento con un cliente.»

Paige si aggiustò nervosamente lo scialle.

Era una donna adulta e, come tale, aveva diritto ad avere una vita sessuale. Allora perché aveva paura di dire la verità a suo fratello?

La lista di ragioni era lunga e ai primi posti c'era la consapevolezza che con ogni probabilità la cosa non si sarebbe ripetuta.

«Sei molto vivace per una che è stata in piedi tutta la notte.» Matt ispezionò il tavolo. «Sono stato invitato a una colazione celebrativa, ma non vedo la pancetta. Tutti sanno che una colazione celebrativa *deve* includere la pancetta.»

Eva rabbrividì. «Ho preparato un ottimo muesli e ho comprato il cocco.»

«Era quello che temevo. Cosa deve fare un uomo per avere un po' di carne rossa da queste parti?»

«Evitare di frequentare vegetariani» ribatté Eva, acida, e Matt sogghignò, riempiendo una ciotola con il muesli.

«A parte le tue strane abitudini dietetiche, sei carina. Se poi avessi del caffè forte, lo saresti ancora di più. Allora, com'è andata?»

«Meravigliosamente bene.» Eva si alzò per portargli il caffè. «Frankie ha la pancetta, se davvero la vuoi. Potrebbe...»

«Non preoccuparti. Per riempirsi la pancia va bene anche questo.» Matt impugnò un cucchiaio e aggiunse dello yogurt al muesli, mescolando il tutto. «Quindi è stato un successo?»

«Superiore alle nostre più rosee aspettative» disse Eva. «Vedrai, il telefono non la smetterà più di suonare.»

«Sono contento per voi.» Matt bevve un sorso di caffè. «Jake non è ancora qui, eh?»

Paige lo fissò. «Perché dovrebbe essere qui?»

«L'ho invitato io. Eva mi ha detto che era una colazione celebrativa e il vostro evento è stato possibile solo grazie a lui.»

Paige si strozzò nel cibo ed Eva le versò un bicchiere d'acqua. «Tutto a posto? Ti è andato di traverso un pezzetto di cocco?»

«Sto bene.»

Matt aveva invitato Jake? Non sarebbe venuto.

Non dopo quello che avevano fatto la notte prima.

Sarebbe stato troppo imbarazzante, troppo...

«C'è nessuno in casa?» chiamò la voce di Jake dalla porta. «Sono stato invitato a una colazione celebrativa, ma non sento il profumo della pancetta e mi viene il dubbio di essere nel posto sbagliato.»

Paige fece cadere una pagnotta, che rotolò sul pavimento, andando a fermarsi davanti ai piedi di Jake mentre lui entrava.

«Be', questo sì che è un modo originale di servire le persone.» Con calma, si chinò a raccoglierla, lanciandole un breve sorriso prima di andare a occupare il posto libero a capotavola.

Paige lo guardò e poi abbassò subito gli occhi.

Come poteva essere così *normale*?

Frankie allungò il braccio, mettendogli davanti una tazza. «Caffè? Sei l'eroe del giorno e ti meriti un trattamento da eroe.»

«Avevo sentito che l'eroe del giorno fosse la *Urban*

Genie.» Jake prese una fetta di pane. «Mmh, questo sembra squisito. L'hai fatto tu, Ev?»

«Sì, con la lievitazione naturale e aggiungendo semi di sesamo all'impasto.»

«Il mio preferito. Perfetto per accompagnare una fetta di pancetta croccante.»

«Quella, qui, te la puoi scordare.» Matt gli lanciò un'occhiata. «L'altra notte ti ho chiamato per sentire com'era andato l'evento. Il telefono squillava, ma non hai risposto. Immagino che fossi con una donna.»

Paige ebbe l'impulso di nascondersi sotto il tavolo.

Altro che complicato... questo era un incubo.

Come aveva potuto pensare che sarebbe stato facile da gestire?

Cosa avrebbe detto Jake? Ovviamente, non avrebbe ammesso di essere stato con una donna, quindi...

«Ero con una donna.» Jake ringraziò con un sorriso Frankie, che gli aveva versato il caffè.

«Soltanto una?» chiese Matt con un sogghigno divertito. «Doveva essere speciale.»

«Sì, era speciale.»

«Sexy?»

Oh, santa pazienza.

«Abbiamo bisogno dei dettagli?» Paige era talmente accaldata che aveva paura di dare fuoco alla sedia.

«Molto sexy. Incredibilmente sexy.» Jake le rivolse un sorriso peccaminoso. «Stai bene? Sei tutta rossa in faccia. Spero che non ti stia venendo l'influenza.»

Lo avrebbe ucciso. Con le sue stesse mani, lentamente. «Sto bene.»

Matt si accigliò. «Jake ha ragione. Sembri un pomodoro. Sicura di non avere la febbre?»

«No! Mi sento bene. Mai stata meglio in vita mia. Sono solo un po' stanca.»

«Certo, l'altra notte hai fatto tardi. Ero sceso per sapere dell'evento, ma non avete risposto al campanello. Eva stava cantando nel bagno. Probabilmente è per questo che non mi hai sentito.»

«Sì, deve essere dipeso da questo.» Paige era stata aggredita da un'improvvisa debolezza.

«Hai già ricevuto delle proposte di lavoro?»

«Non ancora, ma diamo tempo al tempo.» Paige si sentì toccare la gamba e capì che era Jake. Le massaggiò il polpaccio con la scarpa, disegnando dei lenti cerchi che la riportarono subito all'intimità della notte prima.

Il desiderio divampò, il cuore le partì al galoppo nel petto con tale impeto che era sicura che lo sentissero tutti.

Cosa diavolo stava facendo?

Matt posò la tazza. «Allora, stasera è la sera dei film. Ci saranno un po' di amici. Siete tutti invitati.»

Frankie si mostrò interessata. «Che genere di film? Sentimentale e drammatico, oppure pieno di sparatorie e inseguimenti?»

«Qualcuno muore.» Matt finì il suo caffè. «Quindi probabilmente ci sarà del sangue e forse anche qualche sbudellamento.»

Frankie non esitò. «Sono della partita. Tienimi un posto in prima fila.»

Eva rabbrividì. «Non contate su di me. Un giorno vi legherò e vi torturerò con una pellicola strappalacrime. Non potremmo fare una maratona di commedie romantiche?»

«Non durante il mio turno di guardia» ribatté Matt con un sorriso. «Tu vieni, Jake?»

Ci fu una pausa, poi Jake si riscosse.

«Stasera no. Ho degli impegni.»

Matt prese un'altra fetta di pane. «Impegni di natura femminile, presumo.»

«Presumi bene.»

Paige avvertì una fitta allo stomaco. Avere la consapevolezza che quella della notte prima era stata un'avventura passeggera e che lui avrebbe continuato a frequentare altre donne era un conto, sentirselo raccontare dalla sua viva voce completamente un altro. Se Jake usciva con una bionda da urlo, non voleva saperlo.

Matt pareva colpito. «La stessa di ieri?»

«Esatto.» La voce di Jake non vacillò. «Proprio la stessa.»

La stessa donna?

Paige afferrò il cucchiaio. Saettò un'occhiata nella sua direzione, ma lui stava mangiando, apparentemente tranquillo, come se non avesse appena lanciato una bomba nella stanza.

Fissò la ciotola di muesli, riesaminando le parole, cercando di capire se aveva sentito male.

Voleva rivederla.

La felicità le esplose nel petto, portandosi dietro una ridda di domande.

Perché? Quando aveva deciso che la loro non sarebbe stata solo l'avventura di una notte?

Matt terminò la sua colazione e si alzò. «Devo andare. Ho un appuntamento dall'altra parte della città.» Si avviò verso la porta, ma una volta lì si fermò, lo sguardo che indugiava su Paige. «Non affaticarti troppo oggi» disse in tono affettuoso. «Ieri hai avuto una giornata pesante.»

«Sono in grado di reggere una giornata pesante, Matt.»

«Lo so. Però cerca lo stesso di non affaticarti.» La studiò per un momento. «E sono d'accordo con Ev, questo scialle ti sta benissimo.»

Jake svuotò quel che restava del caffè e si alzò a sua volta. «Ti accompagno. Voglio andare in ufficio presto.

Grazie per la colazione, Ev.» Si chinò e le stampò un bacio sulla guancia, lasciando la stanza dietro a Matt.

Eva si afflosciò sulla sedia. «Adesso dovrò regalarti il mio nuovo scialle. Magari, visto che ci sono, mi procurerò anche un nuovo sistema nervoso. Non sono fatta per i drammi.»

«Stai scherzando?» Frankie si tirò in piedi e cominciò a raccogliere ciotole e piatti. «L'hai inventato tu, il dramma. Potresti sposarlo, farci dei figli... che ovviamente si chiamerebbero Crisi e Panico... e vivere felice e contenta per il resto dei tuoi giorni.»

«Aveva un succhiotto sul collo! Qualcuno doveva salvare la giornata. Sono stata bravissima.»

Frankie scosse la testa. «Sei riuscita a nascondere il succhiotto, ma quando la sua faccia è diventata dello stesso colore del suo rossetto non hai fatto niente.»

Paige si alzò, allentando le pieghe dello scialle. «Grazie per questo.»

«Tienilo. È tuo. Ti dona davvero, almeno quando non sei paonazza. Adesso non potrei più usarlo comunque. Ormai lo associo alla tensione e all'ansia.» Eva le mise le mani sulle spalle, spingendola di nuovo sulla sedia. «Tu non ti muovi finché non ci avrai raccontato tutto del sesso con Jake.»

Paige smise di respirare. «Cosa ti fa pensare che fosse Jake?»

«La faccia che hai fatto quando è entrato Matt e poi la faccia che hai fatto quando è entrato Jake. Per non parlare di tutti quei deliziosi sottintesi che lui ha lanciato nella tua direzione... bisogna che gli dica che, quando ha intenzione di fare piedino sotto il tavolo con qualcuno, non deve sedersi accanto a me. Però la verità è che ho sentito la moto» confessò Eva. «E siccome ho una natura indagatrice...»

«Per lei indagatore e ficcanaso sono sinonimi» borbottò Frankie, depositando una pila di piatti sul bancone della cucina.

«Indagatrice» ripeté Eva con fermezza. «Sono corsa in salotto e ho sbirciato fuori attraverso le veneziane. Ho visto il bacio. Molto bello. Mi è piaciuto il modo in cui ha attirato verso di sé la tua bocca. Autoritario e al tempo stesso passionale. Estremamente sensuale.»

«Ci hai visti?»

«Sono stata fortunata. Non posso guardare commedie romantiche e non ho una vita sessuale, quindi sarò costretta a farmene una attraverso di te. Tu hai il dovere morale di permettermelo. Altrimenti, a che servono le amiche? Comunque, sei stata fortunata anche tu, almeno a vederti da lontano. Jake sa fare bene un sacco di cose e ovviamente baciare è una di queste.»

Paige si accasciò sulla sedia. «È strano?»

«Voi due insieme? Diccelo tu, ma da dove stavo io sembrava rovente, non strano.»

«Volevo dire, perché lui fa parte del nostro gruppo. Amicizia e sesso non si mescolano, vero?»

«È possibile.» Eva si strinse nelle spalle. «Ci sono diversi esempi di amici che diventano amanti. *Harry ti presento Sally* è uno dei miei film preferiti.»

«La vita non è un film, Eva. Però la stranezza non è questa.» Frankie iniziò a raccogliere le tazze vuote. «Fa specie perché voi due approfittate di ogni occasione per attaccarvi a vicenda. E dopo il bacio in ascensore tu hai pensato che non fosse interessato.»

Paige posò il cucchiaio. «Invece pare che fosse interessato, ma che stesse cercando di proteggermi.»

«Da cosa?»

«Mi sembra ovvio.» Eva si lanciò in bocca una mora. «La stava proteggendo da se stesso. Ha paura di farla soffrire. Lo trovo *molto* romantico.»

Paige si domandò come mai Eva avesse capito subito

una cosa che lei non aveva nemmeno sospettato. «Non è romantico. È spaventosamente irritante. Ero convinta di poter contare su di lui per *non* essere protetta e adesso scopro che non ha fatto altro che questo, per anni. Avrei voluto saperlo.»

«Non è vero. Perché poi ti saresti arrabbiata. Diventi testarda, quando qualcuno cerca di aiutarti. Non che non lo capisca» aggiunse rapidamente Eva, «però è così.»

«Non sono testarda.» Paige spostò lo sguardo su Frankie. «Ti sembro testarda?»

Frankie ripose lo yogurt nel frigorifero. «Su questa cosa, sì. Pur di non farti aiutare, saresti disposta a prendere una musata nel muro. Il che rende difficile aiutarti, a volte.»

«Non voglio essere aiutata!»

«Abbiamo tutti bisogno di aiuto, Paige! La vita, la società si basano sull'aiuto reciproco, sul desiderio di darsi una mano a vicenda. Nessuno ce la può fare da solo. C'è una differenza tra essere iperprotetti e venire aiutati. Se non ti avessi costretta a rivolgerti a Jake, l'altra notte non sarebbe successo niente.»

«Forse sarebbe stato meglio.»

«Stavo parlando dell'evento» disse lentamente Frankie e Paige arrossì.

«Oh. Be', non sappiamo se ha funzionato. Il telefono non è ancora squillato.»

«Suonerà. E crearsi una rete di relazioni fa parte del lavoro.»

«Perfetto. Io mi occuperò di questo.»

«E il resto? Che accadrà adesso?» Frankie richiuse lo sportello del frigorifero. «Come si evolverà questa cosa?»

Paige la guardò. «Stiamo parlando sempre della *Urban Genie*?»

«No. Stiamo parlando della tua vita sessuale.» Eva si piegò in avanti. «Questa non è stata l'avventura di una notte. Lo hai sentito... vuole rivederti.»

«Lo so.» Solo a pensarci l'eccitazione montava. Cercò di contenerla. «E non lo capisco. Quando eravamo insieme, non ha detto niente.»

«Forse gli è venuto in mente dopo, oppure ha cambiato idea.» Frankie prese lo straccetto e iniziò a pulire il tavolo. «L'alchimia tra voi era evidente. Matt non ha preso la scossa dalla corrente elettrica che viaggiava per la stanza soltanto perché l'ultima cosa che si aspetta è che voi due vi mettiate insieme. Però, Paige, prima o poi lo scoprirà e ci resterà malissimo perché non glielo hai detto. E tu starai malissimo per averlo ferito. Sarebbe meglio evitare.»

«Cosa dovrei dire? Non c'è niente da dire. Non posso dirgli cosa sta succedendo, perché sono la prima a non saperlo!»

Eva spostò lo sguardo tra loro. «Paige ha ragione su un punto. Se dicesse che è stata soltanto una scopata, Matt andrebbe a cercare Jake per prenderlo a pugni e, siccome Jake è uno che sa difendersi, scoppierebbe un casino infernale. Non mi piacciono le scazzottate, e sono d'accordo... la situazione è complicata.»

«È per questo che io preferisco occuparmi di fiori e piante. Non sono complicati.» Frankie gettò lo straccetto sul bancone della cucina. «Se voi due avete finito di ricamare di fantasia, dovremmo andare in ufficio. Jake o non Jake, il lavoro ci aspetta. Abbiamo una compagnia da mandare avanti, ricordate?»

«Fra un minuto.» Eva rimase incollata sulla sedia, gli occhi fissi su Paige. «Abbiamo bisogno dei dettagli.»

Frankie roteò gli occhi. «Io non voglio sapere niente.»

«Io sì» disse enfaticamente Eva. «Voglio sapere tutto quello che è successo prima che lui si appiccicasse come una ventosa alla tua bocca in strada qui davanti. Dai, Paige. È il minimo che puoi fare per guadagnarti lo scialle che hai addosso e per ricompensarmi della laringite che mi sono procurata cantando a squarciagola nella doccia per non andare ad aprire la porta e spiegare a Matt come mai non c'eri.»

. 15 .

Per trasformare il tuo sogno in realtà,
prima devi svegliarti.
Paige

Il telefono non la smetteva più di squillare.

Un'ora dopo il loro arrivo in ufficio avevano sei nuovi clienti e altrettanti eventi da organizzare.

«Addio sonno» disse Eva in tono funereo. «Addio sanità mentale.»

«Addio problemi di soldi.» Frankie era sempre pratica. «Avremo bisogno di aiuto. Siamo solo in tre e questa è una montagna di lavoro.»

Paige era entusiasta. Qualunque preoccupazione circa l'impossibilità di concentrarsi svanì nell'euforia del momento. «Il *nostro* lavoro. Vi rendete conto? È meraviglioso. Possiamo decidere cosa accettare.»

«Accettiamo tutto» disse Eva in tono deciso. «I vostri desideri non sono solo un ordine per noi, sono anche la nostra fonte di reddito.»

E per Paige essere molto impegnata avrebbe significato anche non pensare troppo a Jake.

Lui aveva lasciato intendere che quella sera si sarebbero rivisti, ma come funzionava la cosa?

L'avrebbe chiamata, oppure si aspettava che fosse lei a farlo?

Oh, perché doveva essere così complicato?

«Faremo outsourcing. In questo momento non possiamo caricare il bilancio con troppi stipendi. Se fra sei mesi gli affari calassero, saremmo costrette a mandare via delle persone.» Lo aveva imparato da Jake. Studia i numeri e assumi in proporzione. «Sediamoci e decidiamo come muoverci.»

Il telefono squillò di nuovo.

Paige, che era la più vicina, ci mise la mano sopra. «Questa è follia.»

«Una follia buona, però» disse Frankie. «Presto saremo in grado di comprare la *Star Events* e per prima cosa licenzieremo Cynthia.»

Paige rispose. La donna che la sera prima aveva prenotato la festa per una collega incinta voleva anche un dog sitter per i suoi cani e un cesto regalo per un'altra collega che andava in pensione.

«Mi parli un po' di lei. Che gusti ha?» Mentre parlavano, Paige creò un nuovo file sul computer, trascrivendo tutte le informazioni utili. «Le faremo avere una lista di suggerimenti, lei scelga quelli che le piacciono di più e ce la rimandi. Del resto ci occuperemo noi.»

Chiuse la conversazione e inoltrò il file a Eva. «Questa è roba tua. Va' a fare shopping.»

«Vengo pagata per andare da *Bloomingdale*? Devo essere morta e ascesa in paradiso. Vi ho detto quanto sono felice di lavorare con voi due?» Eva controllò l'elenco. «Dovrò fare delle ricerche sulle candele profumate. Durante la gravidanza le donne devono stare attente ai profumi che respirano. Alcuni non sono indicati.»

«È per questo che ho passato l'incarico a te. Fa' tutto quello che serve affinché questa donna ci raccomandi alle sue amiche. Adesso dobbiamo discutere di...» Paige si fermò, interrotta dallo squillo di due cellulari, il suo e quello di Frankie. «Oppure no.»

Rispose e Frankie fece lo stesso, uscendo dalla stanza mentre discuteva di fiori e combinazioni di colori con la persona all'altro capo della linea.

«Sì, forniamo anche servizi personali ai clienti» disse Paige al suo interlocutore. «Lista di attesa?» Incrociò lo sguardo di Eva e sorrise. «È fortunata. In questo momento abbiamo ancora spazio. Se vuole, posso venire nel suo ufficio e sentire di cosa ha bisogno. Sono sicura che la *Urban Genie* sarà in grado di aiutarla.»

Quando riattaccò, Eva superò lo spazio che le divideva e la abbracciò. Aveva gli occhi lucidi.

«Ma ci credi? Siamo in affari! Siamo *veramente* in affari. Ora dobbiamo solo evitare di incasinare tutto.»

«Non incasineremo niente...» Paige riprese posto davanti al computer, aggiornando la lista di cose da fare, «... però sto cominciando a pentirmi di non aver dormito più di quattro ore.» Il suo cellulare emise un suono, segnalando l'arrivo di un messaggio.

Era Jake.

Nel mio ufficio. Adesso. Rapporto.

Ebbe un tuffo al cuore e si alzò. «Finiremo più tardi. Jake vuole un rapporto e poi ho un appuntamento sulla Quinta Strada. Devo scappare.» Mentre recuperava la borsa, Frankie rientrò nella stanza. «Be'?»

«Una ragazza che sta per sposarsi era all'evento di ieri e si è innamorata delle decorazioni floreali. Vuole qualcosa di simile per il suo matrimonio.»

Eva batté le ciglia. «Vuole un'impalcatura al suo matrimonio? E il tema qual è? Fuga dal Carcere? Dov'è il romanticismo?»

«Vuole un gazebo, cretina.» Frankie stava prendendo appunti. «E vuole camminare su un tappeto di petali di rosa.»

«Mi hai appena dato della cretina? Ti denuncio al reparto Risorse Umane per bullismo. E qualcuno deve spiegare alla sposa che i petali di rosa sono scivolosi. Se insiste, bisognerà avere sottomano un'ambulanza e allertare un chirurgo ortopedico all'ospedale.»

Il telefono squillò di nuovo e Paige guardò le sue amiche con una miscela di eccitazione e incredulità. «Dobbiamo trovare un metodo per raccogliere tutte queste chiamate in modo da sapere sempre cosa sta succedendo.»

«Tu sai sempre quello che succede. Sei la regina dei dettagli. Questa la prendo io.» Eva alzò la cornetta, un sorriso nella voce. «*Urban Genie*, ogni vostro desiderio è un ordine per...» Mentre ascoltava, il suo sorriso si spense. «No, non *quel* genere di desiderio. Noi facciamo altro.» Troncò bruscamente la comunicazione, rossa in faccia. «*Be'!*»

Frankie la guardò con aria interrogativa. «Dicci cosa volevano.»

«No! Mi rifiuto di ripeterlo.» Eva rialzò la testa e arricciò il naso. «Jake non deve saperlo. Ci beccheremmo un "ve lo avevo detto" grande come una casa. Lui aveva predetto che il nostro slogan ci avrebbe messe nei guai.»

Paige infilò il computer nella custodia.

Aveva la sensazione di essere già nei guai, più grossi di quanto nessuna di loro avrebbe potuto predire. Come aveva pensato che fare sesso con Jake sarebbe stato semplice?

Domandandosi cosa sarebbe successo adesso, si avviò verso l'ufficio di Jake e lo scorse attraverso il divisorio di vetro.

Camminava avanti e indietro di fronte alla scrivania con il cellulare incollato all'orecchio, mostruosamente attraente con addosso dei jeans aderenti e una camicia bianca. Non era difficile capire perché Jake Romano poteva avere tutte le donne che voleva.

Si voltò e la colse nell'atto di guardarlo.

«La richiamo.» Senza attendere una risposta, pose fine alla conversazione e le fece cenno di entrare. «Dunque, ci sono due alternative...» Il tono era professionale e lei dovette compiere uno sforzo per bandire dalla mente i pensieri indecenti e rispondere in modo adeguato.

«Alternative...?»

«Sì, possiamo fare sesso qui...» lui si appoggiò a un angolo della scrivania, «oppure andare a casa mia e farlo lì, ma questo comporterebbe un rinvio e la pazienza non è il mio forte. Quando voglio qualcosa, la prendo. Non ho mai capito il concetto della gratificazione ritardata.»

«Io... pensavo che volessi un resoconto dell'evento.» Il cervello di Paige impiegò un momento a riprendersi dallo shock. «Mi stai chiedendo se dovremmo fare di nuovo sesso?»

«No. Su questo non ci sono dubbi. Tu puoi scegliere dove.»

Lei emise un suono a metà strada tra un ansito e una risata. «Le pareti del tuo ufficio sono di vetro.»

«Lo so.» La contrarietà nella voce di Jake era evidente. «Una scelta di design della quale mi sono pentito. Dovrà essere da me. Fra un quarto d'ora?»

«Ho un appuntamento sulla Quinta Strada.»

«Spostalo.»

«Jake, non posso! È il mio lavoro e grazie a te oggi i nostri telefoni hanno cominciato a squillare.»

«Non avrei mai dovuto affidarti l'organizzazione di quell'evento.» Lui si passò una mano sulla nuca. «Okay, va' pure all'appuntamento, ma poi vieni diritta a casa mia.»

Lei stava avendo difficoltà di respirazione. «Be', prima di incontrarti, vorrei cambiarmi e...»

«Qualunque cosa dovessi metterti, te la toglierò, insieme al trucco e al rossetto, quindi non sprecare tempo.»

Il cuore le batteva all'impazzata nel petto. Questo era Jake, Jake che le parlava come avrebbe potuto parlare a una delle sue amanti. Non si tratteneva e certo non la stava proteggendo.

«Pensavo... non eravamo...» Era divisa tra esultanza e confusione. «È stata una notte incredibile, Jake, ma credevo che avessimo stabilito che sarebbe rimasta solo una notte.»

«Questo l'hai detto tu. Non io.»

«Pensavo che fosse quello che volevi.»

«Non è quello che voglio. Sono quasi diventato pazzo, a forza di proteggerti e mantenere le distanze. Tu non lo sopporti e non lo sopporto nemmeno io.»

Lei aveva il cuore in gola. «Quindi...»

«Quindi è deciso. Ci vediamo dopo. Non appena ti liberi. Oh, Paige, ancora una cosa...» la voce di Jake la fermò a metà strada dalla porta, «... non ci sarà nessun'altra.»

«Prego?»

«Avevi detto che saremmo stati entrambi liberi di frequentare chi ci pareva, ma quando sto con una donna, io sto con lei. Diventa il mio antipasto, il mio piatto principale e il mio dessert. Niente contorni.»

L'aria le fuoriuscì dai polmoni e si dimenticò di tornare dentro. «Non ti facevo così possessivo.»

Lui affondò le mani nelle tasche e scrollò le spalle. «Evidentemente abbiamo ancora delle cose da scoprire uno dell'altra. In determinati settori, non mi va di condividere. Questo è uno di quelli.»

«Vale anche per me.» Avrebbe potuto dirgli che non aveva nulla di cui preoccuparsi. Non soltanto perché non si sarebbe mai sognata di entrare in una relazione che non fosse esclusiva, ma anche perché la sua vita sentimentale assomigliava più a una dieta ipocalorica che a un banchetto.

«Vado all'appuntamento» disse con voce leggermente rauca. «Poi ci vediamo da te.»

Il venerdì successivo, entrando da *Romano's* per parlare con Maria, Jake vide Paige seduta al solito tavolo d'angolo insieme a Eva e Frankie.

Jake vide soltanto lei. Gli ultimi raggi del sole al tramonto danzavano sui suoi capelli castani e le sue labbra erano aperte nel largo, generoso sorriso al quale gli veniva sempre voglia di unirsi.

Aveva passato gli ultimi tre giorni a San Francisco e aveva pensato a lei ogni minuto. La sua concentrazione ne aveva risentito. In diverse occasioni, i suoi interlocutori erano stati costretti a ripetergli le cose due volte.

Per anni, si era tenuto a distanza di sicurezza da lei, e non sapeva come ci era riuscito.

Avrebbe voluto prenderla tra le braccia e riguadagnare il tempo perduto, sebbene nell'ultima settimana non avessero fatto altro che quello, approfittando di qualunque occasione.

«Ciao, Jake.» Matt si alzò, e Jake rimase sconcertato di non essersi nemmeno accorto della presenza del suo amico.

Paige aveva occupato tutto il suo campo visivo.

Stava per ricambiare il saluto, quando Maria sbucò dalla cucina.

«Jake!» Sempre affettuosa, si mosse verso di lui per abbracciarlo e nello stesso momento Paige girò la testa e lo notò.

I loro sguardi si incrociarono per un momento, poi lei riprese a chiacchierare con le sue amiche.

Il suo modo di sorridergli era cambiato, pensò lui mentre si staccava da sua madre. Tutte le loro interazioni erano colorate da nuove sfumature di intimità e consapevolezza.

Maria lo guardò con aria interrogativa. «Ti unisci alle tue amiche, o aspetti qualcuno? Matt mi ha detto che stai frequentando una ragazza.»

Jake si era già pentito dell'impulso che lo aveva spinto a confidarsi. Ancora di più, però, gli dispiaceva che Paige si rifiutasse categoricamente di mettere suo fratello al corrente del sostanziale cambiamento nel loro rapporto.

Lui continuava a sperare che avrebbe cambiato idea, ma non poteva evitare di domandarsi come avrebbe reagito Matt.

Gli aveva fatto promettere che non avrebbe mai toccato sua sorella neppure con un dito.

Era successo più di dieci anni prima, ragionò. Quando lei era ancora un'adolescente insicura e vulnerabile. Questo era diverso.

«Non aspetto nessuno. Non stasera.» E la ragazza che stava *frequentando* era davanti a lui.

Si avvicinò al tavolo e prese posto accanto a Paige, meravigliandosi dell'immediata ondata di gioia che lo pervase.

Lei aveva sempre questo effetto su di lui.

Gli altri si strinsero per fargli spazio.

«Com'è andato il tuo viaggio a San Francisco?» Il tono solare, esageratamente allegro di Eva gli fece capire che sapeva cosa stava succedendo, il che non lo sorprese. Più che tre amiche, loro erano tre sorelle e condividevano tutto, dai trucchi ai segreti, quindi era normale che fossero al corrente.

Dal momento che non si era mai preso la briga di nascondere le proprie relazioni, la cosa non gli dava fastidio. Quello che non gli piaceva era che non lo sapesse Matt.

Era una questione che andava affrontata.

D'altro canto, che senso avrebbe avuto informarlo di una cosa che probabilmente sarebbe finita presto?

Maria gli mise davanti un piatto. Tagliatelle al ragù.

Come per incanto, venne trasportato indietro nel tempo. Si ritrovò bambino, solo e spaventato, con una voragine al posto dello stomaco. La sua vita si era aggrovigliata come un gomitolo di lana finito tra gli artigli di un gatto. Il mondo che aveva conosciuto fino a quel giorno non esisteva più, il futuro gli appariva buio e irto di pericoli.

Aveva imparato un sacco di cose quella notte. Aveva imparato che, quando non volevano farsi sentire dai bambini, gli adulti sussurravano, aveva imparato che Maria, la loro vicina, era la cuoca più brava e la persona più gentile che avesse mai incontrato, aveva imparato che l'amore era l'emozione meno affidabile che esistesse.

Fissò le sue tagliatelle, poi lanciò un'occhiatina a Paige.

Il suo sorriso aperto, sincero scosse le fondamenta della sua sicurezza.

Gli aveva assicurato di essere in grado di gestire il loro rapporto, ma era vero?

E se l'avesse fatta soffrire?

«Sei riuscito a chiudere il contratto di cui mi avevi parlato?» Matt gli avvicinò una birra. Normale. Amichevole.

Il fatto che fosse così amichevole accrebbe i sensi di colpa di Jake.

Avrebbe dovuto essere onesto con lui.

«Sì, è andato tutto bene.» Impugnò la forchetta. «E la *Urban Genie*? Come procedono le cose per voi?»

«Siamo molto impegnate.» Frankie aveva accantonato per un momento il proprio piatto e stava scribacchiando qualcosa su un quaderno. «Abbiamo più lavoro di quanto possiamo gestire.»

«Ma lo stiamo gestendo.» Paige si mise in bocca un pezzo di pasticcio, ma non sembrava particolarmente affamata. «Abbiamo dei buoni contatti e non siamo le uniche ex dipendenti della *Star Events*. Ho trascorso gli ultimi due giorni al telefono.»

Poiché non poteva stare un altro secondo senza toccarla, Jake allungò la mano verso la sua gamba e la trovò nuda.

«Oggi un tizio mi ha chiesto se abbiamo un sito web» disse Eva. «Forse ce ne serve uno. In modo che la gente sappia cosa facciamo. Tu che ne pensi, Jake?»

Lui pensava soltanto a Paige e alla levigata morbidezza della sua pelle. Spinse le dita un po' più in su sulla sua coscia.

Cosa aveva addosso? Un paio di shorts? Oppure un gonnellino corto, di quelli che coprivano a malapena l'inguine?

I circuiti del suo cervello si fusero.

Matt inarcò le sopracciglia. «Niente consigli?»

«Consigli?» Non riusciva nemmeno a pensare, come avrebbe potuto dare consigli? Stava impazzendo. «Su cosa?» Abbassò lo sguardo.

Gonna, pensò. Era una gonna. Ma chi l'aveva disegnata aveva risparmiato molto sulla stoffa.

Aveva delle gambe stupende.

«Sul sito web.» Matt lo guardava, incuriosito. «Ma che ti prende?»

«Ho un sacco di cose per la testa.» Paige. Nuda. Le sue lunghe gambe che gli allacciavano i fianchi. Ecco cosa aveva per la testa. «Qual è il problema?»

Paige bevve un sorso d'acqua. «Il problema è che

stiamo ricevendo una marea di telefonate e parecchie sono per cose poco importanti, tipo servizi di lavanderia, dog sitting e via dicendo. Non riusciamo più a lavorare perché siamo sempre al telefono. Dobbiamo trovare un modo di filtrare le chiamate dei clienti.»

Frankie arrotolò gli spaghetti sulla forchetta. «Potremmo assumere una centralinista.»

Jake fece uno sforzo di concentrazione. «Quello che vi serve» disse, «è una app.»

«E che ce ne facciamo?»

Sentiva che Paige lo stava guardando, ma tenne gli occhi fissi sul piatto. Se l'avesse guardata, molto probabilmente l'avrebbe baciata, infischiandosene delle conseguenze. «Siete un genio, no?» Provò con l'umorismo, nella speranza che coprisse la sua confusione. «Le persone vorranno sfregare la vostra lampada.» Affondò la forchetta nelle tagliatelle.

«Non è un'idea così stupida.» Matt prese la birra. «Potresti farlo per lei?»

Jake inghiottì il boccone senza quasi masticarlo, prima che lo strozzasse. «Cosa?»

«Progettare questa app» disse pazientemente Matt. «Ma sei sicuro di stare bene?»

«Ho fame. Non riesco a pensare, quando ho fame.» E certo non ci riusciva con la coscia di Paige premuta contro la sua. Doveva inventarsi qualcosa. Per esempio, sparire nel bagno e, tornando, sedersi dall'altra parte del tavolo.

«Vuoi che prenda tua sorella come cliente? Stai scherzando. Preferirei passarmi sulla pelle la corazza di un armadillo.»

Frankie sogghignò, ma Paige emise un suono di protesta. «Lavorare con me è facilissimo.»

Jake tenne gli occhi sulle tagliatelle. «Sei una maniaca del controllo.»

«Sono perfezionista.» Lei ebbe un'esitazione. «E va bene, lo ammetto, la sensazione di essere sul ponte di comando mi piace. Hai paura delle donne forti, Jake?»

Lui ebbe una visione di Paige che lo montava, cavalcandolo sinuosamente, le labbra schiuse in un sorriso sensuale.

«La forza è un conto, il desiderio di controllo un altro. Tu non riesci nemmeno a ordinare qualcosa al ristorante senza voler andare in cucina per vedere come la preparano.»

«Per piacermi, le cose devono essere fatte in un determinato modo. Che male c'è?»

«Nessuno. Solo che anch'io voglio le cose fatte in un determinato modo. Noi due insieme saremmo una ricetta sicura per la frustrazione.» Anche per l'oblio dei sensi. Lo sapeva. L'aveva già assaggiata, quella ricetta. «Preferisco non lavorare con te. Rischierei di strangolarti. Però posso darti delle dritte.»

Matt si accigliò. «Veramente ti rifiuti di aiutare la mia sorellina?»

Sorellina? *Sorellina?*

Jake pensò a quello che si erano fatti a vicenda e cominciò a sudare.

«Sì. Rifiuto veramente. Le ho già affidato l'organizzazione del mio evento.»

«Compito che abbiamo portato a termine brillantemente» disse Paige e lui inclinò la testa.

«Compito che avete portato a termine brillantemente. Ma questa è la tua area di esperienza. Sul prenderti come cliente, tiro una linea. Rischierebbe di rovinare un bellissimo rapporto.» Solo che l'aveva già rovinato. Oppure era stata lei? Non ricordava nemmeno chi fosse responsabile di quello che era successo. Tutta la vicenda era avvolta da una fitta nebbia erotica.

«Non si rovinerà niente. Non ho bisogno di una cosa

complicata» disse Paige. «Ma forse non sei in grado di farlo.»

Lui si domandò se stesse parlando della app, oppure della loro relazione. «La parte complicata non è la tecnologia. Quella potrei metterla insieme anche da ubriaco.»

«Allora dov'è il problema?»

Perché diavolo glielo chiedeva? Lo sapeva perfettamente!

«Parlerò con uno dei miei collaboratori. Gli dirò di inventarsi qualcosa.»

Matt era perplesso. «Perché non lo fai tu?»

Perché la situazione con Paige si stava complicando. Era passata solo una settimana, e si sentiva già fuori squadra, scombussolato. Prima non gli era mai accaduto. Fino a quel momento, le sue relazioni erano state estremamente semplici, quasi basilari. «Non mescolo il lavoro con l'amicizia...»

«Ehi, devi solo crearle una app» disse blandamente Matt, «non portartela a letto.»

Eva rovesciò il bicchiere, inondando il tavolo e Paige balzò in piedi, un liquido appiccicoso e luccicante che le colava lungo le gambe.

Frankie le lanciò un tovagliolo e Jake uscì dalla panca prima di cedere alla tentazione di leccargliele tutte.

«Costruirò la vostra dannata app» bofonchiò. «E Dani troverà una ragazza che vi faccia da centralinista finché non sarete in grado di cavarvela in un altro modo.»

Paige gli passò accanto diretta verso il bagno e per un istante i loro fianchi si toccarono, trasmettendogli un'immediata sensazione di calore.

Poi lei se ne andò, lasciandolo disorientato.

Merda, merda, merda.

Rimase impalato là, a chiedersi cosa doveva fare per sbrogliare quella matassa.

Frankie, pratica come sempre, finì di asciugare il tavolo e Matt si risedette.

Con la coda dell'occhio, Jake vide Paige sparire nel corridoio del bagno.

«Ti porto un'altra aranciata» disse a Eva, e la seguì.

La raggiunse davanti alla porta del bagno e, afferrandola per un braccio, la portò fuori, nello stretto vicolo che correva dietro il ristorante.

La spinse contro il muro, intrappolandola.

«Che fai? Che ti prende?» chiese lei con gli occhi sbarrati. «Non sei obbligato a disegnarmi una app, se non vuoi. Non è necessario che...»

«Mi stai facendo impazzire.» Lui sentiva il profumo dei suoi capelli e del suo corpo. Avrebbe voluto spogliarla e baciare ogni centimetro della sua soffice pelle. Invece, si accontentò di baciarle la bocca, con un impeto sensuale che le fece sgorgare dalla gola un gemito strozzato.

«Jake...»

Le affondò una mano nei capelli, tenendola in posizione per approfondire il contatto, sentendo la presa delle sue unghie nelle spalle mentre rispondeva al bacio.

In lontananza, molto distante, arrivava il brusio di una conversazione soffocata, risate, l'aroma dell'aglio mescolato all'aria umida della notte, ma qui fuori c'erano soltanto loro due.

Le infilò la mano libera sotto la gonna e la sentì fremere.

«Mi sei mancata» mormorò.

«Sei stato via solo tre giorni.»

«Troppi, tre giorni sono troppi.» La carezzò in mezzo alle cosce e raccolse l'ansito che le sfuggì dalle labbra. «Mi vuoi anche tu.»

«Sì...»

Dio solo sapeva fino a dove si sarebbe spinto quel bacio, se all'improvviso dalla cucina non si fosse levato un clangore di metallo, seguito da una colorita imprecazione in italiano.

Paige sobbalzò e lo respinse.

Si fissarono, gli occhi sgranati e a quel punto lui si rese conto che se non fossero tornati presto al tavolo, qualcuno sarebbe andato a cercarli.

Con riluttanza, si tirò indietro, sfiorandole la guancia con la punta delle dita prima di abbassare la mano. «Dobbiamo rientrare. Che fai questo weekend?»

«Io... niente. Lavorerò, credo.»

«Passalo con me.»

Jake non riusciva a credere di averlo detto.

Non aveva mai trascorso un intero weekend con una donna. Due giorni uno in fila all'altro.

Paige sorrise. «Perché no? Cosa vorresti fare? Hai già qualche idea?»

«Hai bisogno di chiederlo?»

. 16 .

Se pensi che l'amore sia la risposta,
forse stai facendo la domanda sbagliata.
Frankie

«Domani Eva e io pensavamo di andare a fare un picnic a Central Park.» Frankie chiuse il computer portatile e si alzò. «Vieni anche tu?»

Paige scosse la testa. «Devo lavorare.»

Frankie la guardò. «Il tuo lavoro ha per caso bicipiti da lottatore, un sorriso incredibilmente sexy ed è il proprietario di questo posto?»

L'ansia si mescolò all'euforia. «Pensi che sono pazza?»

«Onestamente? Sì, lo penso.» Frankie infilò il portatile nella custodia. «Voglio bene a Jake, ma è un noto dongiovanni, uno che gioca con le donne.»

«Sono capace di giocare anch'io. Mi sto divertendo.»

«Sono contenta per te, basta che non ti innamori.»

Paige si irrigidì. «Non succederà.»

«Sicura? Perché questo sarà il quarto weekend di fila che trascorri con lui e, se stai sognando abiti da sposa e carrozze, hai sbagliato indirizzo: Jake non abita lì.»

«Lo so. Lo conosco da più tempo di te.»

«Sì, la differenza è che io non sono stata innamorata di lui per metà della mia vita.» Frankie mise nella borsa anche alcune cartelle e Paige deglutì.

«Non sono... forse una volta lo ero, ma adesso non più e...»

«Bene.» Frankie si risistemò con un dito gli occhiali sul naso. «Quindi ti resta solo il problema di Matt. Glielo hai detto?»

Paige venne aggredita dai sensi di colpa. «No. Era solo una notte e...»

«Adesso sono diverse notti» disse Frankie, piatta. «Dovresti dirglielo, Paige. Sotterfugi e segreti sono una cosa molto brutta, all'interno di un rapporto personale, soprattutto tra fratelli. Credimi, lo so. Sono cresciuta in mezzo ai segreti. Alla fine, vengono sempre fuori e, quando succede, è decisamente sgradevole.»

Paige sapeva che stava pensando a sua madre. «Questo è diverso. Cosa c'è da dire? Ci stiamo divertendo, tutto qui. Siamo entrambi liberi. Probabilmente finirà presto. Non c'è niente da dire, Frankie.»

«Scopi allegramente con il suo migliore amico. È giusto che lui lo sappia. Jake che ne pensa?»

Era un punto di disaccordo tra loro.

«Vorrebbe dirglielo, ma io gli ho fatto promettere di non farlo.»

«Questa è dura per lui. Lo metti in una posizione difficile.»

Paige sospirò. «Frankie...»

«Ti voglio bene. Sei la mia migliore amica. Ma sono preoccupata per te. Questa faccenda ti si rivolterà contro. Se Matt lo scoprisse, si sentirebbe ferito e di conseguenza anche tu. Jake mi piace, ma questo non significa che non lo strozzerei se dovessi soffrire per causa sua.»

Paige si passò la mano sulla fronte. «Ci penserò. Vedrò come va questo weekend. Prima che te ne vada, ci sono novità di cui devo essere messa al corrente?»

«È tutto sotto controllo. Il matrimonio è confermato.

Mi hanno chiesto se conosco un fotografo e ho segnalato Molly.»

«Ottima scelta.» Avevano lavorato con lei alla *Star Events*. Era davvero in gamba. «Dovremmo proporle di entrare nella lista nei nostri collaboratori di fiducia. Qualcos'altro?»

«Matt mi ha chiesto di fare un preventivo per un giardino pensile. Victoria, che normalmente si occupa di queste cose per lui, è sovraccarica di lavoro.» Frankie si mise in spalla le sue borse, prima una, poi l'altra. «Mi piacerebbe dargli una mano, ma capisco per quale motivo tu potresti non essere d'accordo.»

«Siamo socie» ribatté Paige. «Non devi chiedermi il permesso. Se ti va di farlo, fallo. E poi, avere contatti di lavoro con mio fratello potrebbe rivelarsi utile.»

«A te i favori non piacciono.»

«Questo non è un favore. Lui ha bisogno dei nostri servigi. Gli manderò la fattura.»

Frankie sogghignò. «Stai diventando una spietata imprenditrice. Allora gli dirò che accetto e andrò a visionare il posto con lui. Si trova nell'Upper East Side e pare che sia piuttosto grande. Quando sarà finito, lo inaugureranno con una festa. Farò in modo che la *Urban Genie* venga presa in considerazione per l'organizzazione.»

Frankie lasciò la stanza e Paige si rimise a lavorare.

Arrivò a fine pomeriggio senza commettere errori di rilievo. Fece una stima dei costi per due eventi, fissò un appuntamento per ispezionare una possibile location e ricevette le telefonate di tre persone in cerca di lavoro. Le inserì nella lista e disse che, se fosse saltato fuori qualcosa, le avrebbero contattate.

Non voleva fare promesse che non era sicura di poter mantenere. Non voleva assumere persone, illuderle e poi magari essere costretta a licenziarle sei mesi dopo.

Iniziò a preparare una proposta per un grosso evento di marketing e, quando staccò lo sguardo dallo schermo del computer, si accorse che il cielo era buio.

Si alzò, stiracchiandosi per sciogliere i muscoli contratti dalla prolungata immobilità.

«Hai fatto tardi.» Dani si affacciò sulla soglia, i capelli sciolti che le ricadevano sulle spalle. «Jake mi ha chiesto di sentire di cosa avete bisogno. Ha detto che vi serviva qualcuno per rispondere al telefono e prendere nota delle richieste. Laura sarebbe perfetta. È qui solo da due settimane, però è sveglia.»

«Cosa faceva prima?»

«Era a casa con i bambini. Aveva perso un po' di sicurezza e faceva fatica a reinserirsi nel mercato del lavoro. Adesso è con noi.»

«Chi l'ha assunta?»

«Non io. Jake. È stata una decisione rischiosa, ma Jake non ha paura dei rischi. Ha visto in lei un potenziale che io non avevo notato. E sbaglia di rado.» Dani fece un passo all'interno della stanza. «Domani te la presenterò, così potrai spiegarle di cosa avete bisogno. Prima di mettere su famiglia, Laura ha lavorato alla reception di un grande albergo. Non appena riacquisirà sicurezza, diventerà un'ottima impiegata. Stai per andare a casa?»

«Sì. Anzi no, probabilmente no.» Paige batté le ciglia, rendendosi conto che la sua mente era mille miglia lontano. «Ho ancora da fare.»

L'altra donna sorrise. «Comincio a capire perché Jake ti ha dato questo ufficio. Ti adatti perfettamente all'ambiente.»

Paige continuò a lavorare fino a farsi scoppiare il cervello, poi, finalmente, spense il computer.

Era mezzanotte e, a parte lei, l'edificio doveva essere ormai vuoto.

A volte capitava che i collaboratori di Jake non tornassero nemmeno a casa, ma al momento molti di loro erano a San Francisco per la realizzazione del contratto che lui aveva siglato la settimana precedente.

Sbadigliando, raccolse la borsa e uscì dallo spazio che divideva con Eva e Frankie.

«Paige.»

La voce di Jake risuonò all'improvviso dietro le sue spalle, profonda e sicura. Sperimentò un brivido di eccitazione, seguito da una sensazione di euforia.

Nascondendo le emozioni sotto una maschera di indifferenza, si voltò. «Ciao. Non mi ero resa conto che fossi qui. È tardi.»

«Mezzanotte passata. Tecnicamente, siamo entrati nel weekend. E noi abbiamo un appuntamento.»

«Credevo che fosse per domani.»

«Domani è già cominciato. Ho lavorato come un matto per tutta la settimana, e tu anche. Vieni nel mio ufficio. Ho una cosa da mostrarti.»

L'espressione dei suoi occhi le mandò il cuore in gola.

«L'ho già vista e devo ammettere che sono rimasta impressionata.»

Lui rise. «Non è l'unica cosa impressionante che ho.»

Lei inarcò un sopracciglio. «Adesso sono incuriosita.» Entrò nel suo ufficio e lui richiuse la porta.

«È stata una lunga settimana.» I suoi occhi si erano scuriti e le pulsazioni di Paige accelerarono.

«Sì.»

Le mise una mano sul collo e reclinò la fronte sulla sua. «Prima ero venuto a cercarti e ti ho trovata al telefono con un cliente. Altrimenti ti avrei sbattuta sulla scrivania e avrei fatto delle cose molto brutte. Cosa dice questo di me?»

«Che ami il rischio e non hai alcun rispetto per l'arredamento» rispose Paige.

«E tu...» La bocca di lui scese minacciosamente verso la sua. «Sei anche tu un'amante del rischio?»

Lei allacciò due dita ai bottoni della sua camicia. «Credo di sì.»

Jake abbassò la testa e la baciò, affondandole le mani nei capelli, la bocca sensuale ed esigente. Paige si sciolse come neve al sole e lui la spinse contro il muro più vicino, lasciandosi sfuggire una specie di rantolo.

Lo sentì trafficare dietro la propria schiena, dove c'era una porta della cui esistenza non si era mai accorta. Jake la aprì ed entrarono in una stanza lunga e stretta.

«Cos'è questo posto?» chiese, registrando vagamente la presenza di scaffali, armadietti e altre due porte.

Lui richiuse la porta con il piede, senza mollarla neppure per mezzo secondo. «Magazzino, spogliatoio... c'è persino un letto per i casi di emergenza, ma non lo uso quasi mai.»

«Un letto?»

«Sì.» Le sollevò il vestito e lei trasalì sentendo il calore delle sue mani sui fianchi e le cosce: cercavano qualcosa e non tardarono a trovarla. Poi ci furono solo le abili carezze delle sue dita e il desiderio che, partendo dal ventre, si diffuse in tutto il corpo.

«Jake...»

«Sei stupenda.» Rimase incollato alla sua bocca e continuò a toccarla, innescando una spirale di piacere che, nel giro di un minuto, la portò a gemere e premersi contro di lui.

Sentì la rigida protuberanza della sua erezione e si affrettò a liberarla.

Per un attimo, rimasero immobili, inchiodati contro la porta, persi nel loro torrido universo privato. Poi lei sentì le sue mani sulle cosce, sentì i suoi muscoli che si tendevano per sollevarla. Prigioniera del suo sguardo, gli avvinghiò le gambe attorno alla schiena.

La prima spinta le strappò un grido che lui raccolse direttamente dalle sue labbra, soffocando ogni suono, lasciando solo le sensazioni. La sensazione di Jake che la riempiva e la possedeva, prendendo tutto quello che aveva da dare, precipitandola verso un orgasmo che le piombò addosso con tale rapidità da coglierla alla sprovvista. Lo sentì imprecare quando lo strinse stretto, lo sentì inarcarsi per bilanciare le selvagge ondulazioni dei suoi fianchi, e percepì il momento in cui perse il controllo e venne.

Poi ci furono solo l'avida pressione della sua bocca e l'incredibile bolla di intimità che si creava ogni volta che stavano insieme. Diventava sempre più intensa e profonda, di gran lunga superiore a tutto quello che aveva sperimentato in precedenza.

Forse dipendeva dal fatto che lo conosceva da molto tempo, che lo aveva aspettato per così tanti anni.

Alla fine, lui si staccò e rimase là, il respiro affannoso, la fronte reclinata su un braccio mentre l'altro le cingeva ancora la vita.

Sprofondata nell'incavo della sua spalla, lei chiuse gli occhi, assorbendo il suo profumo, registrando ogni minimo movimento del suo corpo. Era così uomo e, in quel momento, era soltanto suo.

«Abbiamo appena fatto sesso nel tuo ufficio.»

«Sì. All'epoca avevo il dubbio che questo stanzino fosse uno spreco di spazio, ma adesso sono contento di averlo fatto costruire.»

Lei si sentiva debole. «Anch'io. È la prima volta che lo faccio contro una porta.»

Lui emise una rauca risata e si tirò indietro quel tanto che bastava per guardarla. «Non si smette mai di imparare.» Le sfiorò la guancia con una carezza affettuosa e al tempo possessiva. «Tutto a posto?»

«Credo di sì. Anche se non riesco a capacitarmi...» Aveva fatto sesso con Jake nel suo ufficio. In piedi. «Forse per te è diverso, perché sei abituato.»

«È stata la prima volta anche per me. Comincio a pensare che quella di condividere l'ufficio non sia stata una buona idea.» Lui la lasciò andare, rassettandole gentilmente il vestito.

«Volevi mostrarmi una cosa.» Lei si sforzò di suonare normale, come se quello che era successo non avesse stravolto la sua visione del mondo. «Era questo?»

Lui la fissò con aria assente, poi nei suoi occhi apparve un barlume di comprensione. «No, non era questo. Ti ho creato una app.»

Lei si commosse. «Davvero?»

«Sì, avevo intenzione di farti vedere come funziona, ma sono stato distratto. Colpa tua.»

«Fammela vedere adesso.»

«Forse è meglio aspettare lunedì, quando ci saranno anche Eva e Frankie.» Lui chinò la testa e la baciò con una sapiente miscela di dolcezza e sensualità. «È cominciato il weekend. Il lavoro può aspettare.»

«Non voglio aspettare. Dai, mostrami la app.»

«E va bene. Mentre ceniamo.»

«A quest'ora? Ma è tardissimo!»

«Deve essere per questo che sono così affamato.» Il sorriso di Jake era malizia allo stato puro. «E questa è Manhattan. Qui il concetto di *tardi* non esiste. Dietro l'angolo c'è un ottimo ristorantino greco. Sono sempre aperti e si mangia da Dio.»

«Tua madre sa che mangi greco?»

«Mia madre non sa metà delle cose che faccio.» La prese per mano e la condusse fuori dall'ufficio e verso l'ascensore.

Scesero in un silenzio che ribolliva di alchimia sessuale e desideri proibiti. Il cuore di Paige palpitò. Era convinta di non aver emesso alcun suono, ma doveva esserle sfuggito un piccolo sospiro, perché lui le lanciò un'occhiata rovente. Lei si affrettò a distogliere lo sguardo, altrimenti ci sarebbe stato il rischio che lo facessero anche lì, in ascensore.

In qualche modo, arrivarono al livello della strada e poi ci fu solo la lieve pressione della sua mano sulla schiena, mentre percorrevano i due isolati che li separavano dal ristorante.

A dispetto dell'ora, era affollato. Pochi tavoli, occupati da persone che si conoscevano, immerse in un'atmosfera che ti riportava immediatamente alle isole dell'Egeo.

Jake rifiutò i menù con un cenno della mano, ordinò per entrambi e tirò fuori il tablet. «Preparati a restare sbalordita.»

Il suo entusiasmo le strappò un sorriso. «Sono pronta. Comunque, per tua informazione, sono in grado di ordinare da sola.»

«Lo so, ma io vengo spesso qui e conosco i piatti migliori. Avvicinati.» Jake spostò la sedia, girandosi dalla sua parte. «La vedi questa? È l'icona della tua app.»

«Che carina.» Lei sorrise. «Un antico lume a olio mediorientale. Devo strofinarlo?»

«Basta toccarlo.» Lui picchiò il dito sullo schermo e lei guardò, intrigata, mentre le illustrava le varie funzioni. «È molto semplice, in modo che lo possano usare anche le persone che hanno poca dimestichezza con il computer. Cliccando qui, appare un elenco dei servizi che offrite. I clienti li selezionano in base alle loro necessità e Laura filtrerà le varie richieste, inoltrandole alla persona giusta. Se c'è da portare a passeggio un cane, al dog sitter, se qualcuno ha bisogno di una lavanderia, al fattorino addetto alle consegne, e così via. In questo modo, tu sarai libera di concentrarti sugli eventi e le richieste più complicate e importanti.»

Lei gli pose alcune domande e poi sperimentò da sola. «Questo è incredibile. Lo adoro. Lo hai programmato tu?»

«Sì.»

«Ma eri impegnato con quel grosso contratto a San Francisco e... pensavo che non facessi più questo genere di cose. A parte quando si tratta di cyber security. Ero convinta che adesso ti dedicassi solo ai clienti.»

«È così.»

Lei gli restituì il tablet. «Allora perché hai programmato la nostra app?»

«Perché era per te. Perché ne avevi bisogno.» Lo disse guardandola negli occhi e lei avvertì una sensazione di calore al centro del petto.

«Grazie. Ovviamente ti pagheremo.»

«Non voglio essere pagato. In questo periodo dormo meno del solito e devo pur fare qualcosa con il mio tempo.» Lui attese che la cameriera servisse la loro cena, una serie di piccoli piatti accompagnati da pane pita ancora caldo dal forno. «Hai qualche idea per il weekend?»

Lei sorrise. «Troverò altri modi per tenerti sveglio.»

. 17 .

Il semplice fatto che un uomo non chieda indicazioni,
non significa che non si sia perso.
Paige

Quel sabato, andarono sulla High Line, il tracciato ferroviario in disuso che era stato trasformato nel più alto parco pubblico di Manhattan. Lungo un miglio e mezzo, si dipanava attraverso i quartieri di West Manhattan, una verdeggiante passeggiata in mezzo a giardini sospesi, fiori selvatici, erbe aromatiche e cespugli che ammorbidivano le linee geometriche degli edifici circostanti.

Quando si sentirono stanchi, presero un caffè e si sedettero su una graziosa panchina ombreggiata da un rampicante direttamente sopra West Fifteenth Street, da dove lo sguardo si spingeva fino al Fiume Hudson, all'Empire State Building e alla Statua della Libertà.

«Adoro questo posto.» Jake strizzò gli occhi contro il sole. «Mi ricorda che le cose non devono restare sempre uguali. Che possono cambiare, rinascere e rigenerarsi.»

Tenendo il caffè in equilibrio sulla pancia, Paige allungò le gambe e inclinò il viso verso l'alto. «È un po' la sintesi del tuo lavoro, no? Trovare nuovi modi di fare le cose. Ringiovanire il vecchio.»

«Io non ringiovanisco. Invento.»

Lei chiuse gli occhi e sorrise. «Mister Sensibilità.»

«È la prima volta che una donna mi definisce sensibile.»

«Io conosco tutti i tuoi punti sensibili.» Il cellulare iniziò a squillare e lei riaprì gli occhi, recuperandolo dalla borsa. «Aspetta, vedo chi è e...» Era sua madre, ragion per cui rispose, scusandosi con un rapido sorriso.

«Mamma?» Si girò leggermente, sorridendo mentre ascoltava l'eccitato resoconto di sua madre sulle loro ultime scorribande attraverso l'Europa. «È fantastico. Sono felice che vi stiate divertendo... Sì, qui tutto bene. Il lavoro va a gonfie vele. Quasi troppo.» Andò avanti a parlare per un altro paio di minuti, poi chiuse la comunicazione. «Scusa.»

«E per cosa?» Jake finì il suo caffè. «Hai una madre che vuole sapere come stai. Andate d'accordo. Sei fortunata.»

Lei abbassò lo sguardo sul bicchiere che aveva in mano. «Non ti viene mai il desiderio di sapere che ne è stato di tua madre? Della tua vera madre? Quando ne parlammo quella notte, anni fa, mi hai detto che ci stavi pensando.»

«A cosa servirebbe? Sono giunto alla conclusione che, se avesse voluto restare in contatto, avrebbe trovato un modo per farlo. L'adulta era lei, io il bambino. Sapeva esattamente dove vivevo.»

Lei si premette sul suo fianco e lui girò la testa e sorrise. «Non guardarmi così, con quei grandi occhi tristi. È stato tanto tempo fa. Posso onestamente affermare che non ci penso più.»

Forse era vero, ma quell'esperienza lo aveva segnato, facendolo diventare l'uomo che era. «Se mai sentissi il bisogno di parlarne...»

«Non c'è niente di cui parlare. Mia madre è Maria, lo è da quando avevo sei anni. Nella mia vita non c'è spazio per un'altra madre, specialmente per una che ha dimostrato di fregarsene di me. E poi, ti immagini come sarebbe, avere due madri?» Lui rabbrividì. «Due donne che ti chiedono quand'è che metterai la testa a posto e comincerai a sfornare nipotini? No, grazie, risparmiatemi almeno questo.» Si alzò e le tese la mano. «Dai, camminiamo ancora un po'. Voglio tornare a casa presto, perché stasera ti preparo la cena.»

Lei si lasciò tirare in piedi, desiderando di poter guarire le sue ferite. Il petto di Paige era solcato da una lunga cicatrice, ma quelle di Jake, sebbene invisibili, non erano meno dolorose. «Sai cucinare?»

«Ehi, sono stato cresciuto da un'italiana. Quando avrai assaggiato le mie lasagne al forno, ti metterai in ginocchio, implorando di averne un altro po'.» Se la strinse al petto e la baciò. «E non sarà l'unica cosa che implorerai...»

Di ritorno all'appartamento, lui aprì una bottiglia di vino e si mise al lavoro. Lei si sedette su uno sgabello e lo osservò, meravigliandosi di quanto facile e naturale fosse condividere quello spazio, mentre lui si spostava, scalzo, da un capo all'altro della sua fantascientifica cucina.

«Questa è stata una delle prime ricette che ho imparato da mia madre.» Dopo aver disposto i vari ingredienti a strati in una teglia, la infilò nel forno, che nel frattempo aveva raggiunto la giusta temperatura.

«Sono impressionata» disse lei, cominciando a lavare quello che lui aveva sporcato. «Ti muovi come un vero chef.»

«Ti consiglio di assaggiare prima di esprimere un'opinione. Tua madre cucina?»

«Sì. Crescendo ho sempre mangiato quello che preparava lei. Anche quando ho iniziato la scuola. Siccome Puffin Island è piccola, tornavo a casa per pranzo.»

«Qual è il tuo piatto preferito?»

«Ovviamente gli astici, cotti direttamente in spiaggia.» Lei bevve un sorso del vino che le aveva versato. «Ce ne stavamo lì con i piedi affondati nella sabbia, guardando il sole che tramontava sull'oceano. Pura beatitudine.»

Parlarono, scambiandosi storie, apprendendo cose nuove dell'altro e ogni confidenza consolidava le fondamenta della loro relazione.

Quando le lasagne furono pronte, mangiarono al tavolo, osservando i riflessi del tramonto sull'Hudson.

«Maria ti ha insegnato bene.» Paige mise giù la forchetta, contemplando il piatto vuoto. «Squisito. Allora, dimmi, com'è andata a San Francisco? I clienti erano contenti del tuo lavoro?»

«Sì. Vuoi vederlo?»

«Hai bisogno di chiederlo?»

Lui sorrise e aprì il portatile.

Lei si concentrò sullo schermo, seguendo i vari aspetti del design man mano che glieli spiegava. Suo fratello le aveva sempre cantato le lodi di Jake, dicendo che era incredibilmente intelligente e, da quando condividevano l'ufficio, lei aveva potuto rendersene conto di persona. Aveva visto il rispetto che gli portavano i suoi dipendenti, il numero di clienti che aspettavano di essere ricevuti. Jake non aveva bisogno di cercare lavoro. Era il lavoro che andava da lui.

Ne aveva più di quanto ne potesse gestire e questo accadeva perché era bravo. Il migliore.

Era una lezione che valeva anche per lei. Doveva fare in modo che la *Urban Genie* acquisisse una reputazione di eccellenza.

Nella mezz'ora che seguì, lui le illustrò l'intero programma, mostrandole come funzionava.

«Jake, questo è incredibile.» Paige lo esplorò, affascinata. «Rivoluzionerà la loro compagnia.»

«Lo pensano anche i diretti interessati.» Lui richiuse il portatile. «Continuo a dimenticarmi che frequento una fanatica del computer. È una piacevole novità.»

«Non sono fanatica. Sono una ragazza incredibilmente sensuale che, per puro caso, ama la tecnologia.»

«Sei una fanatica. Immagino che potresti metterti gli occhiali mentre facciamo sesso?»

«Credi che mi renderebbe più eccitante?»

«Nulla può renderti più eccitante di come sei.» Lui se la tirò sulle ginocchia e lei sorrise.

«Attento, l'hardware è piuttosto delicato.»

«Adoro il tuo hardware.» Lui fece scivolare le mani sul suo corpo. «Ma anche il software non è niente male.»

«Cos'è, sesso cibernetico?» mormorò lei contro la sua bocca. «Mi piace, assomiglia a quello telefonico... solo che la tecnologia è diversa.»

Lui rise. «Sei la donna più sexy che abbia mai incontrato.»

«Non scherzi nemmeno tu, per uno che comunica in codice binario. Ammiro la passione che metti in quello che fai.» Lo baciò. «Posso farmi prestare gli occhiali da Frankie, se pensi davvero che il sesso ne trarrebbe vantaggio.»

Lui la prese tra le braccia, si alzò e la trasportò in camera, depositandola al centro del letto. «Ti sembra che il sesso tra noi abbia bisogno di miglioramenti?»

Forse no, però stava cambiando. La febbrile frenesia delle prime volte, probabilmente dettata dalla voglia di guadagnare il tempo perduto, stava lasciando spazio a qualcosa di diverso, più profondo, più personale. Il senso di scoperta c'era ancora, ma accompagnato da maggiore consapevolezza.

Lei lo guardò con aria ammiccante. «Non so, però si

può sempre provare, non trovi?» Cominciò a slacciarsi il vestito e vide i suoi occhi che si scurivano.

«Sei una provocatrice.»

«Se lo fossi, mi fermerei sul più bello, invece a me piace andare fino in fondo... il più possibile in profondità.» Gli mise una mano sul torace e la fece scivolare verso il basso, sui muscoli scolpiti dell'addome e ancora più giù, sul bottone dei suoi jeans. Lui smise di respirare. «Sei sempre dell'idea che dovrei prendere in prestito gli occhiali di Frankie?»

«No. Anche perché poi non vedresti più niente. È miope, oppure presbite?»

Paige esitò. Il motivo per cui Frankie portava gli occhiali era una cosa che preferiva non rivelare. «Non sono sicura» disse alla fine, chinando la testa. «Fortunatamente per te, la mia visione è perfetta e adesso sto vedendo qualcosa che mi interessa molto. Vieni qui, voglio esaminarlo più da vicino.»

Il weekend passò in un pigro alternarsi di risate, conversazioni e sesso.

Domenica, consumarono un brunch in un piccolo caffè davanti a Central Park e poi passeggiarono mano nella mano lungo i viali tortuosi, guardando i ragazzi che pattinavano, le famiglie con le carrozzelle, i fanatici del jogging che sembravano determinati a correre fino alla morte.

Raggiunsero il laghetto delle barche e Jake si fermò.

«Cosa?» Lei si girò verso di lui, poi seguì la direzione del suo sguardo e iniziò a ridere. «Stai scherzando?»

«No, non scherzo.»

«Vuoi che venga in barca con te?»

«Hai fatto praticamente di tutto con me.» Lui si domandò com'era possibile che fosse ancora capace di arrossire dopo quello che era successo. «Come sei carina.»

«Non sono carina.» Lei lo sfidò con gli occhi. «Sono sexy. Sono l'amministratore delegato della *Urban Genie*. Ne avrai sentito parlare. Siamo piuttosto famosi.»

«Corre voce che l'amministratore delegato, a letto, sia una bomba.» Lui se l'attirò bruscamente contro, strappandole un ansito. «È vero, sei sexy. E lo sarai ancora di più dopo il tuffo che farai quando rovescerò la barca.»

«Vuoi solo vedermi con i vestiti bagnati addosso, come la notte che mi sono presentata alla tua porta dopo l'evento del mese scorso.»

Mese scorso?

Era passato davvero così tanto tempo?

Jake ebbe un moto di sorpresa.

«Che c'è?» Il sorriso di Paige si spense. «Ho detto qualcosa di sbagliato?»

«No. Va tutto bene.» La voce di lui si era arrochita. «Stavo pensando a quella notte e... mi sta venendo voglia di buttarti in acqua solo per ricreare quell'effetto.»

«Non azzardarti» ribatté lei, minacciandolo con il dito. «Sono secoli che non remo. Matt mi portò qui, insieme a Eva e Frankie, una settimana dopo che ci eravamo traferite a New York per frequentare l'università. Me lo ricordo come fosse ieri. Ci siamo divertiti moltissimo.»

La situazione con Matt era un altro problema che Jake aveva respinto alla periferia della propria mente.

La consapevolezza che prima o poi la loro storia sarebbe finita gli era sembrata una ragione sufficiente per non informare il suo amico. Solo che non era finita.

Anzi, era diventata la relazione più lunga che avesse mai avuto con una donna.

Il motivo era ovvio. Il sesso era spettacolare. Chi avrebbe voluto porre fine a una cosa così bella? Soprattutto quando il rapporto tra loro era così... si sforzò di definirlo... *facile*. Sì, era il termine giusto. Probabilmente perché la conosceva da un sacco di tempo. Era come se la familiarità che c'era tra loro rendesse il sesso più soddisfacente.

Certo, passavano molto tempo facendo anche altre cose, ma soltanto perché era fisicamente impossibile fare sesso di continuo, ventiquattro ore su ventiquattro. Comunque, Paige sembrava contenta, aveva l'aria di divertirsi ed era bello vederla così. Aveva *diritto* di divertirsi, dopotutto quello che aveva dovuto subire da ragazza e la sensazione di essere responsabile del sorriso che le illuminava il viso era quanto mai gradevole.

Rilassandosi leggermente, la prese per mano. «Facciamo un giro in barca.»

Nell'ora che seguì, il lago fu testimone delle loro risate, di una furiosa battaglia di spruzzi, di un incidente con i remi che per poco non li lasciò bloccati in mezzo all'acqua, del quasi investimento di una famiglia di anatre, poi si ritrovarono sdraiati sull'erba di Sheep's Meadow a guardare le nuvole che scorrevano leggiadre nel cielo.

«Questa settimana vorrei portarti fuori a cena. Martedì? Dannazione, non posso.» Lui si accigliò. «Devo andare a Chicago. Che ne dici di mercoledì?»

«Ho un evento.»

«Giovedì? No, non va bene per me.» Lui provò un moto di frustrazione. «Sei libera venerdì?»

«Venerdì sera esci con Matt e sono tre settimane che salti l'appuntamento. Se lo fai di nuovo, lui comincerà a porsi delle domande. E comunque io ho un evento anche venerdì.»

«Comincio a desiderare che la *Urban Genie* non sia così richiesta» bofonchiò lui con una smorfia che svanì solo quando gli venne un'idea. «Venerdì mi incontrerò con Matt, come previsto, ma nessuno ci impedisce di vederci dopo. Puoi venire da me dopo l'evento.»

«Non so a che ora finirà. E tu non sai quando rincaserai.»

«Ti do le chiavi dell'appartamento.»

Ma che diavolo stava dicendo?

Quando mai aveva invitato una donna a casa sua, oltretutto dandole la chiave?

Ma questa non era una donna qualunque.

Era Paige.

La conosceva da sempre.

Lei non reagì come se fosse chissà cosa.

Non lo guardò come se le avesse mostrato la terra promessa. Si limitò ad annuire, convinta dalla praticità della soluzione.

«Va bene. Così è più semplice. Probabilmente arriverò prima di te.»

Lui si rilassò. La chiave serviva solo a evitare inutili complicazioni. Poteva farsela ridare in qualunque momento. Bastava chiedere.

Non c'erano problemi.

. 18 .

La vita che va bene è quello che succede
un attimo prima che cominci ad andare male.
Paige

«Quindi è una cosa seria?» chiese Eva, dando i tocchi finali a una torre di golosi tortini al cioccolato che avrebbe campeggiato al centro del tavolo imbandito per il trentesimo compleanno di una donna che, per l'occasione, aveva deciso di invitare tutte le sue amiche. Erano più di trenta e, per organizzare l'evento, avevano dovuto affittare la terrazza di un albergo a Chelsea. «Voglio dire, in questo mese hai trascorso ogni momento libero con lui e, quando siete insieme, l'alchimia tra voi è talmente potente da fornire energia a tutta la città, sobborghi compresi.»

«Io... no, non è niente di serio. La verità è che, da quando gli affari sono decollati, abbiamo pochissimi momenti liberi.» Paige tenne la testa china, annullando le varie voci della sua lista. Era il loro quinto evento, i primi quattro erano filati lisci come l'olio e lei non voleva che questo fosse diverso. «Ci stiamo solo divertendo, tutto qui.»

«Jake non ha l'abitudine di divertirsi con la stessa donna per più di una, massimo due settimane. Voi, però, avete fatto scattare gli allarmi antincendio di mezza New York.»

«Non è vero. È diverso solo perché, prima di diventare amanti, eravamo amici.» E Paige aveva scoperto che i confini erano un po' indistinti. Ridevano a letto e spesso le loro chiacchierate si concludevano con delle scopate fantastiche. Come si faceva a separare le due cose? Non l'aveva ancora capito.

Lui le aveva dato la chiave dell'appartamento solo perché erano amici.

Per semplificare le cose, perché non fosse costretta ad aspettare in macchina.

Eva cosparse la torre con lo zucchero a velo. «Anche innamorarsi è diverso. Come ci si sente, Paige?»

«Non ho idea. Perché lo chiedi a me? Non è che lui... sarebbe assurdo... noi non... io...» Paige la fissò, lo stomaco che si contraeva. «Oh.»

«Oh?» Frankie inarcò un sopracciglio. «Che diavolo significa?»

«So io cosa significa.» Eva aggiunse l'ultimo tortino alla torre e si tirò indietro. «Per cui te lo chiedo di nuovo. Come ci si sente, Paige?»

«Fa paura.» Talmente tanta che non osava nemmeno pensarci. Si era già sentita così una volta e lui l'aveva respinta. L'aveva fatta soffrire. Cosa le era passato per la testa? Come aveva potuto pensare di essere immune, di poter gestire quella storia finché uno di loro due... o entrambi non avessero... non avessero cosa? «Mette terrore. Come lanciarsi da un aereo senza paracadute.»

Come rischiare il tutto per tutto senza rete di sicurezza.

«Glielo dirai?»

«No!» Mai, neppure in un milione di anni, si sarebbe esposta di nuovo in quel modo.

«Dovresti.» Frankie era decisa. «Dovresti dirglielo.»

«L'ho già fatto una volta, tanti anni fa. Non ha funzionato granché bene.»

«Adesso è diverso. All'epoca eri una ragazzina, virtualmente una minorenne.»

«Avevo diciotto anni compiuti! Ed è finita malissimo. Stavolta mi tengo i miei sentimenti per me.» Glielo aveva promesso, no? Gli aveva assicurato di essere in grado di gestire il rapporto, gli aveva detto che non c'erano problemi. Cambiare idea all'improvviso non sarebbe stato corretto nei suoi confronti. «Devo solo... trovare la strategia migliore. Vagliare le opzioni.»

«Scusa, ma a me sembra che la prima opzione dovrebbe essere andare da lui e dirglielo.» Frankie scosse la testa, esasperata. «E poi vi domandate perché evito l'amore? Proprio per questo motivo! È come uno di quei cruciverba criptati. Nessuno dice quello che prova veramente.»

«Se gli dicessi quello che provo, lo perderei. È troppo rischioso.»

«Ma tu dici di continuo che ami il rischio. Che vuoi vivere pienamente.»

«È vero, ma...» Paige pensò alle conseguenze, nel caso si fosse sbagliata. Pensò a quanto era stata male l'altra volta. «Questo è diverso.» Poteva anche andare avanti così. Continuare a fare sesso e divertirsi. Non era necessario metterci sopra un'etichetta che spiegava cosa fosse.

La porta si aprì e lei girò la testa.

«Ne riparleremo dopo. Occhio alla professionalità, ragazze. La nostra cliente è qui.»

«E ha l'aria di aver bevuto» bofonchiò Frankie. «Meglio annacquare lo champagne e allertare i paramedici, perché, se dovesse cadere da quei tacchi, si romperebbe qualcosa.»

Paige attraversò la sala per andarle incontro, il sorriso caldo e sincero. «Buon compleanno, Crystal.»

«Non sono sicura che sia buono.» La donna barcollò

sui tacchi pericolosamente alti. «Trenta. Ma ci credete? Sul lavoro ho cercato di fare finta di niente, ma hanno stappato una bottiglia di champagne in mio onore. Ho bevuto tre bicchieri, gli ultimi due troppo in fretta e non c'era niente da mangiare.»

«Qui c'è.» Paige lanciò un'occhiata d'intesa a Eva e portò Crystal a uno dei tavoli che erano stati predisposti per la cena. «Mangi qualcosa, prima che arrivino le sue amiche.»

«Francamente non so nemmeno perché festeggio. E se adesso mi dice che ne dimostro venti, saprò che sta mentendo, quindi non ci provi.»

«Non ne dimostra venti... per fortuna.» Paige sostenne il suo sguardo. «Non so lei, ma io a vent'anni ero goffa e impacciata. Non sapevo chi ero e cosa volevo fare e, anche se l'avessi saputo, non avrei avuto la forza per perseguire i miei obiettivi. A trent'anni, una donna si è messa i dubbi dietro le spalle. E, Crystal, stasera lei è bellissima.»

Crystal batté le ciglia. «Trova davvero?»

«Lo sa anche lei. Ha scelto questo vestito. Scommetto che si è messa davanti allo specchio e ha pensato: *è lui.*» Il sorriso di Paige era genuino. «È perfetto. Lei è perfetta.»

Crystal si guardò. «In effetti mi *sono* innamorata di questo vestito. L'ho comprato per consolarmi di essere arrivata a trent'anni senza aver fatto nessuna delle cose che mi ero ripromessa di fare.»

«Cosa voleva fare?»

«Oh, sa, quello che vogliono fare tutti...» Crystal scrollò tristemente le spalle. «Cambiare il mondo e lasciare il segno. Invece sono solo un minuscolo ingranaggio di una macchina molto più grande di me.»

«Non siamo obbligate a cambiare il mondo nella sua interezza» mormorò Paige. «Una parte è sufficiente, e il fatto che sia piccola non la rende meno significativa. Senza tutti i suoi ingranaggi, la macchina non parte.»

Crystal rialzò la testa e la guardò. «Questa mi piace.»

«Stasera faccia festa con le sue amiche. Perché è questo che deve essere un compleanno, un momento di allegria, una celebrazione della gioia di vivere. Ha superato le insicurezze dei vent'anni, non ha ancora le responsabilità dei quaranta. Secondo me, trent'anni sono l'età migliore di una donna, quando può essere veramente se stessa.»

«Essere veramente se stessa. Mi piace anche questo.» Crystal sospirò. «A volte mi viene il dubbio di aver preso delle decisioni sbagliate. Ho preferito giocare sul sicuro, ma forse avrei dovuto rischiare.» Mosse la mano in segno di scusa. «Domando perdono. Ascoltare la mia storia lacrimosa non rientra nei suoi compiti. Non avrei dovuto bere quello champagne. Quando bevo, non la smetto più di parlare. Oppure è lei che sa ascoltare.»

«Il mio lavoro consiste nel fare in modo che lei trascorra una magnifica serata.» Paige esitò. «Quali rischi si pente di non aver preso?»

«Principalmente nella vita sentimentale.» Crystal si guardò le mani, sprovviste di anelli. «Ero troppo guardinga. I miei genitori hanno divorziato quando avevo dodici anni e quell'esperienza ha segnato il mio modo di relazionarmi con gli uomini. Volevo garanzie e assicurazioni. Non ho mai fatto un passo avanti senza prima accertarmi che il terreno fosse solido. Avevo una paura matta di cadere. Ne sono consapevole, eppure non riesco a cambiare. Non so come essere diversa.»

Paige la fissò, la bocca improvvisamente secca. Quella sensazione le era molto familiare, solo che nel suo caso dipendeva da un'infanzia caratterizzata dalla malattia, durante la quale altri avevano preso decisioni riguardanti la sua vita. Il bisogno di essere in controllo era talmente forte che non riusciva più a lasciarsi andare, ad assumere dei rischi.

Eva si avvicinò e mise un piatto di tartine davanti a Crystal. «Le mangi. Sono squisite. E, se vuole la mia opinione, credo che a volte uno debba fare un salto nel vuoto e avere fiducia che andrà tutto bene. Avere fiducia in se stesso.»

Paige la guardò.

Stava parlando alla cliente, o a lei?

Crystal prese una tartina. «Come lanciarsi da un aereo senza paracadute, intende?»

Paige si piegò in avanti. «Penso che il paracadute sia dentro di noi.» Stava ricordando le cose che le aveva detto Jake quella notte sulla loro terrazza. «I nostri talenti. Le persone che siamo. Dobbiamo credere fermamente che, qualunque cosa succeda, saremo in grado di affrontarla. Oggigiorno, siamo talmente invischiati nei problemi quotidiani che ci dimentichiamo di alzare la testa per vedere cosa c'è attorno. Siamo convinti che la sicurezza risieda in ciò che conosciamo, ma a volte è l'ignoto a offrirci la soluzione più giusta.»

Perdendo il lavoro, aveva avuto l'impressione di perdere anche la propria sicurezza, eppure adesso si trovava in un posto migliore, era più felice. Con la *Urban Genie*, i rischi erano tutti sulle sue spalle, ma lo erano anche ricompense e gratificazioni. Non ancora finanziarie, sebbene sperasse che arrivassero anche quelle, ma in termini di controllo. Per la prima volta in vita sua, si sentiva padrona di se stessa. Era lei a prendere le decisioni.

E, siccome era a lei a prendere le decisioni, sapeva che era arrivata a quel punto solo perché costretta dalle circostanze, da quella che, all'inizio, le era sembrata una terribile ingiustizia.

Non sopportava che gli altri la proteggessero, ma che

altro aveva fatto con se stessa in questi anni?

Aveva cercato la sicurezza, sul lavoro e nelle relazioni. Aveva cercato la sicurezza perché aveva paura.

«Quando una persona ha sofferto, tende istintivamente a proteggersi» disse Crystal. «C'è tanto da perdere. Però io sto cominciando a pensare che la perdita più grave sia non avere il coraggio di prendersi dei rischi. C'è stato un uomo, un paio di anni fa...» Scrollò le spalle. «Me lo sono lasciato scappare. Per eccesso di prudenza. Mi sono protetta talmente bene che lui ha pensato che non fossi interessata. Adesso ogni mattina quando mi sveglio rimpiango di non essermi comportata diversamente, ma ormai è tardi. Non riesco a credere che vi sto raccontando queste cose. Ditemi di chiudere il becco. E non datemi altro champagne, altrimenti scoppierò a piangere sulle vostre tartine.»

Paige provò un moto di empatia nei suoi confronti. «È sicura che sia tardi? Non è mai troppo tardi per aprire il proprio cuore.»

«In questo caso sì. Lui ha incontrato un'altra. Una meno diffidente di me. Sono sposati da un anno e aspettano un bambino. Avrei potuto scegliere una strada diversa, ma non l'ho fatto. Ero spaventata. E adesso ne pago le conseguenze. Però, ehi... trent'anni sono un nuovo inizio, giusto? Quella relazione è andata, ma potrei ancora incontrare qualcuno. Non è mai troppo tardi per l'amore.»

«Non è mai troppo tardi per vivere con coraggio» disse Paige.

Almeno, si augurava che fosse così.

Perché era quello che aveva intenzione di fare.

Forse avrebbe sofferto ancora, ma se non altro non si sarebbe trovata a festeggiare un compleanno pentendosi di non aver corso dei rischi su una questione che era stata molto importante per lei.

«Mi sento meglio.» Crystal prese un'altra tartina. «Dovreste aggiungere il counseling alla lista delle vostre offerte per i clienti.»

Paige le porse un bicchier d'acqua, pensando che era ora che seguisse i suoi stessi consigli. «Si goda la festa e, invece di pensare a quello che è stato, guardi avanti. Il sole splende e la vista è stupenda. Se le servono un paio di occhiali scuri, me lo faccia sapere.»

Crystal bevve un sorso d'acqua. «Mi servirebbe una chiacchierata con voi tre, tutti i giorni, dopo cena. La *Urban Genie* ha fatto un lavoro fantastico e quello dei servizi personali ai clienti è un vero colpo di genio.» Notò la torta e sgranò gli occhi. «Oh! Che meraviglia.» Sentì dei rumori e girò la testa. «Sono qui. Le mie amiche.»

Si accalcarono fuori dell'ascensore, le braccia cariche di regali, palloncini e fiori, sorrisi smaglianti sul viso. Un gruppo di donne con un unico obiettivo... dare alla loro amica il miglior compleanno della sua vita.

Crystal andò loro incontro in un intrecciarsi di abbracci e risate, e Paige si tirò da parte, aspettando che finissero di salutarsi prima di servire lo champagne.

«Amiche» le sussurrò all'orecchio Eva. «Se una ha delle amiche, il resto non conta. Può anche crollare il mondo, ma sta bene lo stesso. Spero che ve lo ricorderete, quando compirò trent'anni.»

«Ti verseremo in gola una caraffa di Margarita e tu non ti ricorderai nemmeno come ti chiami.» Frankie guardò le donne che andavano in estasi davanti alla torta. «Sono contente. Queste donne hanno gusto. Gran bel lavoro, Ev.»

«Sì, gran bel lavoro.» Paige fece una pausa. «Vi rendete conto che Crystal ha perso l'amore della sua vita?»

«Non faccio fatica a crederlo» disse Frankie, asciutta. «Come ho detto, l'amore è un cruciverba criptato.»

Paige tirò un profondo respiro. «Mi sono stufata delle cose criptate. Dirò a Jake quello che provo per lui. Gli dirò che lo amo.»

Eva lanciò un'occhiata ansiosa a Frankie. «Come pensi che reagirà?»

«Non lo so.» Paige pensò al tempo che avevano trascorso insieme, alla complicità che si era creata tra loro, alle lunghe chiacchierate.

Senza Jake, la *Urban Genie* non sarebbe esistita. Era stato lui a spronarla, a darle la forza di perseguire il suo sogno.

La conosceva meglio di chiunque altro.

«Credo che mi ricambi, ma, se non fosse così, pazienza. Sopravvivrò.» Era già sopravvissuta una volta, no? A fatica, ma era andata avanti. «Non voglio guardarmi indietro e rimpiangere di non averglielo detto. Sarebbe bruttissimo.»

C'era solo un modo per vivere con coraggio, cominciare a farlo da subito.

Jake girò attorno al tavolo da biliardo nella tana di Matt, studiando il colpo successivo.

«Qualunque momento entro il prossimo secolo andrebbe bene.» Matt stappò una bottiglia di birra e la passò a Chase. «Ho sentito che ti sei comprato una nuova barca.»

«Sì, è uno splendore.»

«Resterà a prendere il sole in darsena, oppure la metterai in acqua?»

«La farò volare sulle onde. Ho avuto quello che si può definire un riallineamento delle mie priorità.»

Matt inarcò un sopracciglio. «C'entra Matilda, in questo riallineamento?»

«Forse.»

«Un'altra prova del fatto che le donne sono pericolose.» Jake azionò la stecca e mandò la palla in buca. «Un minuto sei lì che ti diverti, quello dopo la tua vita, almeno come la conoscevi, è finita.» Per questo era diventato un maestro nell'arte di troncare le relazioni. Aveva imparato a scegliere il momento perfetto, prima che entrassero in gioco le emozioni. Le sue storie con le donne erano sempre brevi.

A eccezione di Paige.

Si accigliò.

Non sapeva bene come descrivere quello che stava succedendo tra loro, ma di sicuro non avrebbe usato il termine breve.

Erano amici da un sacco di tempo, il che complicava la matematica.

E poi lei era diversa. Lo capiva. Sapeva che non era tipo da impegni a lungo termine, quelli che di solito terminavano dentro una chiesa sulle note della marcia nuziale.

«Ho scoperto che la mia nuova vita mi piace più di quella di prima» disse Chase in tono blando. «Matilda è più divertente di diciotto ore di lavoro di fila.»

«Dovresti portarla qui una sera.» Matt impugnò la stecca, preparandosi per il suo turno. «Le ragazze ci hanno parlato molto di lei. Erano preoccupate.»

«Anche lei parla molto di loro.» Chase buttò giù un'altra sorsata di birra. «È convinta che Paige abbia quello che ci vuole per trasformare la sua nuova compagnia in un grande successo.»

«Ha ragione. È incredibile.» Jake vide Matt che si girava a guardarlo e scrollò le spalle. «Che c'è? Tua sorella è capace di fare cinque cose contemporaneamente senza dimenticarsi niente. La sua attenzione per i dettagli è sbalorditiva. Tende a stressarsi troppo, ma per il resto è okay. Figuratevi che tiene il cellulare sul comodino, così, se per caso durante la notte le viene un'idea, può appuntarla subito e non rischia di dimenticarla.»

Matt strinse gli occhi, incuriosito. «Come sai che tiene il cellulare sul comodino?»

«Me lo ha detto lei.» Jake coprì con naturalezza il suo errore. «Lavoriamo nello stesso ufficio, ricordi?»

«Le hai dato il permesso di usare una stanza nel tuo palazzo, ma non mi ero reso conto che vi frequentaste al punto da conoscere ciascuno il modo in cui lavora l'altro.»

«Ogni tanto passa da me, mi racconta cosa sta facendo e io le do dei consigli.»

«In questo caso dovresti dirle di darsi una calmata. La *Urban Genie* non crollerà se si prende una sera libera. Lavora troppo. Non la vedo quasi più e sono tre settimane che salta la serata dei film. Adesso che ci penso, anche tu.»

«Sono stato impegnato.»

Chase finì quel che restava della sua birra. «Dopo quello che è successo, sono contento che abbia imboccato la strada giusta. E non soltanto perché la *Star Events* si merita di avere una seria concorrenza. Ha bisogno di sostegno? Perché io sono pronto a...»

«Non dirlo neanche per scherzo.» Matt mandò in buca una palla. «Mia sorella ha portato il concetto di indipendenza a un nuovo livello. Se una cosa non la fa tutta lei dall'inizio alla fine, non conta.»

«Matilda era sconvolta quando ha scoperto che avevano perso il lavoro. Come le è venuta l'idea di mettersi in proprio?»

«È stato Jake a insistere. Io non ero d'accordo. Pensavo che fosse troppo presto.» Matt gli lanciò un'occhiata. «Invece avevi ragione.»

Jake si prese un'altra birra. «Ho sempre ragione.»

«Non sempre, ma in questo caso sì. Non l'ho mai vista così felice. Saltella per la casa e sorride continuamente.»

Jake sorrise a sua volta, mascherando il disagio. Era abbastanza sicuro di sapere perché Paige sorridesse così tanto, e la *Urban Genie* era solo uno dei motivi. «Sono contento di sentirtelo dire.»

«Le hai dedicato del tempo. Sei stato paziente.» Matt si era fatto serio. «Non ti ho ringraziato abbastanza per tutto quello che hai fatto per lei. Sei stato molto gentile.»

Sapendo in che modo si era mostrato gentile, Jake cominciò a sudare. I sensi di colpa bruciavano come acido muriatico.

«Non parliamone nemmeno.»

Era arrivato il momento di essere sincero con Matt. Sarebbe stato meglio mettere le carte in tavola subito, dopo la prima notte. Lui era stato di quell'avviso, ma Paige si era opposta. Cosa poteva dirgli adesso?

Mi sto scopando tua sorella.

Sarebbe servito solo a procurarsi un occhio nero.

L'irritazione ebbe il sopravvento sui rimorsi.

Diavolo, lei era felice, no? Matt non avrebbe avuto ragione per arrabbiarsi.

Gli avrebbe detto la verità. In fin dei conti, non era passato molto tempo. Si frequentavano da poche settimane.

«Tu che mi dici, Jake?» Chase mise giù la birra e si alzò, pronto per il suo turno. «Con quale donna ti trastulli in questo periodo?»

«Questa è una buona domanda.» Lo sguardo di Matt era indagatore. «Di recente è stato molto silenzioso sulla sua vita sentimentale. Chiunque sia, sembra che lo abbia preso più del solito.»

Jake sbuffò, simulando noia. «Io non ho una vita sentimentale. Svolgo una sana attività sessuale.»

«Però è un po' che ti vedi sempre con la stessa.»

«Non significa che sono innamorato. Solo che il sesso è molto buono.» D'accordo, sì, la storia con Paige aveva frantumato tutti i record di durata, e con questo? Perché avrebbe dovuto rinunciare a delle meravigliose scopate? Jake si allungò sul tavolo e si concentrò sulla palla, cercando di razionalizzare le proprie azioni. Paige lo capiva.

Sapeva che si stavano solo divertendo.

Il che la avvicinava molto alla sua donna ideale. Sexy, spiritosa, ottimista, felice di vivere il momento.

Matt girò attorno al tavolo. «Non ho idea di chi sia, ma una cosa è certa: ha destato il tuo interesse. Presumo che a letto sia uno schianto... ma questo non occorre nemmeno dirlo. Bionda, o bruna? Dacci un indizio. Perché non l'hai ancora portata da *Romano's*?»

Perché lei da Romano's ci andava per conto suo, quasi ogni settimana, insieme alle amiche. E quando gli capitava di incontrarla in gruppo era sempre più difficile fare finta che non fosse cambiato nulla. Non si ricordava più cos'era *normale*, come si era comportato prima che l'intimità tra loro salisse a un nuovo, pericoloso livello.

La verità era che non aveva pensato che sarebbe andata avanti così tanto. Di solito, quando cominciava una relazione, aveva già un'idea di quando sarebbe finita.

Ma nessuna delle sue precedenti relazioni lo aveva fatto stare così bene.

Jake tentò il colpo, mancò la buca e fulminò Matt con lo sguardo. «Ridi pure, se vuoi.»

«Non preoccuparti, lo farò.» Matt si esibì in un sorriso smagliante. «Avevi la mente altrove, il che è una fortuna per noi. Chiunque sia la donna del mistero, le sono debitore. Per il bene del mio portafoglio, spero che la vostra storia non finisca mai. Adesso pagate, tutti e due.»

Già, cosa sarebbe successo se la relazione fosse finita?

Avrebbe continuato a vederla? Certo che avrebbe continuato a vederla.

Erano amici.

Anzi, da quando aveva smesso di tenerla a distanza, avevano ritrovato la vicinanza che aveva caratterizzato il loro rapporto da ragazzi. Di più, perché il sesso aveva aggiunto una nuova dimensione.

Il giorno in cui si fossero stancati del sesso, sarebbero rimasti vicini.

E poiché quel giorno sembrava ancora lontano, non valeva la pena pensarci troppo.

Bofonchiando una protesta, Chase andò a recuperare la giacca. «Se continuo a passare le mie serate con voi, sarò costretto a riprendere a lavorare diciotto ore al giorno. A proposito di questo...» mise una manciata di banconote sul tavolo, «... vorrei creare un giardino sul tetto di un palazzo a TriBeCa. Il progetto è abbastanza grosso. Ti interessa?»

«Dipende. Ti aspetti che consideri i soldi che mi hai appena dato un anticipo sul mio compenso?»

«No.»

«Allora sì, sono interessato.»

«Bene.» Chase si infilò la giacca. «Perché mi piacerebbe che fossi tu a occupartene. So come lavori. Che fai questo weekend? Se vuoi raggiungere me e Matilda al mare, sei il benvenuto.»

«Un weekend in barca a vela negli Hamptons. Questa sì che è una tentazione.» Matt intascò i soldi. «Jake?»

«Non contate su di me. Sono occupato.» Jake tenne la testa bassa, attento a non rivelare che sarebbe stata

proprio sua sorella a tenerlo occupato.
Probabilmente lo stava già aspettando nel suo appartamento.
Le aveva dato la chiave.
Il che non significava assolutamente nulla. Era solo più pratico, tutto qui.

. 19 .

La vita è un imprevedibile alternarsi di sole e pioggia.
Portati sempre dietro l'ombrello.
Paige

Paige salutò il portiere del palazzo di Jake e proseguì verso l'ascensore, le braccia talmente cariche di pacchi da vedere a malapena dove andava.

Sentiva il peso della chiave in tasca. Non quello reale, espresso in grammi, ma il suo significato. Il fatto che Jake gliela avesse data la rendeva euforica.

Era sicura che per lui fosse una prima volta.

Voleva dire qualcosa, no?

Era la prova che si fidava di lei, che la riteneva importante.

Quanto importante era una cosa che intendeva scoprire. Lui non aveva espresso sentimenti più profondi, però il loro rapporto era cambiato, su questo non c'erano dubbi. Si rifletteva nel modo in cui stavano insieme, nelle confidenze che si scambiavano.

Quello che rendeva tutto speciale era la lunga conoscenza reciproca. Sapevano già molto di quello che c'era da sapere sull'altro.

Una delle cose che lei sapeva era che Jake amava la cucina italiana e infatti nei sacchetti che portava c'erano anche mezzo chilo di pomodori maturi, un mazzetto di basilico e una bottiglia di olio extra vergine di oliva.

Aveva passato abbastanza tempo da *Romano's* per imparare qualche trucco da Maria ed era pronta a dare sfoggio del proprio talento. Lui non era l'unico capace di preparare una deliziosa cenetta.

Tenendo in equilibrio la spesa, uscì dall'ascensore, aprì la porta dell'appartamento ed entrò nell'ampio loft. Era uno spazio distintamente maschile, con poltrone e divani di morbida pelle, lucidi pavimenti di legno e alte vetrate dalle quali si poteva ammirare un panorama che avrebbe lasciato a bocca aperta anche il più cinico e disincantato dei newyorchesi.

Paige sapeva quanto aveva lottato e faticato Jake per meritarsi quel posto e aveva un grande rispetto per i suoi successi.

Si fermò per un momento, assorbendo i riflessi argentati del Fiume Hudson e le luci del Ponte di Brooklyn. Poi scaricò la spesa sul bancone della cucina e cominciò a tirare fuori le provviste. L'amore per la tecnologia di Jake era evidente anche in quello spazio. Luci, temperatura, elettrodomestici, perfino l'impianto stereo erano collegati a una centralina che lui poteva programmare a distanza da qualunque angolo del pianeta.

Era una fortuna che anche lei fosse appassionata di tecnologia, sennò non sarebbe riuscita né ad accendere le luci, né tantomeno a usare i fornelli per preparare la salsa di pomodori e basilico con la quale avrebbe condito la pasta fresca che aveva comprato al mercato.

Infilò la bottiglia di champagne nel frigorifero per farla raffreddare.

Sarebbe stata una nottata molto romantica, speciale.

E, al momento giusto, gli avrebbe detto quello che provava per lui.

Stava tritando l'aglio e la cipolla quando la porta si aprì e Jake entrò.

I faretti misero in risalto il nero dei suoi capelli e il grigio dei suoi occhi. Sebbene in quel periodo si vedessero quasi ogni giorno, aveva ancora il potere di mozzarle il fiato in gola.

Gettò le chiavi sul tavolino accanto alla porta, si tolse le scarpe e lei capì immediatamente che era di malumore.

«Giornata pesante?»

Lui le lanciò un'occhiata, soffermandosi sulle cibarie in via di preparazione. «Stai cucinando? Credevo che avessimo deciso di andare al ristorante.»

«Ho pensato che sarebbe stato carino restare a casa. È stata una lunga settimana e siamo entrambi stanchi. E poi, ti dovevo una cena. La settimana scorsa hai cucinato per me.» Non fu tanto stupida da chiedergli cosa avesse. Se voleva, glielo avrebbe detto. C'erano argomenti... soprattutto relativi al suo passato... dei quali lui era restio a parlare, e lei questo lo rispettava. «Lo champagne è nel frigo.»

«Festeggiamo qualcosa?»

«Un altro contratto per la *Urban Genie* e il successo dell'evento di oggi.» Lei rovesciò i pomodori tagliati a dadini nella padella. «Entrambi risultato della festa che abbiamo organizzato per te. Non potrò mai ringraziarti abbastanza.»

«Il lavoro lo avete fatto voi. Però, se proprio insisti a volermi ringraziare, mi vengono in mente dei modi molti interessanti di farlo.»

«Com'è andata la partita di biliardo con Matt e Chase?»

«Ho perso.»

«Tu non perdi mai.»

«Stasera sì.»

Era per questo che era contrariato? «Eri distratto?»

Lui la guardò, ebbe un'esitazione, ma alla fine annuì.

«Avevo dei pensieri per la testa. Cos'era l'evento di oggi?»

«La festa per i trent'anni di una donna.» Lei mescolò i pomodori e ridusse il calore della piastra. «È andata bene. Eva e Frankie si sono occupate di tutto. Io mi sono limitata a lisciare e consolare.»

E sognare. E prendere decisioni per il futuro.

Futuro che, nelle sue speranze, avrebbe compreso anche Jake.

Lui aprì e versò lo champagne. «Che forma assumono lisciamenti e consolazioni in una festa di compleanno?»

«Stasera sono serviti principalmente a rassicurare la festeggiata circa l'assenza di rughe sul suo viso, circa il fatto che questo giorno non segna l'inizio della sua parabola discendente e che la sua vita non è finita.»

«A trent'anni? Si preoccupava davvero di questo?»

«C'erano delle cose che avrebbe voluto fare e non ci è riuscita. Più che altro per paura. Mi auguro di non sentirmi mai così. Ascoltandola, mi sono resa conto una volta di più che la *Urban Genie* è stata una benedizione. Grazie a te.»

«Lo avresti fatto lo stesso. Il mio intervento è servito solo ad accelerare il processo.» Lui si mosse per la cucina, irrequieto. «Paige, dobbiamo dirlo a Matt.»

«Sono d'accordo.» Lei interpretò positivamente la notizia che volesse parlare con suo fratello. Significava che non aveva intenzione di troncare la relazione. Ora capiva la ragione del suo nervosismo. Matt era il suo migliore amico e non sarebbe stata una conversazione facile. «Quando pensi di dirglielo? Domenica? Eva cucina per tutti. Siamo invitati.»

«Non credo che farlo in pubblico sia una buona idea. Gli parlerò privatamente. Così, quando mi prenderà a cazzotti, non resteranno coinvolti degli innocenti.»

«Perché dovrebbe prenderti a cazzotti?»

«Perché faccio cose di questo genere.» Senza alcun preavviso, se la premette contro, impadronendosi avidamente della sua bocca in un bacio che trasformò le sue gambe in gelatina. Ormai, ogni volta e in qualunque modo la baciava, le sensazioni si impadronivano totalmente di lei, dalla punta dei capelli alle dita dei piedi. La sbilanciavano e la stordivano. Ora le trasmisero una disperazione che prima non aveva mai avvertito. Iniziò a trafficare con i bottoni della sua camicia, scoprendo la peluria e la muscolatura del suo torace.

«Abbiamo fretta?»

«Sì, molta» mormorò lui, staccandosi dalla sua bocca per scendere sul collo.

Lei chiuse gli occhi. «C'è qualche motivo particolare?»

«Sì, ti voglio. Mi sembra più che sufficiente, come motivo. Il sesso con te è... è...» Le affondò le mani nei capelli. «Dobbiamo proprio parlarne?»

«No...» Lei tremava come una foglia, «... però così la salsa si brucerà e tu penserai che, come cuoca, sono un disastro.»

«Non lo penserei mai, ma, se la cosa ti preoccupa, spegni la piastra.»

Lei ebbe giusto il tempo di farlo prima di sentirsi abbrancare da dietro. Lui cominciò a spogliarla con tanta febbrile rapidità da farle venire il dubbio che non sarebbero mai riusciti ad allontanarsi dalla cucina.

«Se mi distrai, non so quando potremo cenare.»

«Non importa.» Lui la prese in braccio e partì in direzione della camera da letto.

«Posso camminare.»

«Lo so, ma mi guasterebbe il divertimento, e poi oggi non ho avuto tempo di fare pesi.»

«Stai dicendo che mi usi al posto dei pesi? Mi trovi davvero così grassa?»

Lui la adagiò delicatamente al centro del letto e si

stese sopra di lei, schiacciandola sul materasso.

Ti amo.

Le parole echeggiarono dentro alla testa di Paige, ma non trovarono la via per uscire.

Non era ancora il momento.

«E così hai lasciato vincere Matt?»

«No. È stato più bravo.» Lui le sbottonò la camicetta.

Paige non lo sentiva più. Aveva cominciato a disegnarle una linea di baci sul petto, dalla spalla al seno, e la sua pelle vibrava di sensazioni. La liberò del reggiseno con sfacciata facilità e chiuse le mani sulle sue curve.

Lei gemette. «Jake...»

«Sei bellissima.» Lui abbassò la testa e si risucchiò in bocca uno dei suoi capezzoli, leccandolo e titillandolo finché lei non riuscì più a stare ferma.

«Mi sono dimenticato di chiederti...» Lui rialzò improvvisamente la testa, gli occhi che scintillavano nella luce della lampada. «Ti ha chiamato un tizio di un fondo di investimento? Perché gli ho dato il tuo biglietto da visita.»

Lei non credeva alle proprie orecchie.

«Ti aspetti che parli di lavoro con la tua mano dove l'hai appena infilata?»

«Vuoi dire qui?» Jake le carezzò sensualmente l'interno delle cosce. «O forse qui?» Le sue dita superarono la barriera delle mutandine, toccandola come solo lui sapeva fare.

Lei non era più in grado di respirare. «Parliamone dopo, okay?»

«Certo. Possiamo anche non parlare del tutto.» Si impadronì di nuovo della sua bocca, invadendola possessivamente con la lingua.

Le sollevò le braccia sopra la testa, bloccandole i polsi, poi si tirò su e, le labbra schiuse in un sorriso perverso, le pizzicò i capezzoli. «Tanto non puoi più scappare.»

«Non ho intenzione di scappare.» Lei lo guardò negli occhi e quello che ci lesse le fece balzare il cuore in gola. Seppe con assoluta certezza che la amava. Era là, nel grigio delle sue iridi, nelle sue carezze, in tanti piccoli dettagli, nelle mille cose che si inventava per semplificarle la vita.

Le voleva bene.

Lui le infilò una mano sotto il bacino, sollevandola quel tanto che bastava per metterla in posizione, poi la penetrò con un spinta fluida e forte che le strappò un gridolino di piacere e di gioia.

Quando facevano l'amore, non riusciva a pensare ad altro che non fosse la potenza della sua virilità, le roventi sensazioni che provava nel venire posseduta. Lui non lasciò niente di inesplorato. Le sue dita si muovevano prendendosi libertà che nessun uomo si era mai preso prima e lei non gli negò nulla, anzi, lo incoraggiò, perché era Jake, il suo Jake e Paige non ricordava un singolo giorno della propria vita adulta in cui non fosse stata innamorata di lui.

Sconvolta, ebbra di felicità, si liberò della sua presa e gli posò le mani sulle spalle, sentendo i suoi muscoli che si muovevano sotto le dita. Era talmente gentile con lei, che tendeva a dimenticarsi della sua forza.

Lui si fermò, guardandola con espressione interrogativa. «Tutto bene?» La voce era arrochita, il respiro affannoso, come il suo.

«Quando sono con te sto sempre bene.»

Lui riprese a baciarla, famelico, mentre cambiava ritmo strappandole un altro grido. Lei cominciò a gemere e a dimenarsi, muovendo selvaggiamente i fianchi, aprendosi in modo da accoglierlo ancora di più dentro di sé, correndo verso un orgasmo che aveva dell'incredibile. Fu violento, intenso, ma molto reale, la connessione tra loro talmente profonda e personale che i sentimenti traboccarono. Era come se qualcosa fosse stato sbloccato e rilasciato.

«Ti amo.» Aveva tanto pensato al momento giusto per dirglielo e alla fine le parole le erano venute fuori così, quando meno se lo aspettava. Gli mise le braccia al collo. «Ti amo tantissimo.»

«Sì.» Lui sorrise, gli occhi chiusi. «Sono contento che sia piaciuto anche a te.»

Era una tipica risposta alla Jake.

«Non sto parlando del sesso, ma di quello che provo per te.»

«Tesoro, alcune donne vedono Dio, altre vedono l'Amore con la A maiuscola, ma in entrambi i casi è sempre la stessa cosa. Quando è buono, il sesso prende anche le emozioni.»

Lei si accigliò.

Davvero non capiva per quale motivo era così buono tra di loro?

Trattenendo la frustrazione, si issò su un gomito. «Io ti amo, e questo sentimento non ha nulla a che vedere con il fatto che conosci tutte le mosse a letto. Sì, il sesso è fantastico, Jake, ma io sto parlando di un'altra cosa. Amo il modo in cui siamo insieme.»

Lui riaprì gli occhi. Il sorriso era scomparso. «Paige...»

«Ti amo.» Lo disse rapidamente, incapace di tenerselo dentro un secondo di più. «Amo tutto di te. Amo la tua mente, la tua risata, il modo in cui mi ascolti. Amo il fatto che assumi persone alle quali altri non concederebbero nemmeno un colloquio. Amo la passione che metti nelle cose. Amo la lealtà che dimostri nei confronti dei tuoi amici. Di Maria. Di mio fratello. E più di tutto amo il modo in cui sei con me. Amo perfino il tuo

desiderio di proteggermi, anche se mi fa imbestialire.»
Fu solo quando il torrente di parole e di emozioni rallentò che si rese conto che lui era rimasto in silenzio, totalmente immobile, lo sguardo fisso sul suo viso.

I primi dubbi presero vita allora, ancora piccoli, ma già minacciosi.

E, ogni secondo che passava, si ingigantivano.

Lo aveva scioccato.

Avrebbe dovuto stare zitta. Era troppo presto. Sarebbe stato meglio far passare ancora un po' di tempo e aspettare che lui giungesse alla conclusione da solo, invece di scaricargliela addosso dall'alto. Ma quanto era, un po' di tempo? Quando una era sicura come lo era lei, che senso aveva aspettare? La vita era imprevedibile. A volte bisognava afferrare l'attimo.

E se, tentando di afferrarlo, avesse rovinato tutto?

«Jake? Di' qualcosa.»

Lui si riscosse. «Qualcosa? Sappiamo entrambi quello che vorresti sentire, Paige. Il gioco funziona così, no? Tu ti dichiari e a me restano due scelte: non dire che ti amo anch'io, il che significa lasciarci, oppure dirlo e trascinarsi avanti per qualche altra settimana, finché uno di noi due decide che *non* ci amiamo più e allora ci lasciamo. In entrambi i casi, la rottura è assicurata. Generalmente, preferisco che avvenga prima piuttosto che dopo. È più pulito per tutti.»

«Pulito?»

«Sì. Più le radici sono profonde, più è difficile estirparle.»

«Le radici sono una cosa buona. Ti alimentano, ti rendono sicuro.»

«Non c'è niente di sicuro nell'amore.» Lui spinse via il lenzuolo e saltò giù dal letto come una tigre che si era accorta che il custode si era dimenticato di chiudere la gabbia. «L'amore è quanto di meno affidabile esista al mondo. Spesso è solo una parola, Paige, e parlare è facile.»

«Una parola che, detta con sincerità, si porta dietro un carico di sentimenti. Sentimenti importanti.» Lei fece una pausa e, dopo aver tirato un profondo respiro, aggiunse: «Hai avuto una brutta giornata... lo capisco. Deve essere stato difficile con Matt, quindi domenica glielo diremo e per quanto riguarda il resto... ne riparleremo un'altra volta».

«Non c'è molto di cui parlare. E non c'è niente da dire a Matt.» Lui recuperò e si infilò i jeans, muovendosi come un automa. «Non so cosa ti aspettassi da me, ma, di qualunque cosa si tratti, non posso dartela.»

La frustrazione lasciò posto ai primi semi del panico.

«Non mi aspettavo niente.» Una parte di lei sapeva che non era completamente vero. Si era aspettata qualcosa. Aveva sperato. Avrebbe potuto giurare che lui la amasse. Nelle ultime sei settimane, avevano trascorso ogni momento libero insieme. Le aveva dato la chiave dell'appartamento. Fece un ultimo tentativo di costringerlo a dare un'altra occhiata ai suoi sentimenti. «Quello che abbiamo è speciale. Ci siamo divertiti, in questo periodo.»

«È vero, ci siamo divertiti e io proprio non capisco perché hai voluto fare quello che hai appena fatto. Perché rovinare tutto?»

Lei si prese un secondo prima di rispondere. Per calmarsi. «Forse perché non penso che l'amore rovini le relazioni. Perché non lo considero la cosa peggiore che possa capitare a una persona.» Il suo cuore sanguinava per lui. E per se stessa. «L'amore è un dono, Jake. Forse il più prezioso di tutti. Non puoi comprarlo, non puoi produrlo a comando, non puoi accenderlo e spegnerlo. Deve essere dato liberamente, caratteristica questa che lo rende raro e di valore. Io ti sto offrendo il mio.»

«Ti sbagli. Può essere acceso e spento. E "ti amo" sono le parole più abusate della storia dell'umanità.» La fissò, il viso una maschera inespressiva. «Non voglio quello che mi stai offrendo. E adesso è meglio se te ne vai.»

Se l'avesse schiaffeggiata, lo shock sarebbe stato meno violento.

«*Cosa?*» ansimò, sbarrando gli occhi. «Io dico che ti amo e tu, per tutta risposta, mi mandi via?»

«Non so che farmene del tuo amore. Mi dispiace che pensi di essere innamorata.»

«Non *penso*, lo so.»

Lui masticò un'imprecazione. «Questo è esattamente la ragione per la quale mi ero sempre tenuto alla larga da te.»

«Cosa? Aspetta!»

«Avrei dovuto troncare prima. Non avremmo dovuto continuare a vederci così a lungo.» Lo disse con la stessa emozione di un addetto della biblioteca che la informava che il lasso di tempo per la consegna del libro era scaduto.

Qui c'era di mezzo sua madre.

Lei sapeva che riguardava sua madre.

«Jake, questi sentimenti non sono una novità. Sono stata innamorata di te per buona parte della mia vita.» Tenne la voce bassa, controllata. «Almeno, la sensazione che ho è questa.»

«Allora mi hai mentito, perché hai detto che non sarebbe successo.»

«Non ho mentito. Solo...» Lei respirò, cercando di impedire che le emozioni prendessero il sopravvento. «Ho solo sottovalutato la profondità della connessione che avevo con te.»

«Lo so. Sei come Eva. Credi nell'amore eterno e nei lieto fine. Li desideri.»

«Sì, li desidero. Non fingerò altrimenti e non ho intenzione di scusarmi per questo.»

«Io non so che farmene di quella roba e mi guardo bene dal fingere.» Il tono di Jake era risoluto, quasi brutale. «Pensavo che lo sapessi. Credevo di essere stato chiaro. Quando abbiamo iniziato questa storia, abbiamo stabilito che sarebbe stato soltanto sesso.»

«È vero. Ma poi le cose sono cambiate. Mi sembrava che l'avessi sentito anche tu.» Lei provò a farlo ragionare. «Il tempo che abbiamo trascorso insieme... non è stato soltanto sesso. Ci siamo divertiti. Abbiamo riso. Parlato di cose importanti.»

«Siamo stati bene insieme, ma non eravamo alla ricerca della pentola d'oro in fondo all'arcobaleno. Tu mi hai detto che non avevi problemi.» La voce di Jake era asciutta, sospettosa. «Hai detto che eri in grado di gestire una relazione soltanto fisica. Adesso, di colpo, cambi le carte in tavola.»

«Non cambio niente. Ho capito che ti amo e te l'ho detto, tutto qui.» Lei inspirò a fondo e saltò nel vuoto. Tanto, a questo punto, cosa aveva da perdere? «E penso che anche tu mi ami.» Tranne che in quel preciso momento non lo vedeva, l'amore. Vedeva solo panico, panico cieco.

Il silenzio si protrasse, in un'atmosfera tesa che si sarebbe potuta tagliare con il coltello.

«Ti sbagli. Non è così.» Il viso di Jake sembrava scolpito nel granito. Inamovibile. Serio.

Era difficile riconoscere in lui l'uomo sorridente, simpatico e sexy con il quale era uscita nelle ultime sei settimane.

Era passato da caldo e rilassato a freddo e inavvicinabile. Era chiaramente un meccanismo difensivo.

«Sei sicuro, Jake? Perché ho la sensazione che non si tratti di noi due. Credo che ci sia di mezzo tua madre.»

«Maria? E che c'entra lei?»

Paige chiuse gli occhi. «Jake...»

«È meglio che te ne vada, Paige.»

«Non ho idea di come deve essere stato per te quando non è tornata a casa quella notte. Hai provato a spiegarmelo e non ho mai dimenticato quella conversazione. Mi si spezza il cuore, pensando alla confusione, all'angoscia che devi aver provato in quei momenti, con mille pensieri che ti si affollavano nella testa, uno più brutto dell'altro.»

«È stato secoli fa.»

«Il tempo guarisce alcune ferite, ma non le cancella. È stato secoli fa, ma è ancora con te. Non può essere altrimenti. Certe cose uno se le porta dietro per tutta la vita. Oh, ti adatti e impari a funzionare lo stesso, ma le cicatrici rimangono e ogni tanto fanno male, ricordandoti che devi stare attento. È questo che sta succedendo, Jake? Senti il bisogno di proteggerti?» Lei si alzò dal letto e gli andò vicino, sollevata almeno dal fatto che non si tirò indietro per evitare il contatto.

Gli chiuse gentilmente le dita sul braccio.

Il suo bicipite era duro come l'acciaio, tutto il suo corpo sembrava una rigida massa compatta.

«Non c'è più niente da dire, Paige. Non ho cercato di farti innamorare di me. Non era parte del nostro accordo. Anzi, ho fatto quanto in mio potere per impedire che accadesse.»

Era come se non avesse parlato.

Aveva ignorato tutto quello che gli aveva detto.

«Mi sono innamorata di te molti anni fa, quindi, qualunque cosa pensi di aver fatto, è arrivata in ritardo» disse lei con voce strozzata. «Ti ho amato dal momento in cui sei entrato nella mia camera d'ospedale con Matt, quella prima sera. E non ho mai smesso.»

«Mi dispiace di sentirtelo dire.»

«E sono convinta che anche tu mi ami.»

«Non è così.» Lui sostenne il suo sguardo, gli occhi freddi, vuoti. «Non voglio farti soffrire, ma non posso mentire: non ti amo.»

Era come cercare di bucare una lastra di granito con una forcina da capelli.

Gli occhi che si riempivano di lacrime, lei si aggrappò al suo braccio in un disperato tentativo di penetrare la barriera che lo isolava dalle emozioni. «Jake...»

«Va' via, te lo chiedo per favore. Restando, soffrirai ancora di più.»

«Essere mandata via mi fa soffrire. Tu che respingi il mio amore mi fa soffrire.»

«Mi dispiace molto.» Lui abbassò lo sguardo sulla mano che gli stringeva il braccio, come per trovare la forza di fare qualcosa che gli appariva mostruosamente difficile. Poi, serrando la mascella, le aprì le dita una per una. «Probabilmente è meglio se non ci vediamo per un po'. Puoi continuare a usare l'ufficio. Io andrò un paio di settimane a Los Angeles.»

«Non voglio che tu vada a Los Angeles. Non voglio smettere di vederti. Di cosa hai paura, Jake? Perché sei così spaventato? Io ti amo.»

Ci fu un silenzio lungo e denso, poi lui andò in cerca del suo sguardo. «Lo diceva anche lei. Ogni giorno. Ha usato queste precise parole la mattina in cui è uscita per non tornare mai più. *Ti amo, Jake. Siamo tu e io contro il mondo.* Io le credevo, così mi sono seduto sui gradini e ho aspettato, ho continuato ad aspettarla per settimane, mesi. Aveva lasciato un biglietto alla nostra vicina, Maria, chiedendole di tenermi con sé finché le autorità non mi avessero trovato una sistemazione. A me non ha lasciato niente. Nessuna spiegazione, nemmeno due righe di saluto. Zero assoluto.»

Paige avvertì bruciarle gli occhi. «Dio mio, Jake...»

«Non aveva modo di sapere che Maria mi avrebbe preso in casa. Sarei potuto uscire in strada, perdermi, finire sotto una macchina, e lei non lo avrebbe mai saputo, perché non ha controllato. Neppure una volta. Ecco quanta importanza dava alle parole *ti amo*. Invece di essere in due contro il mondo, mi sono ritrovato solo, senza sapere cosa fare e dove andare, e ti posso assicurare che non è una prospettiva piacevole, per un bambino di sei anni. Ho imparato tante cose dalla mia madre naturale, ma la lezione più importante è stata di non fidarsi di queste parole. "Ti amo" non significa niente, Paige. È una frase fatta, che milioni di persone ripetono stoltamente ogni giorno. Milioni di persone che continuano a tradirsi, a divorziare, a non vedersi mai più perché si odiano.» Lui sembrava stanco, il bel viso pallido e segnato, e lei ebbe l'impressione che le avessero messo un peso da una tonnellata sul petto.

Cosa doveva dire?

Cosa poteva dire?

«Forse è una frase fatta» mormorò con un filo di voce, «ma io queste parole le ho dette soltanto una volta e solo a una persona, a te. E se davvero credi che il mio amore non significhi niente, non sei l'uomo o l'amico che pensavo fossi.»

Lui sollevò lo sguardo e la fissò per un lungo momento.

Poi le voltò la schiena. «Lascia la chiave sul tavolino quando te ne vai. Non avremmo mai dovuto iniziare questa cosa. Mi dispiace.»

Il dolore fu indescrivibile.

«A me no. Non mi rammaricherò mai di averti amato. Sì, era rischioso, ma sei stato tu a insegnarmi che ogni tanto, nella vita, *bisogna* rischiare. Mi hai insegnato tu a perseguire i miei sogni. Grazie a te, mi sono trasferita a New York. Grazie a te, ho fondato la *Urban*

Genie. Mi hai insegnato a rischiare, ma hai troppa paura per seguire i tuoi stessi consigli.»

«Io rischio continuamente.»

«Ma non nelle relazioni. Mai con il tuo cuore. Quello lo tieni sempre protetto.» Lei lo fissò, lottando contro la disperazione crescente. «Ti amo. E non sono soltanto parole, Jake. Sono la descrizione di quello che provo con tutta me stessa, dalla punta dei capelli alle dita dei piedi. Ti amo. Ti amerò sempre e vorrei tanto stare con te, ma più di ogni altra cosa vorrei che tu ti concedessi il permesso di essere amato. Devi fidarti dei tuoi sentimenti, invece di fuggirli, o negarli. L'amore può durare, Jake. Ci sono molti esempi attorno a noi e li conosci anche tu. Anche se questa fosse davvero la fine, non rimpiangerò mai un singolo istante delle settimane che abbiamo trascorso insieme.»

Aveva la sensazione di essere spaccata a metà.

Imponendosi di mantenere la calma, si avviò verso il bagno.

Come erano passati dalla meravigliosa intimità del sesso a quello?

Cosa era successo?

Perché?

Sapeva perché. Aveva dato un nome ai sentimenti che si muovevano tra loro e, per questo, Jake non aveva potuto continuare a ignorarli. Gli aveva detto quello che sentiva e, se una parte di lei non se ne era pentita, l'altra piangeva. Se fosse stata zitta, sarebbero stati ancora a letto insieme. Se fosse stata zitta, se avesse lasciato passare qualche altra settimana...

Con un groppo in gola, Paige entrò nella doccia e aprì il rubinetto al massimo. Le lacrime si mescolarono all'acqua, e il getto scrosciante coprì i suoi singhiozzi.

Se soffriva, la colpa era della sua stupidità. O forse della stupidità di Jake. O di sua madre. Non sapeva di chi fosse colpa. Sapeva solo che stava male. Talmente male che, quando alla fine uscì dalla doccia, non aveva più lacrime da versare.

Si sentiva prosciugata. Insensibile.

Insensibile era buono. Insensibile le avrebbe consentito di sopravvivere per l'ora successiva. Si sarebbe rivestita, avrebbe raccolto le poche cose che aveva lasciato nell'appartamento, poi avrebbe preso un taxi e, una volta a casa, si sarebbe sfogata con le sue amiche.

Era di loro che aveva bisogno in quel momento. Le avrebbero preparato un tè, l'avrebbero ascoltata e l'avrebbero coperta di attenzioni e di affetto, come erano capaci di fare solo le persone che ti conoscevano per quella che eri al di là di qualunque maschera.

Eva le avrebbe ricordato che c'erano molti altri pesci nel mare e Frankie avrebbe detto poco, ma l'avrebbe abbracciata, prendendo quell'incidente come l'ennesima prova che non ci si poteva fidare degli uomini.

Avrebbero pianto e riso insieme. Probabilmente avrebbero aperto una bottiglia di vino e dato fondo alle loro scorte di cioccolato.

Non doveva fare altro che arrivare a casa.

Fu allora che si ricordò che i suoi vestiti erano in cucina.

Inspirando a fondo, aprì la porta del bagno e sbirciò fuori. Nessuna traccia di Jake, nessun rumore. Che Dio fosse ringraziato almeno per quello.

La sua assenza stava lì a dimostrare che lo aveva terrorizzato.

Avrebbe impiegato due minuti per vestirsi e allo scadere del terzo se ne sarebbe andata, restituendogli il suo appartamento e la sua libertà.

Stava raccogliendo i vestiti dal pavimento della cucina, quando sentì la sua voce.

«Non ti aspettavo. Non è un buon momento...»

Paige si immobilizzò. Lui era ancora lì. E aveva visite. Chi poteva andare a trovarlo a quest'ora di notte?

Considerando che aveva detto che non era un buon momento, si poteva presumere che fosse una donna. Disperazione e senso di fallimento rialzarono prepotentemente la testa.

Gli avrebbe fatto un favore, spiegando alla sua *amica* che se ne stava andando e che quindi non aveva niente da temere.

Stringendosi i vestiti sul petto, superò il passaggio che dava sul salotto e... rimase pietrificata sul posto.

Si era aspettata una donna, invece il visitatore era un uomo.

Matt.

E lei era lì, nell'appartamento di Jake, coperta solo da un asciugamano umidiccio, con le mutandine che le penzolavano dalle dita.

. 20 .

Non nascondere uno scheletro nell'armadio a meno di non essere assolutamente sicura che nessuno verrà a chiederti un vestito in prestito.
Eva

Matt la squadrò da capo a piedi, registrando il rossore che le aveva invaso le guance e il fatto che sotto l'asciugamano era nuda.

«Che diavolo significa questo?» La voce era bassa e minacciosa, il bel viso privo di qualunque traccia di sorriso. «Jake?»

Desiderando che il pavimento si aprisse per inghiottirla, Paige fece un passo avanti. Proprio adesso che aveva pensato di aver raggiunto il punto più basso della sua vita...

Non era riuscita a trovare il modo giusto per dirlo a Matt, ma non avrebbe mai voluto che lui venisse a saperlo così.

L'ultima cosa di cui aveva bisogno era ferire i sentimenti di suo fratello. A guardarlo, sembrava che ci fosse riuscita benissimo. Stentava a riconoscerlo. Lui era sempre calmo e misurato. Forte. Il tipo d'uomo che risolveva i problemi ragionando, scegliendo con cura le parole, non con la rabbia.

«Matt...»

«Sto parlando con Jake.» Il tono gelido la colpì con la

violenza di una frustata. Non l'aveva mai trattata così. Si era sempre mostrato gentile e protettivo nei suoi confronti.

«Matt, posso spieg...»

«Ti sei fatto mia sorella?» Lui aveva occhi solo per Jake. «Hai tutta Manhattan ai tuoi piedi, ma scegli di trastullarti con mia *sorella*? Da quanto tempo va avanti questa storia?»

«Un po'.»

«Beviamo birra insieme, vieni da me per giocare a poker e a biliardo, e ti dimentichi di menzionare che ti stai scopando mia sorella?»

«Non me lo sono dimenticato.» Il tono di Jake era asciutto. Non tentennò, non andò in cerca di scuse, non provò nemmeno a dirgli che aveva cercato di convincerla che sarebbe stato meglio dirglielo.

«Chi altro lo sa?» Matt lanciò un'occhiata al viso di Paige e il suo si incartapecorì. «Frankie? Eva? A loro lo hai detto. Lo sapevano tutti, tranne me.»

La consapevolezza di aver ferito suo fratello aggiunse miseria alla miseria di Paige. «Lo hanno indovinato, ma...»

Matt non la ascoltava. La sua attenzione era tutta su Jake. «Ti sei approfittato...»

«Non si è approfittato di nessuno. Non sono una ragazzina innocente.» Paige si portò davanti a Matt, costringendolo a guardarla. «Non penso che tu voglia i dettagli, ma siccome stai saltando a conclusioni prive di qualunque base nella realtà, ti fornirò i fatti. Jake si è tenuto alla larga da me. Per tutti questi anni, mi è stato lontano. Sono stata io a cercarlo. Mi sono presentata alla sua porta di notte. Non gli ho lasciato alternative.»

Matt emise un suono disgustato. «Scommetto che ha lottato per respingerti.»

«Non ha lottato, ma era preoccupato per i tuoi stessi motivi. Perché sono vulnerabile, perché aveva paura di farmi soffrire...» lei deglutì, «... e io gli ho ripetuto quello che dico sempre a te. Che sono adulta. Che non ho bisogno di essere protetta.»

«Ti conosco.» Matt la guardò, abbozzando una smorfia. «Tu sogni l'amore e il lieto fine. Jake no. Lui esce con una donna diversa ogni settimana. Non può offrirti il genere di relazione che tu vuoi e meriti.»

Lei non gli fece notare che erano stati insieme per molto più di una settimana. «Questi sono affari miei, Matt.»

«Ti farà soffrire» insistette Matt con voce raspante. «Si divertirà con te e poi ti lascerà come fa con tutte le donne, perché non sopporta i legami. È uno schema consolidato. La differenza è che prima non mi importava, perché non si scopava mia sorella. Ti spezzerà il cuore, Paige.»

Come negarlo, se aveva la sensazione di essere tagliata a metà?

Jake andò in cerca dei suoi occhi attraverso la stanza. «Vestiti, Paige. Questa è una faccenda che Matt e io dobbiamo risolvere da soli.»

Quel commento le fece perdere le staffe. «Non vedo come il nostro rapporto possa essere qualcosa che tu devi risolvere con mio fratello. Nel caso tu l'abbia dimenticato, Jake, ti faccio notare che sono nuda sotto questo asciugamano e i vestiti me li sono tolti da sola.»

Jake si passò una mano sulla nuca e Matt emise una specie di ringhio.

«Chiedigli come vede il vostro futuro.» Il tono di suo fratello si era ispessito. «Chiedigli per quanto tempo pensa che resterete insieme.»

Lei lo sapeva già.

«Non siamo più insieme. È finita.» Riuscì a dirlo con

calma, grata di aver pianto tutte le sue lacrime nella doccia. «Stavo per andare via, quando sei arrivato.»

«Te ne andavi?» Matt abbassò lo sguardo sui suoi vestiti, poi lo riportò sul suo viso, notando particolari sui quali prima non si era soffermato. «Hai gli occhi rossi. Hai pianto? Dannazione, ti ha fatta piangere?»

Lei vide che aveva serrato i pugni e disse rapidamente: «Non è stata colpa sua».

Matt abbaiò quella che doveva essere una risata. «Lasciami indovinare... gli hai detto che lo amavi e lui ha troncato. È il classico modus operandi di Romano.»

«Sono affari miei, Matt.»

«Se soffri per causa sua, sono anche miei.»

«No, ti sbagli. Se soffro, è un problema mio e sarò io a occuparmene.»

«Quindi *stai* soffrendo.» La bocca di Matt era ridotta a una linea sottile. «Ti sei innamorata di lui.»

«Sì! Mi sono innamorata. Non lo nego.»

«E lui non ti ricambia. È per questo che hai pianto.» Matt era pallido come un cencio. Si girò verso Jake con un sordo ruggito rabbioso. «Avevi fatto una promessa. È passato del tempo, ma mi avevi promesso che non avresti toccato mia sorella. Oppure te lo sei dimenticato?»

Paige aggrottò la fronte.

Di cosa stava parlando?

«Aspetta un momento...»

«Non l'ho dimenticato» disse Jake, asciutto. «Non l'ho mai dimenticato.»

Lei scosse la testa, cercando di uscire dalla nebbia della disperazione che le impediva di ragionare con la necessaria lucidità. «Quale promessa? Non capisco.»

I due uomini erano muso contro muso, del tutto ignari della sua presenza.

Matt piantò un dito nel torace di Jake. «Era innamorata di te. Lo sapevamo entrambi e tu mi hai giurato che non avresti fatto niente al riguardo.»

Paige spostò lo sguardo tra loro, registrando lentamente il significato delle parole.

Alla fine, tutti i pezzi erano andati al loro posto.

«Oh, mio Dio.» Affrontò Jake, la voce poco più di un sussurro. «Hai discusso di me con lui? Cosa gli hai promesso?»

«Paige...»

Lei si girò verso suo fratello. «*Tu* sei la ragione per la quale mi ha respinta quella notte?»

«Quale notte?» Adesso fu il turno di Matt a essere confuso e Jake masticò un'imprecazione.

«Questo non... lui ha solo... merda...»

Gli occhi di Matt si scurirono. «Allora lei ti ha detto che ti amava?»

«Sì, ma... aspettate un minuto, tutti e due.» Jake si riavviò i capelli con la mano e tirò un respiro profondo. «Paige, è vero, ho promesso a tuo fratello che non ti avrei toccata, ma è stata una mia decisione. Sapevo che tu volevi una cosa che non ero in grado di darti.»

«Come fai a sapere cosa volevo? Me lo hai chiesto? *Uno di voi due si è mai preso la briga di chiedermelo?* Avevo diciotto anni, santo cielo! Non ero pronta a sistemarmi e mettere su famiglia, brutti str...» L'insulto le rimase bloccato in gola. «Era un primo amore, tutto qui. Succede a tutti gli adolescenti del mondo. Fa parte della vita, del processo di crescita delle persone. I ragazzi si innamorano, soffrono, si spezzano il cuore, poi sopravvivono e vanno avanti. È successo anche a me, solo che io, invece di imparare a curare le ferite del cuore, sono giunta alla conclusione che non potevo fidarmi del mio istinto. Ero convinta che tu mi volessi bene e per questo ti ho offerto tutto.»

Matt si accigliò. «In che senso tutto?»

Paige lo ignorò, gli occhi fissi su Jake. «Mi sono denudata. Umiliata. Da allora, sono guardinga con gli uomini perché ho sempre paura di sbagliarmi di nuovo. Tu ti sei raccontato che mi stavi proteggendo, ma in realtà eri dell'idea che non fossi in grado di prendere delle decisioni sul mio futuro.»

Jake strascicò i piedi. «Questo non...»

«Non pensavi che avessi diritto di stabilire cosa fosse meglio per me. Forse mi sarei accontentata di una bella scopata. Ti è mai venuto in mente?» Lei era passata nel giro di un minuto dalla disperazione, ai sensi di colpa, alla rabbia.

«Eri vulnerabile» intervenne Matt. «Dovevi operarti e...»

«Jake mi faceva stare bene. E tu...» Lei fissò suo fratello, davvero furiosa adesso. «Tu avresti dovuto capirlo prima di tutti. Vedevi com'era. Vedevi che tutti potevano dire la loro sul mio futuro, tranne me. I medici, i nostri genitori... credevo di poter almeno scegliere di chi innamorarmi, ma apparentemente no.»

I primi barlumi di dubbio fecero capolino negli occhi di Matt. «Paige...»

«No.» Lei fece un passo indietro, incerta sulle gambe. «In questo momento non posso parlarti. Non posso parlare con nessuno di voi due. Me ne vado, vi lascio liberi di discuterne tra di voi, che è quello che vi riesce meglio. Vuoi sapere perché non ti ho detto prima di Jake e me? Esattamente per *questo* motivo. Perché sapevo che avresti interferito in una cosa che non ti riguardava.»

«Sono tuo fratello. Fintanto che avrò respiro, ti proteggerò.»

«Tu non proteggi. Ti arroghi il diritto di prendere decisioni al posto mio. E questa cosa finisce adesso.»

«Non so chi uccidere prima, se Jake o mio fratello.»

Paige era accasciata sul letto di Frankie, esausta dal troppo piangere. «Sono *furibonda*. Ho un gusto terribile in fatto di uomini.»

«Ma hai un gusto eccellente per le amiche.» Eva le allungò un altro pacco di fazzoletti di carta e Frankie si chinò su di lei.

«Sei sicura che questa sia rabbia? Perché, da dove sto io, sembra più tristezza. Non che mi reputi un'esperta della gamma emotiva dell'*Homo Sapiens*.»

«*Homo Sapiens*? Seriamente?» Per buona misura, Eva diede a Paige un secondo pacchetto di fazzoletti. «Questo non è il momento di sfoderare citazioni in latino dalla tua enciclopedia delle piante.»

«È una terminologia doppia, il genere seguito dalla specie, e *Homo Sapiens* non è una pianta. Per favore, dimmi che lo sapevi.»

Paige si tirò a sedere. «Continuate a bisticciare. Ho bisogno di distrarmi e voi due mi rallegrate.»

«Ah, sì? A guardarti non si direbbe.» Frankie le lanciò un'occhiata dubbiosa. «Sei pentita?»

«No.» Paige si soffiò il naso. Due volte. «Sono state le sei settimane più belle della mia vita. Non solo per il sesso, che era favoloso...»

Frankie avvampò, assumendo un colorito paonazzo. «Questo si chiama eccesso di informazioni.»

Eva la spinse da parte, occupando il posto più vicino a Paige. «Continua. Stavi andando bene...»

«Stavo dicendo, a parte il sesso, che era favoloso, ci siamo divertiti. Abbiamo riso. Abbiamo parlato. Senza contare voi due, non avevo mai parlato così bene con qualcuno come con Jake.» La frustrazione raggiunse subito il livello di guardia. «Se entrasse adesso, lo ammazzerei.»

«Aspetta... cosa?» Frankie scosse la testa, confusa. «Credevo che lo amassi.»

«È proprio per questo che lo ammazzerei. Per aver gettato via tutto. Per non essere stato capace di vedere quello che avevamo.»

«Cosa ha detto quando te ne sei andata? Ha cercato di fermarti?»

«Ha detto che mi avrebbe accompagnata con la moto e, mentre lui e Matt litigavano su questo, ho tagliato la corda.»

Eva ripiegò le gambe sotto di sé, indicandole i fazzoletti. «Quindi non c'è stato un vero e proprio finale.»

«Probabilmente il finale è ancora in corso.» Paige le restituì il pacchetto di fazzoletti. «Questi non mi servono. Non ho più lacrime da versare. Sarà meglio che telefoni al tuo ragazzo della polizia. Temo che in un loft a TriBeCa ci siano due cadaveri.»

«Non ho nessun ragazzo nella polizia. E credo che tu abbia ragione: Jake ti ama. Ha solo paura di riconoscerlo.»

Frankie fece una smorfia. «Anche se ci spruzzi su del profumo, il letame resta sempre letame.»

«Cosa dovrebbe significare?»

«Significa» disse pazientemente Frankie, «che tutta questa faccenda puzza, e il tuo tentativo di darle un odore migliore non cambia il fatto che puzza. È un modo di dire. Come uno dei tuoi. Puoi inserirlo nel tuo blog, se ti piace.»

«No, grazie.» Eva rabbrividì. «A parte che non è ottimistico, nessuno dei miei interventi potrebbe mai contenere la parola *letame*. È un blog sul cibo e lo stile di vita.»

Frankie andò avanti, imperterrita. «Anche se fosse vero che Jake la ama, se non è abbastanza uomo da agire sui suoi sentimenti, Paige starà meglio senza di lui.»

Paige desiderò tanto di poterci credere.

Sarebbe stata meglio senza di lui?

Forse, un giorno, da lì a una decina d'anni.

In quel momento non vedeva come avrebbe fatto a resistere per il minuto o l'ora successivi.

«Sono arrabbiata e mi sento *malissimo*, ma più di tutto sento la sua mancanza e sono solo poche ore.» La tristezza si insinuò nel suo animo, occupando tutto lo spazio disponibile. «Forse ho sbagliato tutto.»

«Sei stata onesta riguardo alle tue emozioni, e questo non è mai uno sbaglio» disse Eva. «Se lui non vuole trascorrere il resto dei suoi giorni con te, allora è un povero pazzo. So che adesso stai male, ma il dolore si attenuerà e se non altro non arriverai a novant'anni chiedendoti cosa sarebbe successo se fossi andata a casa sua e ti fossi spogliata nuda davanti al suo naso. A volte bisogna lanciare il cuore oltre l'ostacolo. Se lasciassimo tutte le decisioni importanti agli uomini, il mondo smetterebbe di girare. Pensate a tutte le incredibili donne che non hanno lasciato l'iniziativa agli uomini... Boudicca, Madame Curie, Lady Gaga...»

Frankie la fissò. «*Questa* è la tua lista di donne incredibili?»

«Solo le prime che mi sono venute in mente.»

«La tua mente è molto strana.»

Paige prese il bicchiere d'acqua dal comodino, desiderando che fosse qualcosa di più forte. «Quello che mi ha dato più fastidio è stato scoprire che anche lui ha cercato di proteggermi. Per tutti questi anni.»

Frankie raddrizzò i cuscini. «Hai ragione... è una schifezza.»

Eva esitò. «In realtà, io non penso che sia una schifezza. Anzi, lo trovo adorabile.»

«Adorabile?» Paige si massaggiò la fronte dolorante. «Cosa c'è di adorabile nel fatto che altri prendano decisioni per te? Totalmente a tua insaputa?»

«Questa è la parte brutta, ma il sentimento che c'è dietro è adorabile. Ti *amano*, Paige.» Eva allungò la mano, dandole una stretta alla gamba. «Forse non sono riusciti a dimostrarlo nel modo giusto, però le loro intenzioni erano buone. Dove è scritto che le persone che ci amano debbano fare tutto bene? Non è così. Tutti sbagliamo. Siamo umani. *Homo Sapiens*, come direbbe Frankie. E a volte gli *Homo Sapiens* dimostrano la stessa intelligenza di un *Ocimum Basilicum*.» Guardò Frankie con aria trionfante. «Ti ho impressionata, eh?»

«Sono senza parole.»

«Qual è la parola latina per *stupido?*»

«*Plumbeus.*»

«Ecco, Jake è un *Homo Plumbeus.*»

Paige sapeva che stavano cercando di farla ridere. «D'ora in avanti, deciderò tutto io e loro dovranno rassegnarsi.»

«Ben detto. Sei un esemplare di *Homo Decisivus.*» Ignorando il gemito di Frankie, Eva saltò giù dal letto. «Puoi cominciare subito. Popcorn, o gelato? Non voglio influenzarti, ma ieri ho comprato una vaschetta di gelato alla nocciola con scaglie di cioccolato, alle quali ho aggiunto un altro paio di ingredienti segreti.»

Paige si alzò e andò a guardarsi nello specchio di Frankie. Aveva gli occhi rossi e il viso sporco di mascara. «Gelato. Niente coppa. Porta direttamente la vaschetta e un cucchiaio.»

«Sei sicura?» Eva intercettò l'occhiataccia di Frankie e si schiarì la voce. «*Certo* che sei sicura. Sai quello che vuoi. Vaschetta di gelato e cucchiaio in arrivo. Se ne ordinassi un camion, di gelato, andrebbe bene lo stesso. Non metterò mai in dubbio nessuna delle tue decisioni. Frankie?»

«Lo stesso. Vaschetta grande, cucchiaio grande.»

«Tu non hai appena perso l'amore della tua vita.»

«No, ma sto assorbendo lo stress di Paige. Ho anch'io bisogno di mangiare roba dolce.»

Eva uscì per andare a prendere il gelato dalla loro cucina al piano di sopra e tornò pochi minuti dopo con la vaschetta e tre cucchiai.

Erano sedute sul letto di Frankie, intente a fare onore al gelato, quando entrò Matt.

Frankie si strozzò, scivolò giù dal letto e recuperò gli occhiali dal comodino. «Che ci fai tu qui? D'accordo, sei il padrone di casa, ma questo non ti dà il diritto di entrare senza suonare il campanello.» La sua voce era più fredda del gelato. «In questo momento non sei il benvenuto. Questa è una zona *demaschilizzata*.»

Matt mantenne la posizione. «Devo parlare con Paige. Potete darci un minuto?»

«No.» Eva si alzò di slancio. Per una volta, non sorrideva. «Cosa le vuoi dire? Avete preso altre decisioni sulla sua vita delle quali non è ancora informata?»

Matt accusò il colpo. «Me lo merito. Ero venuto a vedere se mia sorella stava bene. Dal momento che state mangiando gelato sul letto, immagino che non sia così, quindi non me ne vado e voi dovrete rassegnarvi.»

Paige sentiva solo un'enorme stanchezza. «Lo hai preso a cazzotti?»

«No. Abbiamo parlato.» Lui raggiunse la poltrona nell'angolo della camera di Frankie, spostò sul pavimento la pila di riviste di giardinaggio che c'era sopra e si sedette. «Hai ogni diritto di essere arrabbiata con me, ma ci sono alcune cose che devi sapere.»

Frankie incrociò le braccia al petto. «Ti informo che, se la fai piangere, sarò io a prenderti a cazzotti.»

«Non la farò piangere.» Matt si piegò in avanti, posando gli avambracci sulle ginocchia. Dopo essersi raccolto un momento, iniziò a parlare. «Praticamente dal giorno in cui sei nata, mamma e papà non hanno fatto altro che ripetermi: "Prenditi cura della tua sorellina, Matt. Tienila d'occhio. Sorvegliala". Non so bene come, ma a un certo punto sorvegliarti è diventato decidere per te. Non me ne rendevo nemmeno conto, fino a stanotte.»

L'emozione salì subito altissima e Paige cominciò a tremare. «Matt, no...»

Frankie si mosse. «Avevi detto che non l'avresti fatta agitare...»

Matt la ignorò, lo sguardo fisso sul viso della sorella. «Mi dispiace di aver preso decisioni al posto tuo. Mi dispiace di essere un imbecille iperprotettivo al quale tu senti di non poter dire cosa ti succede. Più di tutto, mi dispiace di averti ferita. Riuscirai a perdonarmi?»

L'evidente sincerità di quelle parole toccò corde profonde nell'animo di Paige. Quasi senza rendersene conto, scivolò giù dal letto e Frankie le sfilò di mano la vaschetta del gelato un secondo prima che Matt si alzasse, avvolgendola in un grande abbraccio.

«Scusami anche tu. Avrei dovuto dirtelo.»

«Non scusarti.» Lui le carezzò i capelli. «Non sei tenuta a dirmi niente. È la tua vita. Sei libera di farne quello che ritieni sia meglio, di scegliere le situazioni e le persone che ti piacciono. Ti prometto che cercherò di non interferire più nelle tue decisioni, ma sarò sempre lì per te. Qualunque cosa succeda.»

Eva emise un piccolo singhiozzo e Matt la guardò da sopra la testa di Paige.

«Che c'è? Ho detto la cosa sbagliata?»

«No.» Frankie si aggiustò gli occhiali. «Per una volta hai detto quella *giusta*, idiota che non sei altro. Eva piange per tutto. Ormai dovresti saperlo. Al suo confronto, lo zucchero filato sembra robusto.»

Paige si tirò indietro e Matt la sondò con gli occhi. «Sono perdonato?»

«Forse.» Lei abbozzò una specie di sorriso. «Se ti dicessi che ho intenzione di attraversare il Ponte di Brooklyn nuda in sella a una moto, cosa faresti?»

Lui aprì la bocca per replicare, ma poi cambiò idea e la richiuse. «Ti direi: "Va' pure, divertiti". E poi chiamerei l'avvocato in attesa della telefonata della polizia.»

Paige riprese il gelato da Frankie. «Allora, se non hai ucciso Jake, cosa hai fatto?»

«Gli ho detto che era un cretino.» Matt aveva la voce stanca e lei ebbe un rigurgito di coscienza.

«Per non averti detto la verità?»

«No. Per aver rifiutato quello che tu gli stavi offrendo.»

Lei sperimentò un moto di affetto nei suoi confronti, subito seguito dai sensi di colpa. «Lui avrebbe voluto dirtelo subito, ma io l'ho implorato di non farlo. L'ho messo in una posizione impossibile.» Non era ancora tranquilla a quel proposito. «Non voglio che la vostra amicizia ne venga in qualche modo rovinata.»

«L'amicizia non è un sentimento che si accende e si spegne a comando, quando capita qualcosa di brutto. L'atmosfera tra noi è cambiata? Sì, credo di sì. Ma ci stiamo lavorando. Non possiamo fare altro che continuare a lavorarci.»

Matt aveva ragione. Quando c'erano di mezzo i rapporti personali, non si smetteva mai di imparare.

Paige prese una decisione. «Gli parlerò. Per assicurarmi che sappia che non deve evitarci. Voglio ancora incontrarlo a cena da *Romano's* e averlo sulla nostra terrazza per la serata dei film.»

«Sei sicura? Se vederlo ti facesse sof...» Matt si interruppe di scatto e deglutì. «Naturalmente. Se pensi che sia la cosa migliore.»

«Lo penso.»

Matt lanciò un'occhiata all'orologio. «Devo andare. Domani alle otto ho un appuntamento e se non dormo un po' non ci arriverò mai.» Si avviò verso la porta, ma a metà strada si fermò, esitando. «La serata di film è sempre valida? Potremmo fare una maratona di commedie romantiche. Scegliete voi. Noi ordineremo la pizza. Così per una volta Eva potrà fare a meno di cucinare.»

L'*ultima* cosa che Paige aveva voglia di fare in quel momento era guardare un film d'amore. Era ironico che Matt, dopo essersi sempre opposto prima, lo suggerisse adesso.

Uomini.

D'altro canto, peggio di così non poteva stare, quindi tanto valeva stare al gioco. Suo fratello era stato molto carino a suggerirlo, pur sapendo che avrebbe odiato ogni momento.

«Certo» disse, stampandosi un sorriso in faccia. «Perché no?»

Frankie guardò Matt. «Ti stai seriamente offrendo di ospitare una maratona di commedie romantiche per due donne emotivamente disturbate e una donna emotivamente devastata? Cavolo, devono essere proprio grossi i tuoi rimorsi.»

Eva manifestò interesse. «Definisci *maratona*.»

«Tre film. Potete sceglierne uno ciascuna. E io avrò la gestione esclusiva della tequila.»

Si davano così tanto da fare nel tentativo di distrarla e strapparle un sorriso che Paige non ebbe cuore di dire che non le importava nulla.

«Tre film. Fantastico.» Lo disse con tale entusiasmo che ebbe paura di essersi tradita. «E li scegliamo noi?»

«Sì. Ma niente cartoni animati.» Matt tirò fuori le chiavi del proprio appartamento. «E io devo sapere i titoli in anticipo per capire esattamente la quantità di alcol di cui avrò bisogno per sopravvivere.»

Eva stava contando silenziosamente sulle dita. «Non sono sicura di poterne scegliere soltanto tre.»

«Non tre, uno» le ricordò Paige. «Uno ciascuna.»

«*Un Amore Tutto Suo*» disse Eva e Frankie fece una faccia inorridita.

«È un film natalizio. Siamo in estate.»

«È molto romantico. Super-ottimista. Sandra Bullock è adorabile e la scena finale, quando lui le dà l'anello, è una delle Migliori Proposte del Secolo.»

«È la Proposta Più Inverosimile del Secolo.»

«Non è vero.»

«Il tizio è in coma!»

«Quello è il fratello. Non l'hai neanche guardato bene e spari giudizi. Tu cosa scegli?»

«*Il Silenzio degli Innocenti.*»

«È un horror.»

«Lo so, però Hannibal Lecter è molto preso da Jodie Foster.»

«È un serial killer! Vorrebbe mangiarla. Mi rifiuto di guardarlo. Paige?»

Paige si riscosse, rendendosi conto che aveva smesso di ascoltare. Qualcosa a proposito delle dichiarazioni d'amore. Per lei, una qualunque sarebbe andava bene. «Ehm... la Migliore Proposta del Secolo non può che essere Richard Gere che si arrampica sulla scala antincendio con i fiori tra i denti.»

Eva storse il naso. «Quella è veramente irrealistica.»

«Sono tutte irrealistiche» sentenziò Frankie, asciutta. «Aspettarsi il lieto fine è irrealistico.»

Paige ebbe l'impulso di darle ragione, ma si rifiutò di farlo. Sarebbe stato ingiusto estendere la paura delle relazioni di Jake a tutti gli uomini. Alcuni erano diversi. «Scegli un film, Frankie. Niente horror.»

«*Questo Pazzo, Stupido, Amore*» bofonchiò Frankie.

«Perché se non altro il titolo è onesto. E una ragazza ha l'occasione di vedere Ryan Gosling a torso nudo, che è sempre un piacere per gli occhi.»

Paige si frugò il cervello in cerca di qualcosa. Qualunque cosa. «*Harry ti presento Sally.*»

«Ti è venuto in mente perché Billy Crystal ti fa ridere, vero?» Frankie si scostò una ciocca di capelli dagli occhi e la fissò con aria bellicosa. «Non perché il personaggio che interpreta è allergico alle relazioni, ma alla fine vede la luce?»

«L'ho scelto perché i dialoghi sono fantastici.» E perché, in ultima analisi, non gliene fregava niente. «E perché tra i protagonisti c'è una forte alchimia.»

«Bene. A patto che tu sappia che la vita reale non assomiglia ai film e che Jake non si presenterà qui sotto in sella a un cavallo bianco, agitando la spada.»

«Non sono così scema.» Aveva solo la sensazione di avere un peso da una tonnellata sul petto. La Paige di una volta si sarebbe rifugiata dietro la sua Faccia Coraggiosa, ma oggi era troppo stanca persino per quello. Jake le mancava. Non sapeva come avrebbe fatto a superare le prossime ventiquattro ore, figuriamoci le settimane, i mesi a venire.

Matt la stava guardando. «Ti terremo impegnata, ti distrarremo. Col tempo, lo dimenticherai.»

«Potreste anche farmi perdere conoscenza con una botta in testa e risvegliarmi quando verrà quel giorno. O, in alternativa, dare una botta in testa a Jake e sperare che, al suo risveglio, gli sia entrato un po' di sale in zucca.»

«Pensavo che non volessi che lo picchiassi?»

«È così.» Paige sospirò. «Ignorami. Sono un disastro.»

«Il posto più comodo per essere un disastro è sulla nostra terrazza davanti a un bel film con una bottiglia di tequila a portata di mano.» Matt partì in direzione della porta. «Se hai bisogno di qualcosa, chiamami. Non perché sono in grado di darti dei consigli, o cose del genere, solo perché posso ascoltarti.»

Uscì, richiudendo la porta, e, dopo averla fissata per un momento, Frankie disse: «Considerando che è un uomo, tuo fratello non è così terribile».

Jake trascorse una notte insonne.

Non ricordava di essere mai stato male come si sentiva in quel momento.

O forse sì.

A sei anni, quando aveva aspettato che sua madre tornasse a casa. Il sole era tramontato, si era fatto buio, di lei non c'era traccia e una parte di lui aveva intuito, saputo con assoluta certezza che se n'era andata per sempre. Era rimasto seduto lì, chiedendosi cosa avesse fatto di male, cosa avesse detto di tanto sbagliato, oppresso da un terrificante senso di perdita.

In questo momento provava esattamente lo stesso.

Quando le prime luci dell'alba rischiararono il cielo sopra la città, abbandonò ogni tentativo di dormire e si alzò, pensando all'ultima cosa che gli aveva detto Matt prima di andarsene.

Mia sorella ti sta offrendo la cosa migliore che i soldi non possono comprare. Dovresti pensarci bene prima di rifiutarla.

Cominciò a sudare.

Per alcuni l'amore era quanto di meglio ci fosse al mondo, ma lui sapeva che poteva anche essere molto brutto.

L'amore era una lotteria.

Ogni tanto qualcuno vinceva, ma il più delle volte si perdeva. Nella sua esperienza, le probabilità favorevoli erano scarsissime. E più diventava importante, più si soffriva.

Paige era molto importante.

Si mise a camminare avanti e indietro per il salotto, cercando un modo per liberarsi del dolore che gli serrava il petto e alla fine fece quello che faceva sempre quando stava male. Inforcò la moto e andò a Brooklyn a trovare Maria.

Lei era l'unica persona che poteva capire cosa stava passando.

Avrebbe simpatizzato con lui e ora come ora ne aveva molto bisogno, perché Paige lo aveva fatto sentire uno stronzo e Matt pure, ancora di più.

E poi gli avrebbe preparato la colazione.

Sebbene fossero le sette e un quarto, il locale era piuttosto affollato di clienti che facevano il pieno di caffeina e calorie prima di andare al lavoro.

Jake puntò diritto verso la cucina e trovò sua madre intenta ad affettare pomodori per i sandwich.

Maria alzò gli occhi sul suo viso e posò il coltello. Senza dire una parola, gli preparò un espresso doppio e lo condusse al tavolo più vicino.

«Cosa c'è che non va?»

Il fatto che lo avesse capito al volo era una misura di quanto lo conosceva.

«Perché deve esserci qualcosa che non va? Ho fame. Mi è venuta voglia di cominciare la giornata con una delle tue brioche e ovviamente il tuo caffè.»

«Vivi in un quartiere dove ci sono più locali che gatti randagi. Se hai attraversato il Ponte di Brooklyn per venire qui, significa che è successo qualcosa. Presumo che si tratti di una donna.»

Lui smise di fingere. «Presumi bene.»

Lei annuì, guardandolo con aria di attesa. «E?»

«È Paige. In questo periodo mi sono visto con Paige.»

Ci fu un sorriso, ma nessuna sorpresa. «Lo speravo

da tanto. Quando siete venuti tutti e due qui l'altra sera, mi sono venuti dei dubbi. Ho sentito che era cambiato qualcosa. Sono felice per te. Siete perfetti insieme.»

Non era la reazione che si era aspettato. «Ci siamo frequentati per alcune settimane. È stato bello.»

«Non poteva che essere così. Lei ti vuole bene.» Maria rimase seduta al suo posto, osservandolo con pazienza mentre, tra un sorso di caffè e l'altro, decideva quanto dirle.

«Ha detto che mi ama.» Solo a ricordarlo, avvertì uno spasmo nel petto. «Ma sono parole che non significano niente.»

Sua madre continuò a fissarlo. «Per una donna come Paige, queste parole significano tutto. Non è il tipo che sparge in giro amore alla leggera. È una donna forte, con un cuore grande così. Qualunque sia il problema, sono sicura che saprai risolverlo.»

Lui notò l'uso del singolare. Aveva detto *saprai* non *saprete risolverlo*. Equivaleva a dire che la colpa non era di Paige, ma sua.

«È troppo tardi. Ho troncato.»

«Vi siete visti per un po', stavate bene insieme... perché hai troncato?»

«Non posso darle quello che vuole. Non posso essere l'uomo di cui ha bisogno. E non voglio quello che lei ha da offrirmi.»

Maria digerì la notizia in silenzio, lasciò passare quattro o cinque secondi, poi iniziò a parlare. «Se ho capito bene, lei ti ha offerto amore incondizionato, una vita di lealtà, amicizia, sostegno, incoraggiamento, senso dell'umorismo e, presumo, ottimo sesso. Perché non dovresti volerlo, Jake?»

Lui aprì la bocca per replicare, ma quando si accorse di non avere niente di intelligente da dire la richiuse.

«Pensavo che avresti capito.»

«Capisco che hai paura dell'amore, che non ti fidi dell'emozione. Ma avere paura di una cosa non comporta automaticamente smettere di sentirla. Tu la ami, Jake.»

In una frazione di secondo, lui si ritrovò la fronte imperlata di sudore. «Non sono sicuro che...»

«Era un'affermazione, non una domanda. La ami da sempre. L'ho capito dalla prima volta che l'hai portata qui, dalla prima volta che vi ho visti insieme. Vi siete seduti tutti e cinque al tuo solito tavolo nell'angolo del locale e tu la sorvegliavi come una guardia del corpo. Ricordo di aver pensato che era una bella cosa, perché Matt non avrebbe più dovuto preoccuparsi di sua sorella da solo, avrebbe potuto dividere quel peso con te.»

«Litigavamo di continuo.»

«Jake...» Maria era molto paziente, «... sappiamo entrambi cosa c'era sotto.»

Jake stava cominciando a desiderare di essere sceso a fare colazione in un bar qualunque, invece di tornare a casa. Aveva i muscoli del collo contratti dalla tensione. «È vero, mi ero affezionato a lei, ma...»

«La proteggevi. E continui a farlo ancora oggi. Ci comportiamo così, quando amiamo qualcuno.»

«A meno che tu non sia mia madre.» Le parole gli uscirono di bocca prima che potesse trattenersi, subito seguite da un'imprecazione soffocata. «Fa' finta di non aver sentito. Mi riferivo alla mia madre naturale. La mia vera madre sei tu. Penso a te solo così.»

«Lo so. Non hai niente da spiegare o di cui scusarti con me, Jake. Era la tua madre biologica.» Maria gli prese la mano. «E non ti ha lasciato perché non ti amava. Se n'è andata perché temeva di non essere all'altezza del compito. *È molto intelligente, Maria,* mi ripeteva spesso. *Ha bisogno di più di quello che posso dargli.* Io le dicevo che un bambino ha soprattutto bisogno di amore, ma lei non la vedeva così. Si guardava attorno, si paragonava agli altri e pensava a tutte le cose che non avresti potuto avere, in primo luogo la possibilità di studiare fino alla laurea. Ti ha lasciato perché era convinta che fosse meglio per te.» Fece una piccola pausa. «Come stai facendo tu con Paige.»

«Non è la stessa cosa.»

«No? Paige vuole la tua protezione? Te l'ha chiesta lei?»

«Non la sopporta.» Lui inspirò a fondo. «Ha bisogno di permanenza e tu sai benissimo che nell'amore non può esistere nessuna permanenza. L'amore è un rischio.»

«E perché le persone continuano ad affrontarlo?» Maria gli diede una stretta alla mano. «Paige ha deciso di rischiare perché ti ama. Perché ritiene che quello che avete insieme ne valga la pena. Ha aperto il cuore e ha tirato fuori i suoi sentimenti, pur sapendo che c'erano buone probabilità che tu li avresti calpestati.»

Jake trasalì, perché era esattamente questo che aveva fatto.

Lei aveva tirato fuori i suoi sentimenti e lui li aveva calpestati.

Maria gli lasciò andare la mano. «Ha compiuto una scelta, adesso tocca a te. Devi decidere se la ami abbastanza da assumerti questo rischio. Sei disposto a fare tutto quello che serve? Paige ne vale la pena, oppure preferisci proseguire la tua vita senza di lei?»

«Senza di lei? Ho forse detto che avrei smesso di vederla?» Jake si alzò bruscamente, desiderando di aver trovato un posticino tranquillo dove leccarsi le ferite, invece di venire da Maria. «Resteremo amici. Continueremo a frequentarci. Santo Dio, è la sorella di Matt.»

«Sì, resterete amici. Finché lei non incontrerà qualcuno. Come ti sentirai se lei dovesse conoscere un uomo che non ha la tua paura dell'amore? Perché prima o poi accadrà, Jake. Una donna come Paige... incontrerà qualcuno. E, sapendo che tipo è, non sarà una relazione superficiale e leggera, facile da cominciare e facile da finire, come quelle che piacciono a te.»

Il pensiero di Paige con un altro uomo gli fece venir voglia di sfondare il muro con un pugno. «Cos'è questo? Il giorno in cui tutti danno addosso a Jake?»

L'espressione di Maria si ammorbidì, ma non retrocedette di un centimetro dalle sue posizioni. «A me sembra più il giorno del cerchiamo di ragionare con Jake in modo che capisca cosa sta facendo. Come ti sentirai il giorno che Paige smetterà di piangere per te e troverà un altro?»

Lui non sopportava nemmeno l'idea che piangesse per lui. La seconda ipotesi proprio non voleva prenderla in considerazione. Il pensiero di entrare nel ristorante e vederla in compagnia di un uomo, mano nella mano con lui, felice di ridere alle sue battute, di infilarsi nel suo letto la notte...

Un rivolo di sudore gli colò lungo la schiena.

«Se pensi di proteggere Paige tenendoti alla larga da lei, sei completamente fuori strada. Lei non vuole essere protetta, Jake... non l'hai mai voluto. Vuole vivere la sua vita così come viene, pienamente, attimo dopo attimo. È pronta a ricevere le cose belle e quelle brutte, perché sa che la vita è così, piena di alti e bassi, di risate e di lacrime. Sta a te decidere se vuoi essere parte di quella vita, oppure no. Tua madre la sua decisione l'ha presa. Sono passati tanti anni e adesso tu sei davanti alla tua. Non so quale strada sceglierai, ma mi auguro di tutto cuore che a determinare la tua direzione non sia un presunto collegamento tra questi due eventi, perché ti posso assicurare che non esiste.»

«Ero venuto qui pensando che mi avresti abbracciato, che mi avresti preparato la colazione e che tutto sarebbe andato a posto.»

«Ti abbraccerò e ti preparerò una colazione da leccarsi i baffi, ma l'unico che può mettere le cose a posto sei tu, Jake. Alla fine, siamo responsabili delle nostre scelte.» Maria sospirò. «Pensi che sia contenta di vederti soffrire così? Mi uccide. Ma sei mio figlio e quando una madre vede suo figlio che fa una stupidaggine, glielo dice. È suo dovere. Adesso va' a parlare con Paige.»

«Probabilmente non mi rivolgerà la parola.»

«Non è necessario. Lei quello che voleva dire lo ha già detto. Adesso ha bisogno di sentire cosa hai da dire tu. E assicurati di usare le parole giuste.»

. 21 .

I lieto fine non esistono sono nelle fiabe.
Eva

Uno dei tanti aspetti positivi dell'essere padroni di se stessi, rifletté Paige, era che si poteva lavorare quanto si voleva, anche fino alle due di notte e di sabato.

Il lavoro anestetizzava il dolore che le tagliava in due il petto.

Eva era di sopra, nel loro appartamento, intenta a provare una nuova ricetta e aggiornare il suo blog, e Paige e Frankie si erano messe a lavorare sul tavolo della cucina di Frankie, preferendola al loro ufficio.

Il suo cellulare iniziò a squillare.

Sapendo che non era un cliente, Paige lo ignorò.

Frankie lanciò un'occhiata allo schermo e vide il nome che ci era apparso sopra. «È Jake. Di nuovo. Per la quinta volta. Vuoi che gli dica dove può andare?»

«No.» Le mani di Paige tremarono sulla tastiera. «Lascia che lo prenda la segreteria.»

«Sicura? Mi sembra ovvio che ha qualcosa da dirti.»

«Può dirla alla mia segreteria telefonica. Gli parlerò quando sarò pronta.» Vale a dire quando avrebbe avuto la certezza di poterlo fare senza rendersi ridicola. Toccò lo schermo del tablet e aprì il file delle cose da fare. «Hai spedito la sorpresa floreale per quell'anniversario di nozze?»

«Sì. L'ordine è arrivato attraverso la app, che, detto tra noi, funziona a meraviglia. Ho ordinato il mazzo al mio fioraio di fiducia. Oggi a Manhattan ci sarà una coppia molto felice.»

La app era veramente fantastica, ma Paige non voleva pensarci, perché pensando alla app avrebbe inevitabilmente pensato a Jake e si era ripromessa di non farlo. «Uno dei nostri clienti ha inoltrato una richiesta per la manutenzione del suo giardino pensile.»

«L'ho vista. Lunedì andrò a ispezionare il posto e sentirò cosa vogliono. Porterò con me Poppy, una ragazza con cui ho già lavorato un sacco di volte.»

«Poppy? L'inglesina con l'accento carino e il sorriso da un milione di watt?»

«Proprio lei. Ha bisogno di lavorare ed è in gamba.»

«Perché ha bisogno di lavorare?»

«Ha deciso di restare a New York. Credo che voglia mantenere un oceano di distanza tra sé e quel verme del suo fidanzato che si è portato a letto la sua migliore amica.»

«Non aggiungere altro. Il lavoro è suo.» Paige tornò a concentrarsi sulla sua lista e Frankie esitò.

«Sei riuscita a dormire stanotte?»

«Non molto. Sono rimasta sveglia ripetendo mentalmente quello che dirò a Jake quando ci incontreremo. Dovrò comprarmi un nuovo rossetto per darmi sicurezza.»

«Forse non sarà necessario.» Frankie le lanciò un pacchetto che Paige prese al volo.

«Mi hai preso un rossetto?»

«Sembra che abbia il potere di metterti di buonumore.» Frankie scrollò le spalle. «Non capisco per quale motivo, però, ehi... se per te funziona. Eva e io abbiamo ispezionato il tuo cassetto per vedere se c'era una tonalità che non avevi. A proposito, la maggioranza delle donne tiene i rossetti in una busta. Eva e io siamo le uniche a sapere che tu ne hai un intero cassetto.»

Commossa, Paige aprì il sacchetto. «Quando lo hai comprato?»

«I commessi di *Saks* mi hanno trovata davanti alla porta mentre aprivano.»

«Tu odi *Saks*.»

«Sì, ma voglio bene a te» borbottò Frankie, burbera, e Paige provò un moto di affetto nei suoi confronti.

«Sei impagabile» mormorò. «Ho le migliori amiche del mondo.» Esaminò il rossetto. «Mi piace. È perfetto. Adesso mi sento quasi pronta ad affrontare Jake.»

Aveva visualizzato ogni dettaglio del loro incontro e sapeva esattamente come comportarsi. Lui si sarebbe aspettato pianti e lamenti. Lei non avrebbe versato una lacrima. Si sarebbe aspettato una donna disperata, affranta. Lei sarebbe stata invulnerabile. Tutte le ferite accuratamente nascoste da una stretta fasciatura di forza di volontà e saldezza femminile.

La sua priorità era fare in modo che questo disgraziato incidente non rovinasse la loro amicizia.

Era la cosa più importante, più importante persino dei suoi sentimenti. Quelli, col tempo, sarebbero guariti. E, se non fossero guariti, avrebbe imparato a convivere con un ulteriore danno al cuore. Non sarebbe stata una novità per lei. Avrebbe avuto un'altra cicatrice, stavolta invisibile.

La telefonata successiva fu di lavoro e lei parlò con la cliente, dandole tutta la sua attenzione. Come fece anche con quella che venne dopo.

Era così che avrebbe superato questa cosa, una chiamata alla volta. Un minuto alla volta. Un giorno alla volta.

La terza telefonata di quella mattina le mandò al settimo cielo dalla gioia.

Eva entrò di corsa nell'appartamento, agitando il cellulare come una pazza. «Matilda si sposa... vuole che le organizziamo il matrimonio!»

«Noi?» Paige chiuse il documento sul quale stava lavorando. «Non abbiamo mai organizzato un matrimonio.»

«Non è diverso dagli altri eventi.» Frankie prese la sua lattina di Coca. «Un sacco di roba da mangiare, fiumi di champagne, invitati, musica, fiori e un gran casino da pulire alla fine. Perlomeno stavolta sarà per un'amica. Io sarei contentissima di farlo, a meno che per te non sia difficile.»

«Ma che dici? Perché dovrebbe essere difficile?»

«Perché lei si sposa, il che significa dosi massicce di romanticismo e la quasi sicura presenza di Jake...»

«Sarò troppo indaffarata per notare gli invitati. Dille che va bene. Per noi sarà un onore.»

Eva riprese la telefonata, congratulandosi con Matilda a nome di tutte e discutendo delle sue idee per il ricevimento. «Negli Hamptons? Cerimonia in spiaggia?» disse a un certo punto con espressione sognante. «Sarà meraviglioso.»

Era lavoro, pensò Paige, reprimendo un moto di invidia. Solo un altro lavoro che le avrebbe permesso di sopravvivere, tenendola occupata per qualche settimana.

A fine giornata, si fece una doccia, si mise un vivace abitino giallo che si augurava avrebbe controbilanciato il suo spirito depresso, usò il nuovo rossetto e salì sul tetto per raggiungere le sue amiche e suo fratello.

Il sole stava tramontando su Manhattan, riempiendo di riflessi dorati le torri di acciaio e vetro che si alzavano orgogliosamente verso il cielo.

Matt aveva già preparato lo schermo.

E la tequila.

Paige osservò le bottiglie. «È di questo che ha bisogno un uomo per sorbirsi sei ore di pure emozioni femminili?»

«Questo basterà sì e no per i primi quaranta minuti. Il resto è a casa.» Lui fece cadere dei cubetti di ghiaccio nei bicchieri e versò. «A cosa brindiamo?»

«È la serata del romanticismo.» Frankie prese il bicchiere dalle sue mani. «Brindiamo alle fiabe, ai lieto fine e a tutto quel genere di stronzate.»

Eva roteò gli occhi. «Non è un caso se sei single.»

«Hai ragione... non è un caso. Mi impegno davvero molto per restare tale.»

Domandandosi perché avesse detto sì a quel ridicolo tema, Paige alzò il bicchiere. «Stasera brindiamo all'amicizia. La cosa migliore che esista.»

Sarebbero state le sue amiche a tirarla fuori da quel ginepraio, come avevano sempre fatto quando si era trovata in difficoltà.

Sentì un rumore di passi sulle scale e vide suo fratello che cambiava espressione.

Matt posò il bicchiere, lentamente, con estrema cura. «Jake...» Il tono era piatto. «Non ti aspettavamo.»

«È la serata dei film.» Jake avanzò sulla terrazza. I capelli neri rilucevano sotto la luce della lampada, ma gli occhi erano stanchi. «Sono ancora benvenuto?»

Paige entrò in panico.

Non era pronta per questa cosa. Aveva bisogno di tempo per prepararsi.

Sentì che gli altri la stavano guardando, in attesa della sua reazione per decidere come comportarsi, e si rese conto che d'ora in avanti sarebbe stato sempre così.

Stava a lei fare in modo che non risultasse imbarazzante per tutti.

«Certo che sei benvenuto.» Sfoderò un sorriso talmente ampio che per poco il suo viso non si sgretolò. «È bello vederti. Non sapevamo se saresti riuscito a liberarti, ma siamo contenti che ce l'abbia fatta. Abbiamo preso la pizza...»

Claws arrivò sulla terrazza. Senza degnare di uno sguardo gli umani, scelse il cuscino più grande e più comodo, e ci si allungò sopra.

Jake ignorò la pizza. «Prima di dare il via alla proiezione, ho bisogno di parlarti, Paige. Ho provato a chiamare, ma non hai risposto.»

«Sono stata letteralmente sommersa di lavoro.»

«Mi fa piacere, ma questo non cambia il fatto che ho delle cose da dirti.»

«Penso che ci siamo detti tutto quello che c'era da dire, Jake. Ormai appartiene al passato. È una storia vecchia, dimenticata.» Paige mosse la mano. «Siediti. Abbiamo in programma un tris di commedie romantiche, quindi non credo che ti tratterrai a lungo.»

Diciamo pure che ci contava.

«Tu puoi anche aver detto tutto quello che volevi dire, ma io no. E non è storia, Paige. Men che mai dimenticata. Ho pensato soltanto a questo per tutto il giorno, e sono sicuro che per te è stato lo stesso.»

«No, non è stato lo stesso. E adesso dobbiamo cominciare, altrimenti faremo troppo tardi. Matt? Premi *Play*.» C'era una punta di disperazione nella sua voce, ma, grazie a Dio, suo fratello eseguì senza perdere altro tempo.

Secondo i suoi calcoli, Jake avrebbe resistito dieci minuti. Al massimo, quindici. Avrebbe visto qualcosa di se stesso in *Harry Ti Presento Sally?* Forse. E se quello non fosse bastato a farlo scappare, *Un Amore Tutto Suo* gli avrebbe dato il colpo di grazia.

In ogni caso, se ne sarebbe andato prima della fine della serata. Di questo era assolutamente sicura. E la prossima volta che si fossero visti sarebbe stata preparata.

Si calò sul cuscino più vicino e fissò lo schermo.

Guardarono *Questo Pazzo, Stupido Amore*, e Paige non sentì una parola.

Percepiva la presenza di Jake, seduto dietro di lei sulla destra, in attesa.

In attesa di cosa?

Di spiegarle meglio tutte le ragioni per le quali non avrebbe mai potuto amarla?

Lei era stufa marcia di sentire ragioni.

Avrebbe voluto che i film non finissero mai, anche se contribuivano ad aumentare la sua depressione.

Matt aprì la tequila. «Ma davvero le ragazze vogliono questo? Chi l'avrebbe mai immaginato.» Tenne gli occhi sullo schermo. «Spesso, quando lavoro con il caldo d'estate, mi metto a torso nudo, ma nessuno si ferma a guardare. Nessuno ci fa caso. Forse dovrei improvvisare dei passi di danza stile *Dirty Dancing*.»

«Scusa se te lo faccio notare e mi auguro che il tuo ego non ne soffra troppo, ma ci sei tu e poi c'è Ryan Gosling.» Eva indicò l'uomo che si muoveva sullo schermo. «Lui può mettersi a torso nudo e improvvisare qualunque cosa. Oppure niente. Noi staremmo già sbavando, convinte di essere di fronte al miglior film della storia del cinema.»

Paige sapeva che stavano cercando di disinnescare la tensione tra lei e Jake, ma non aveva abbastanza energia per stare al gioco. Per dirla tutta, non le importava un fico secco di Ryan Gosling.

Nella sua mente c'era solo una persona: Jake.

Erano circa a metà di *Harry ti Presento Sally*, quando lui si alzò. E si tolse la camicia.

Matt si strozzò nella tequila e Frankie si aggiustò gli occhiali.

«Guarda e muori d'invidia, Ryan.»

Paige si ritrovò senza una goccia di saliva in bocca. Con il suo fisico, Jake avrebbe potuto fare da modello a Michelangelo per il suo David, ma questo lei lo sapeva già, perché aveva baciato e accarezzato ogni centimetro della sua pelle. «Che stai facendo?»

«Quanto necessario per attirare la tua attenzione e in questo momento mi sembra che un po' di nudità maschile sia quello che ci vuole. Verso la fine dei film che tanto vi piacciono, c'è sempre un tizio che si toglie i vestiti, rendendosi ridicolo in pubblico.»

Eva emise un fischio di apprezzamento e allungò la mano verso la ciotola dei popcorn. «Addominali perfetti. Hai mai pensato di presentarti a un'audizione per *Magic Mike*?»

Paige non disse niente. Era concentrata su Jake. E lui era concentrato su di lei.

Solo su di lei.

I suoi occhi avevano il colore dell'acciaio, lo sguardo era intenso. «Devo parlarti.»

Frankie si alzò rapidamente, tirando in piedi una riluttante Eva e rovesciando un paio di cuscini nel processo. «Noi ce ne andiamo.»

«Perché?» Jake le fermò. «Qualunque cosa dirò, Paige ve la riferirà, quindi tanto vale che la sentiate dal vivo.»

«Mi sembra un'ottima idea.» Eva si risedette, ma Frankie fece una faccia inorridita.

«Se è privato...»

«Non esiste niente di privato tra voi tre. E io non ho problemi con questo. Anzi, trovo bello che abbiate un legame così forte.» Jake scosse la testa quando Matt si mosse per alzarsi. «È meglio che resti anche tu. Così potrai decidere se è il caso di pestarmi come una bistecca, oppure no.»

«Questa è una serata dedicata al romanticismo» disse Paige. «Nessuno pesterà nessuno. E abbiamo ancora un film da vedere.» Non voleva fare questa cosa. Non era pronta per questa conversazione.

«È *Insonnia a Manhattan*? È questo che avete scelto?»

Paige deglutì. «Penso che ti confondi con *Insonnia d'Amore*.»

«No, nessuna confusione. *Insonnia a Manhattan* è una storia diversa.» Lui sostenne il suo sguardo. «Vuoi sapere come va a finire?»

«Io...»

«Il tizio è un idiota, più o meno come i protagonisti delle commedie che adorate. È tardo di comprendonio, ci mette un sacco di tempo a capire cosa vuole veramente e ha bisogno dell'aiuto degli amici per mettere ordine tra le sue priorità.» All'improvviso, Jake tese la mano verso Paige. «Alzati.»

«Cosa? Non credo che...»

«Ho detto: alzati.»

Eva rabbrividì. «So che dirlo non è politicamente corretto, ma gli uomini forti hanno qualcosa che...»

«Se non stai zitta, ti torco il collo» sibilò Frankie. «Te la do io, la forza.»

Paige era intrappolata dall'espressione degli occhi di Jake. Aveva il cuore in gola. «Vuoi che ti salti tra le braccia come hanno appena fatto nel film? Ti rendi conto che, se dovessi perdere l'equilibrio, finiremmo di sotto, schiantandoci su un marciapiede di Brooklyn dopo un volo di quindici metri? Non sarebbe un bello spettacolo.»

«Solo per una volta, non potresti fare quello che ti viene detto? O è chiedere troppo?» Lui si piegò in avanti e la tirò in piedi. «La prima volta che ti ho vista, eri in quel dannato letto d'ospedale. Te la facevi sotto dalla paura, ma eri determinata a far sì che nessuno se ne accorgesse. Quel giorno, decisi che eri la persona più coraggiosa che avessi mai incontrato.»

«Avevo paura, quindi, ovviamente, non potevo essere così coraggiosa.»

Aveva paura anche adesso.

Di quello che lui avrebbe potuto dire. E, ancora di più, di quello che *non* avrebbe potuto dire.

«Oh, eri molto coraggiosa. I tuoi genitori erano nel panico, tuo fratello era preoccupatissimo, ma tu fingevi che fosse tutto a posto. Poi abbiamo fatto quella passeggiata in giardino. Ho pensato che eri incredibile. Abbiamo riso, parlato, scherzato. Dopo quella volta, ogni volta che venivo a trovarti, ti portavo qualcosa da mangiare...»

«Me lo ricordo. Biscotti.»

«Riempivamo il tuo letto di briciole. Ti ho confidato cose che non avevo mai confidato a nessuno. Sai che sei l'unica persona alla quale ho parlato della mia madre naturale?» Lui fece una pausa per riprendere fiato. «Quando mi hai detto che mi amavi... rimasi scioccato. Provavo anch'io qualcosa per te, ma avevo fatto una promessa a Matt e sapevo che lui aveva ragione. Ti avrei fatta soffrire.»

«Jake...»

«Così ti ho respinta, il più crudelmente possibile, in modo da uccidere tutti i sentimenti che nutrivi nei miei confronti. E dopo mi sono dato da fare affinché non risorgessero.»

Matt si acciglò. «È per questo che litigavi sempre con lei?»

Jake non staccò lo sguardo dal viso di Paige. «Per due volte mi hai detto che mi ami, e in entrambi i casi io ho reagito malissimo.»

«Sei stato sincero.»

«No, quella non era sincerità. Non sono stato sincero con me stesso e non sono stato sincero con te. Però adesso sono sincero. Ti amo anch'io.»

Paige smise di respirare.

Da quanto tempo sognava di sentirgli dire quelle parole?

«Jake...»

«Tu lo sapevi già, ma forse non sai quanto. Questo devo ancora dimostrartelo, e lo farò. Sono stato un vigliacco e un idiota, ma finisce qui.»

Paige sentì una specie di singhiozzo. Forse proveniva da Eva. Forse da Frankie. O forse era stata lei.

Non era in grado di dirlo, perché Jake la stava ancora fissando e lei aveva aspettato così tanto di vedere quella luce nei suoi occhi che non voleva perdersi un solo secondo.

«Mi ami?»

«Ti ho sempre amata, ma per me innamorarsi era la cosa più terrificante che potesse accadere a un essere umano. Ama e sei destinato a perdere. Io non volevo perdere. Ho corso molti rischi nella mia vita, ma mai con il cuore. Mi dicevo che ti stavo proteggendo, ma in realtà cercavo di proteggere me stesso. Ero giunto alla conclusione che rischiare in amore fosse una pazzia. Ma quando te ne sei andata ieri notte, ho scoperto che il dolore restava comunque, perché ti avevo persa. Ho scoperto che amarti, stare con te era più importante di qualunque altra cosa. Ero convinto che non avrei mai trovato una donna per la quale valesse la pena correre un simile rischio. Mi sbagliavo.»

Quando aveva visualizzato il loro incontro, lei si era ripromessa di starlo a sentire dall'inizio alla fine con il sorriso sulle labbra, aspettando di tornare in camera propria per piangere. Aveva messo in conto ogni possibile eventualità, tranne di sentirsi dire quelle cose.

«Sei sicuro di amarmi?»

«Sicurissimo.» Lui abbozzò un sorriso sbilenco. «*Truly, Madly, Deeply*, come in *Insonnia a Manhattan*.»

Lei venne invasa dalle emozioni. «Ti ho già detto che non esiste un film con questo titolo.»

«Allora dovrebbero farlo. È un bel titolo. Ti ho preso una cosa.» Lui recuperò dalla tasca dei pantaloni un piccolo sacchetto di stoffa. «Spero che ti piaccia. È un peccato che *Colazione da Tiffany* non sia tra i film che avete selezionato.»

Lei riconobbe il logo sul sacchetto e le pulsazioni del suo cuore accelerarono.

Non osava sperare...

Lo aveva già fatto una volta e...

Sbirciò cautamente all'interno del sacchetto e vide baluginare qualcosa.

«Un anello?» Lo tirò fuori con qualche difficoltà, perché le tremavano le mani. Però era strano che lo avesse lasciato lì dentro in quel modo...

«L'altra volta che ti ho regalato un gioiello, aprendo la scatola ci sei rimasta male perché non era un anello. Ho visto la delusione sul tuo viso. Oggi volevo che non ci fossero dubbi. L'astuccio è nel mio appartamento, se ci tieni. Sposami...» La voce di Jake si era arrochita, «... e prometto di rifornirti di rossetti per il resto dei tuoi giorni.»

Lei spostò lo sguardo dai riflessi del brillante al suo viso. «*Sposarti?*»

«Sì. Ti amo. Sei l'unica donna che voglio. Al tuo confronto, le altre spariscono. Con te al mio fianco, sono pronto ad assumermi qualunque rischio.»

Il silenzio sulla terrazza era rotto solo dal rumore del traffico in lontananza.

Frankie era ammutolita.

Matt sembrava una statua.

Perfino Eva non aveva niente da dire.

Paige degluti. «Jake...»

«Ci sei sempre stata solo tu, Paige. Sapevo che le parole non sarebbero bastate a convincerti, allora ho disegnato qualcosa per aiutarti a decidere.» Lui prese il cellulare dall'altra tasca. «Ti ho fatto una app. Si chiama È Giusto Che Paige Sposi Jake. È piuttosto semplice, quindi tu che sei una maniaca del computer, non dovresti avere problemi a usarla, ma se vuoi posso farti vedere come funziona.»

«Mi hai dato della maniaca?» Ma la felicità le ribolliva dentro. «Hai inventato una app per le proposte di nozze?»

«No, però, ora che lo menzioni, potrebbe essere un'idea interessante, perché, fidati, proporsi è una faccenda dannatamente complicata. Su un ginocchio, su entrambe le ginocchia, oppure in piedi? A torso nudo o in camicia? Ci sono migliaia di opzioni.»

«Definitivamente a torso nudo» sospirò Eva e Paige si lasciò sfuggire una breve risata.

«A me non importa se sei in ginocchio, oppure nudo... l'unica cosa che voglio sapere è che mi ami.» La commozione minacciava di travolgerla. Come si faceva a passare dalla disperazione più nera alla gioia sconfinata e sopravvivere? «Mi stai chiedendo di sposarti? Ci hai pensato bene?»

«Sì, ma dovrai farlo anche tu, quindi, prima di rispondere, è meglio che dai un'occhiata alla app. Hai detto che volevi prendere le tue decisioni da sola e il sistema che ho disegnato ti aiuterà a farlo. Questa è una scelta importante. Meglio non commettere errori.»

Frankie si alzò e venne a sbirciare da sopra la sua spalla, un'espressione intenta sul viso. «Ma è bellissimo! Rispondi alle domande, Paige.»

«Basta cliccare sull'apposito riquadro.» Lui le mostrò

come si faceva. «Qual è la tua bevanda preferita la mattina? Caffè. Anche la mia. Vedi? Siamo perfettamente compatibili.»

«Aspetta un minuto...» Lei rispose ad altre due domande, poi ci ripensò, cambiò una delle risposte e... si accigliò. «Qui dice sempre che siamo compatibili.»

Jake scrollò le spalle, abbozzando un sorriso colpevole. «Be', sai com'è, volevo andare sul sicuro.»

«L'hai truccata?» Lei lo guardò, gli occhi che brillavano come stelle. «Credevo che amassi il rischio.»

«In alcuni settori, come per esempio gli affari, non con te.»

Lei seppe che non avrebbe mai dimenticato l'espressione del suo sguardo in quel momento,

Non aveva bisogno di altro.

«Non mi serve questo coso per prendere una decisione.» Gli rimise il telefono in tasca e lui le posò le mani sulle spalle, serio in volto.

«Prima che tu risponda, devo avvertirti che non smetterò mai di proteggerti. Ti amo, ti voglio un bene dell'anima e proteggerti rientra all'interno del processo.» Le spinse indietro i capelli con un gesto colmo di tenerezza. «Però prometto di non influenzare le tue scelte. Qualunque decisione prenderai, la rispetterò.»

La visione di Paige si offuscò e fu costretta a battere diverse volte le ciglia per evitare le lacrime.

Si infilò l'anello al dito e sollevò lo sguardo, sapendo che quello che aveva dentro era riflesso nei suoi occhi. «Come sai, ti amo anch'io. Da un sacco di tempo. Sei tutto quello che ho sempre voluto. Ti sposerei anche se la app dicesse che non devo. E tu puoi proteggermi, a patto che non ti dia fastidio quando vedrai che io faccio lo stesso con te.»

Jake chinò la testa e la baciò.

«Una serata di film romantici... dal vivo» mormorò

Matt e Paige si tirò indietro con il sorriso sulle labbra.

«Mi avevi promesso dei lieto fine in serie, ma questo supera di gran lunga le mie più rosee aspettative.»

«E non è ancora finita.» Jake si calò su un cuscino e la fece accomodare accanto a sé. «Abbiamo un film da vedere, giusto?»

«*Un Amore Tutto Suo.*» Paige reclinò la testa sulla sua spalla e il diamante che aveva al dito si accese sotto la luce della lampada. «Pensi di essere abbastanza uomo da reggere?»

«Naturalmente.» Jake se l'attirò contro e lanciò un'occhiata a Matt. «Passami la tequila.»

Questo volume è stato stampato nel maggio 2017
presso la Rotolito Lombarda - Milano